AF540390

जीत लो

हर शिखर

जीत लो हर शिखर

किरण बेदी

प्रकाशक • **प्रभात प्रकाशन प्रा. लि.**
4/19 आसफ अली रोड,
नई दिल्ली–110002

संस्करण • 2025
मूल्य • पाँच सौ रुपए
अनुवाद • भविष्य कुमार सिन्हा
मुद्रक • आर–टेक ऑफसेट प्रिंटर्स, दिल्ली

JEET LO HAR SHIKHAR

by Dr. Kiran Bedi ₹ 500.00
Published by Prabhat Prakashan Pvt. Ltd., 4/19 Asaf Ali Road, New Delhi-2
e-mail: prabhatbooks@gmail.com ISBN 978-93-5048-495-1

भूमिका

भारतीय पुलिस सेवा में लंबे सय तक रहकर और उसके बाद भी अपने अनुभव से मैंने यह यकीनी तौर पर महसूस किया है कि पुलिसकर्मियों में सहानुभूति एवं संवेदना का अभाव है। जनसाधारण और पुलिस के बीच परस्पर बातचीत में, जैसा कि अधिकतर दृष्टांतों में देखा गया है, पुलिस का रवैया रूखा, असंवेदनशील, कठोर और कभी-कभी तिरस्कारपूर्ण भी रहता है। ऐसी स्थिति के चलते पुलिस पर लोगों का विश्वास कम हो गया है और कुछ हद तक पुलिस के प्रति नफरत भी पैदा हो गई है। अगर बुनियादी हालात को बदला जा सके, जिससे कि पुरुष और महिला पुलिसकर्मियों के मन में मानवोचित पुलिस आचरण की धारणा (जिसका मैंने आई.पी.एस. में अपने पूरे कार्यकाल में सदैव पालन किया है) बसाई जा सके तो स्थिति बहुत सुधर जाएगी। उसके अलावा, एक कारण और है, जो पुलिस के काम में सुधार लाने में बहुत मददगार साबित हो सकता है कहने का तात्पर्य यह है कि पुलिस को राजनीतिज्ञों तथा नौकरशाहों के शिकंजे से मुक्त रखा जाना चाहिए। वास्तव में, हमारे देश में पुलिस सुधारों का काम बहुत समय से लटका हुआ है और सन् 2007 में सुप्रीम कोर्ट ने भी इस संदर्भ में निर्देश जारी किए थे। हमें उम्मीद करनी चाहिए कि इन निर्देशों को राजनीतिक वर्ग तथा अधिकारी वर्ग द्वारा गंभीरता से लिया जाएगा और जल्द-से-जल्द लागू किया जाएगा।

यह पुस्तक मेरी उस सहानुभूति एवं संवेदना का परिणाम है, जो मैंने जीवन में आरंभ से ही मानव जाति, विशेषकर कमजोर और पद-दलित लोगों के प्रति महसूस की है। इस संवेदना-सहानुभूति को न्याय और ईमानदारी की भावना से संतुलित किया गया है। बीसियों सालों तक मैंने आम लोगों का दु:ख-दर्द देखा है और समाज के विभिन्न वर्गों के साथ पारस्परिक बातचीत के दौरान उनके कष्ट तथा पीड़ा को भी महसूस किया है। जिन लोगों की आपबीती इस पुस्तक में वर्णित है, उनको अगर मैंने आवाज उठाने तथा अपने अनुभव को बयाँ करने की हिम्मत नहीं दी होती तो मेरे मन को शायद

कभी शांति नहीं मिल पाती। इसका उद्‌देश्य सहानुभूति प्राप्त करना नहीं बल्कि दूसरों को पहले से सचेत करना है। असल में मेरे मिशन का मूल सिद्धांत है—सेव द नेक्स्ट विक्टिम (अगले को बचाना है)।

इस पुस्तक में अलग-अलग व्यक्तियों की आपबीती (जिनमें से कुछ पुलिस अत्याचार के पीड़ित रहे हैं) का प्रत्यक्ष एवं स्पष्ट वर्णन है। ये वे लोग हैं, जिन्होंने स्वेच्छा से अपनी-अपनी कहानी सुनाई, हालाँकि उनमें से अनेक ऐसे भी हैं जिनका अतीत संदिग्ध रहा है। पुरुषों, स्त्रियों और बच्चों ने यह बताने की हिम्मत जुटाई कि उनके जीवन में क्या-क्या गलत हुआ और अपनी दुर्दशा के लिए किस हद तक वे स्वयं को उत्तरदायी मानते हैं और किस हद तक उन परिस्थितियों को, जिन पर उनका कोई वश नहीं था। मुझमें इतना विश्वास रखने के लिए मैं उन सभी का आभार मानती हूँ। यहाँ आप विभिन्न प्रकार के लोगों की असल जिंदगी, उनके मुँह से सुने दिल दहलानेवाले अनुभवों के बारे में पढ़ेंगे, जिनमें शामिल हैं—घरेलू हिंसा और पुलिस अत्याचार के मारे, ड्रग्स लेने के आदी, अपराधी और बाल-अपराधी। मेरे दिल को यह बात गहरे तक छू गई थी कि मैं इस प्रकार के दुराचार और अन्याय का मूक दर्शक बने नहीं रह सकती। मैंने एक ऐसा संगठन बनाने का निश्चय किया, जो नशे की लत के मारों और समाज के सताए लोगों का मददगार बन सके और उनका जीवन सुधार सके। इसी सोच के चलते सन् 1988 में नवज्योति अस्तित्व में आया। इस संगठन ने अपनी स्थापना के समय से लेकर अब तक हजारों लोगों की सहायता की है। नई दिल्ली की तिहाड़ जेल (भारत का सर्वाधिक सुदृढ़ कारागार) में महानिरीक्षक, जेल की हैसियत से काम करते हुए अपने कार्यकाल के दौरान हजारों कैदियों से मेरा सामना हुआ, जिनमें पुरुष और महिलाएँ दोनों थे। मेरे मन में दो सवाल उठे, एक तो यह कि इन सजा भुगत रहे और समाज से तिरस्कृत लोगों को जेल से रिहाई के बाद काम-धंधा कौन देगा और वे किस तरह अपना तथा अपने परिवारों का सहारा बन सकेंगे? दूसरा सवाल यह कि जब तक वे सलाखों के पीछे रहेंगे, तब तक उनके बच्चों का ध्यान कौन रखेगा? इन सवालों के जवाब में मैंने सन् 1994 में इंडिया विजन फाउंडेशन की स्थापना की, जिसका उद्‌देश्य कैदियों की रिहाई के बाद उनका पुनर्वास तथा जेल काटने तक उनके बच्चों की देखभाल (जिसमें उनकी शिक्षा भी शामिल है) सुनिश्चित करना था।

यदि यह पुस्तक कानून निर्माताओं, कानून लागू करनेवालों, सत्ता की गद्‌दी पर बैठे लोगों और जन-साधारण की चेतना को जगा सके तो मैं समझूँगी कि मेरा प्रयास फलीभूत हुआ है।

मैं यह बताना आवश्यक समझती हूँ कि इस पुस्तक में जिन लोगों की आपबीती

का वर्णन है, उनके नाम बदल दिए गए हैं, ताकि उनकी पहचान सुरक्षित रह सके।

अंततः मैं उन सभी व्यक्तियों, संगठनों तथा संस्थाओं के प्रति अपना हार्दिक आभार व्यक्त करना चाहूँगी, जिनकी सहायता और समर्थन के बिना इस पुस्तक का प्रकाशन संभव नहीं हुआ होता। मैं धन्यवाद देना चाहूँगी—अपने माता-पिता को, जिन्होंने मुझे एक संवेदनशील व्यक्तित्व प्रदान किया, विशेषकर मेरी माँ ने, जिसकी कमी मुझे हर समय महसूस होती है।

नवज्योति और इंडिया विजन फाउंडेशन (आई.वी.एफ.) में मेरे समस्त कर्मचारियों तथा परामर्शदाताओं, डॉक्टरों एवं शिक्षकों के दल को, जिन्होंने मुझे बहुमूल्य जानकारी तथा सामग्री मुहैया कराई।

उन सभी गैर-सरकारी संगठनों को, जिन्होंने बड़ी संख्या में पूर्व नशेड़ियों तथा कैदियों एवं उनके परिवारों को पुनः सामान्य जीवन व्यतीत करने योग्य बनाने में नवज्योति और आई.वी.एफ. को सहयोग दिया है।

क्राइम होम चिल्ड्रन प्रोजेक्ट (जिसे आई.वी.एफ. द्वारा चलाया जा रहा है) के सभी सदस्यों को, जिन्होंने रिहा हुए कैदियों एवं उनके परिवारों के जीवन के बारे में विस्तृत जानकारी उपलब्ध कराई।

—किरण बेदी

अनुक्रम

एक निराश्रिता की आपबीती

मैं अपने आठ भाई-बहनों में सबसे छोटी हूँ और मेरी उम्र 31 वर्ष है। उत्तर प्रदेश के एक छोटे से गाँव में मेरे पिता के पास केवल दो बीघा (लगभग 0.4 हेक्टेयर के बराबर एक बीघा होता है) जमीन थी, जिस पर वह खेती करते थे। हमारी जिंदगी बहुत कठिन थी। गाँव में कोई स्कूल नहीं था, जिसके कारण मेरी तीनों बहनों में से कोई भी पढ़ नहीं पाई। लेकिन मेरे चारों भाई एक गाँव के स्कूल में पढ़ने जाते थे, जो हमारे गाँव से थोड़ी दूर था। जब तक मेरी उम्र स्कूल जाने लायक हुई, हमारे गाँव में भी एक स्कूल खुल गया। मैंने कक्षा 8 तक शिक्षा पाई। दहेज देना या जुटा पाना संभव नहीं था, इस मजबूरी के कारण मेरी सभी बहनों का विवाह गरीब परिवारों में हुआ। मैं 16 साल की थी, जब मेरी शादी एक ऐसे लड़के से कर दी गई, जो अभी एक छात्र था और बेरोजगार था। मेरे पति के परिवार को कोई दहेज नहीं दिया जाना था। मेरे पिता को साँस की गंभीर शिकायत रहती थी और काफी कम उम्र में ही उनकी मृत्यु हो गई।

शादी की पहली रात को ही मेरे पति ने मुझे अस्वीकार कर दिया और कहा कि मुझे कोई सफेद साड़ी पहन लेनी चाहिए (आम तौर पर हिंदू विधवाएँ सफेद साड़ी पहनती हैं)। उसने यह भी कहा कि मुझसे विवाह करने में उसकी कभी कोई दिलचस्पी नहीं थी और उसने अपने पिता के दबाव में मुझसे शादी की है। बाद में मुझे पता चला कि उसने दो कारणों से मुझे अस्वीकार किया—पहला, उसने अपने पिता से साफ कह दिया था कि उसे शादी में एक मोटरसाइकिल और एक फ्रिज चाहिए, पर दोनों में से कोई भी चीज उसे नहीं मिली। बातचीत के दौरान मेरे पिता ने ये दोनों माँगें मानने से साफ इनकार कर दिया था, क्योंकि मेरा पति बेरोजगार था। लेकिन उसके पिता (अर्थात् मेरे ससुर) ने मेरे पति को यह बात नहीं बताई और मेरे पति ने इसे विश्वासघात समझ लिया। दूसरा कारण यह था कि मेरा पति अपनी भाभी के साथ पहले से संबंध बनाए हुए था। मैंने उसे अकसर मेरे पति की बगल में सोते हुए देखा। बाद में मेरे पति से उसके दो बच्चे भी हुए। मेरा जेठ दूसरे शहर में काम कर रहा था और एक सीधा-सादा इनसान था। अपनी पत्नी पर उसका कोई नियंत्रण नहीं था।

मैंने जब अपने ससुर को बताया कि मेरे पति ने मुझे स्वीकार नहीं किया है, तो मेरे ससुर ने जवाब दिया, "अगर वह तुमको कबूल नहीं कर रहा है तो चिंता किस बात की? मैं हूँ ना तुम्हारे साथ।" मैंने इसका मतलब यह समझा कि परिवार के एक मुखिया की हैसियत से वह मेरा ध्यान रखेंगे। लेकिन उनके इरादे कुछ और थे। ससुर की मौजूदगी में मैंने घूँघट (परदा) करना शुरू कर दिया। एक बार उसने मुझे एक गिलास दूध लेकर आने के लिए कहा। मैंने जब गिलास उसे थमाया तो उसने मेरा हाथ पकड़ लिया और दूध पीने में मदद करने के लिए कहा। मैंने तत्काल हाथ छुड़ा लिया। उसने जब मेरा परदा हटा दिया तो मैं रोते हुए वहाँ से भाग गई। मैंने अपने पति से शिकायत की, लेकिन कोई असर नहीं हुआ। फिर मैंने अपनी सास से शिकायत की, पर उसने सुनने-मानने से इनकार कर दिया। मेरी सास ने उलटकर मुझे ही दोष दिया और कहा कि "जब तुम अपना खर्चा उससे ले रही हो तो उसे खुश करना तुम्हारा फर्ज बनता है। इसमें सारा दोष तुम्हारा ही है।"

मेरे साथ हमेशा घर की नौकरानी जैसा बरताव किया गया। मैं सारा-सारा दिन काम करती थी, फिर भी हर कोई मुझसे नफरत करता था। मैंने इस बारे में अपनी माँ से शिकायत की, लेकिन मेरी माँ का कहना था कि वह खुद ही जब अपने निर्वाह के लिए अपने बेटों के आसरे है तो वह अतिरिक्त भार कैसे उठा सकती है। जब कभी मैं घर जाती, पड़ोसी मुझसे मेरे आने का कारण पूछने लगते कि क्या कुछ गड़बड़ी है? सामाजिक लांछन के भय से मैं लौटकर फिर वहीं पहुँच जाती, जो घर मेरा नहीं था और जहाँ किसी को मेरी दरकार नहीं थी।

मेरा पति कभी-कभी काम की तलाश में पास के एक शहर में जाया करता था। एक बार मैं भी उसके पीछे-पीछे चली गई। मेरे पति के एक जानकार परिवार ने हमें एक कमरा दे दिया, जहाँ कुछ एकांत था। लेकिन मेरे पति ने कुछेक अवसरों को छोड़कर अभी तक कोई शारीरिक संबंध नहीं बनाया। वह एक वहशी जानवर की तरह था। वह मेरी कलाइयों को खाट से बाँध देता और मुझे दबोच लेता तथा मेरे साथ जबरदस्ती करता। कभी वह मेरे हाथों को पूरी ताकत से पकड़कर इस तरह दबाता जैसे मैं कोई इनसान नहीं बल्कि एक बेजान वस्तु थी। मेरी चीख-चीत्कार का सुननेवालों पर कोई असर नहीं होता था, क्योंकि मैं अपनी मजबूरियों के कारण उसके साथ रह रही थी। मुझे उन ठाकुरों (जिनके साथ हम रह रहे थे) ने बताया कि मेरे पति अन्य स्त्रियों के साथ भी संबंध बनाए हुए हैं।

शहर से हम गाँव अपने पति के घर लौट आए। मुझे तलाक की धमकी दी गई, जिसका मतलब भी मुझे पता नहीं था। मेरा ससुर मुझे जिस्मानी तौर से परेशान करने के मौके तलाशता रहता था। एक बार जब मैं सोई हुई थी, मैंने उसे अपनी बगल में पड़े हुए

पाया। वह मुझे चूमने-पुचकारने की कोशिश कर रहा था। मैंने इस बारे में अपनी सास से शिकायत थी। इस कांड के बाद घर में काफी शोरगुल मचा हुआ था, जिसके कारण मेरे ससुर ने अपने बेटे की कसम खाकर कहा कि वह फिर कभी मेरे करीब आने की कोशिश नहीं करेगा। लेकिन उसने छह दिन के बाद ही अपनी कसम तोड़ दी। मेरी सास मोतियाबिंद के कारण अंधी होने लगी थी। मैं कहीं भी सुरक्षित नहीं थी।

मैं शहर में ठाकुर परिवार के पास वापस चली आई और एक घरेलू नौकरानी के रूप में काम करने लगी। वहाँ मुझे पता चला कि मेरे ससुर बीमार हैं और उनकी देखभाल करने के लिए मैं खुद अपनी ससुराल लौट आई। उनके लिए दवाइयाँ खरीदने के लिए मैंने उधार भी लिया। लेकिन वह ठीक नहीं हुए। मेरे ससुर की मृत्यु हो गई। कुछ ही समय बाद मुझे घर से निकाल दिया गया।

जब मैं मदद माँगने के लिए पुलिस के पास गई, मुझे लौटा दिया गया। मैं वरिष्ठ अधिकारियों के पास गई, लेकिन उन्होंने भी मेरी बात नहीं सुनी। फिर मैंने गुजारा भत्ता पाने की याचिका दायर करने के लिए एक वकील किया, जिसने एक भारी-भरकम फीस मुझसे वसूल की। तब से कोर्ट में चार तारीखें पड़ चुकी हैं और इस बीच मेरे पति की तरफ से कोई भी अदालत में हाजिर नहीं हुआ है, न किसी ने समन स्वीकार किए हैं। गुजारा भत्ता पाने की याचिका दायर करने और अदालती तारीखों पर मेरी सारी बचत खर्च हो चुकी है।

मेरे पास अब कोई उम्मीद नहीं बची है कि पुलिस या अदालत मुझे न्याय दिलाने के लिए कुछ करेगी। अंततः मैंने अपना गाँव छोड़ने और दिल्ली में नवज्योति की शरण में आने का फैसला किया। मैं अपने पति और उसके परिवार को दंड दिलाना चाहती थी। मैं यह भी चाहती थी कि मुझे कुछ भत्ता मिले, ताकि मैं कहीं भी रहकर अपना गुजर-बसर कर सकूँ। मैं नहीं जानती कि अब भी मैं अपनी माँ के घर में रह सकती हूँ या नहीं।

(संबंधित महिला को फिलहाल कुछ समय के लिए अखिल भारतीय महिला सम्मेलन के अल्प-कालिक निवास में रख दिया गया है और उसे नवज्योति के पारिवारिक परामर्श केंद्र में सलाह एवं आवश्यक मार्गदर्शन प्रदान किया जा रहा है।)

जिम्मेदारी सबकी

- गरीबी का पहला शिकार बनती है लड़कियों की शिक्षा।
- एक विवाहित लड़की, जिसे पति के घर में सुरक्षा न मिले, एक बेघर व्यक्ति के समान होती है।
- न्याय पाने की कीमत और प्रक्रियाओं को समझ पाने की योग्यता व क्षमता गरीबों एवं कमजोर लोगों के पास नहीं होती है।

❑

क्रूरता पारिवारिक संबंधों को नहीं पहचानती

अपनी शादी के बाद मैं पति के साथ हाल ही में अमेरिका आई हूँ, लेकिन मैं अपने शेष परिवार—अर्थात् भारत में रह गए अपने माता-पिता और दो छोटी बहनों के बारे में चिंतित हूँ।

मेरी चिंता का कारण मेरी चाची और उसके दो बेटे हैं। वे पिछले कई वर्षों से मेरे परिवार को परेशान करते आ रहे हैं। चूँकि हम उसी मकान में रह रहे हैं, जो हमारी दादी का है, मेरे चाचा का परिवार और हम इस घर और इसके साधनों का मिलकर उपयोग करते हैं। किंतु, मेरी चाची और उसके बेटे उस घर से हमें निकालने की भरसक कोशिश कर रहे हैं, ताकि वे पूरे मकान पर कब्जा कर सकें। वे मेरे परिवार को शारीरिक रूप से कष्ट दे रहे हैं। मेरे माता-पिता वृद्ध हैं और मेरी छोटी बहनें घर चलाने तथा दो वक्त की रोटी जुटाने की खातिर काम कर रही हैं। जब कभी वे काम करके घर लौटती हैं, मेरे चाचा का परिवार उन पर ताने कसता है। वे इस तरह की फब्तियाँ कसते हैं—'ओह, देखो इन ढीठ लड़कियों को, आज वे जल्दी घर आ गई हैं। क्या हो गया? क्या कोई ग्राहक नहीं मिला? अगर तुम चाहो तो कुछ ग्राहक हम ला सकते हैं तुम्हारे लिए।' अगर मेरी बहनें प्रतिवाद करती हैं तो वे उन्हें मारते हैं। स्थिति बद से बदतर होने लगी है। एक बार उन्होंने मेरे पिता को इतनी बुरी तरह पीटा कि उनको कई टाँके लगवाने पड़े। मेरे पिता की उम्र 65 साल से ऊपर है और उनके लिए संभव नहीं है कि अपने दो जवान भतीजों का मुकाबला कर सकें।

हमने अपने दरवाजे बंद रखकर उन दोनों जवान लड़कों से दूर रहने और उनको अनदेखा करने की बहुत कोशिश की है। लेकिन वे और भी दुःस्साहसी हो गए। उन्होंने हमारे दरवाजे के बाहर पेशाब करना शुरू कर दिया। मेरी माँ और मेरी बहनों को देखकर वे अपने कपड़े उतारकर बड़ी भद्दी-भद्दी बातें कहते—जैसे कि—'तुम औरतों को यह चाहिए तो हमारे पास आओ।' एक औरत होने के नाते ऐसी ढिठाई का सामना

करना दुष्कर है। कुछ सप्ताह पहले वे जबरन मेरी दादी के कमरे में घुस गए, हालाँकि वे जानते थे कि उस कमरे की देखभाल करना मेरे पिता की जिम्मेदारी है, क्योंकि वहाँ उनका सामान रखा हुआ है। (मेरी दादी ने कमरे की चाभी मेरे पिता को दी थी।) कमरे में घुसने का कारण पूछने पर दोनों लड़कों ने मेरे पिता को मारा-पीटा; उन्होंने हमको यह धमकी भी दी, ''अब कोई दिन ऐसा आनेवाला है, जब तुम्हारी बेटियाँ काम से वापस घर नहीं आएँगी।' जब मैं इंडिया में थी, मैंने इस मामले को सुलझाने में मदद के लिए पुलिस स्टेशन के कई चक्कर काटे। मेरी दोनों बहनें बहुत छोटी हैं। उन्हें पुलिस के काम करने के तरीकों या रिपोर्टिंग प्रक्रिया की कुछ जानकारी नहीं है। मैंने खुद बारह रिपोर्टें (जिन्हें दैनिक डायरी रिपोर्ट कहा जाता है) उन दोनों जवान लड़कों के विरुद्ध दायर की हैं। पुलिस ने उन्हें चेतावनी दी है और एक या दो दिन के लिए उन्हें जेल भी भेजा जा चुका है। फिर भी उन्होंने हमें परेशान करना नहीं छोड़ा है। अगर हम उन्हें धमकी देते हैं कि हम दोबारा पुलिस में शिकायत कर देंगे, तो वे दोनों बड़े दबंगपने से जवाब देते हैं, ''पुलिस ज्यादा-से-ज्यादा क्या करेगी—हमें चेतावनी देगी या एक-दो दिन के लिए जेल में डाल देगी। हम पहले भी जेल जा चुके हैं, दुबारा चले जाएँगे और वापस आ जाएँगे।''

यह एक विडंबना ही नहीं, बल्कि त्रासदी भी है कि पुलिस के पास बारह रिपोर्टें दर्ज कराने के बाद भी उन्होंने अभी तक कोई ठोस काररवाई नहीं की है। हम मदद माँग रहे हैं, कृपया कोई आगे आए!

जिम्मेदारी सबकी

- पुलिस जब किसी मामले को उसके तर्कसंगत निष्कर्ष तक पहुँचाने का काम नहीं करती है तो शांति भंग होना न केवल जारी रहता है, बल्कि स्थिति और भी खराब हो जाती है।
- इस प्रकार के उपद्रव को रोकने के लिए पुलिस के पास सुस्पष्ट अधिकार हैं; फिर भी, शिकायतों के बावजूद ऐसे मामलों में वांछित काररवाई नहीं की जाती है।
- निवासी कल्याण संगठनों व रेजीडेंट्स वेलफेयर एसोसिएशंस की भी कुछ जिम्मेदारी बनती है, लेकिन पुलिस से पर्याप्त मदद न मिलने के कारण वे दूर रहना ही बेहतर समझते हैं।

❑

बाप के व्यभिचार की शिकार बेटी की पीड़ा

मैं एक जवान स्त्री हूँ, जिसने अभी-अभी किशोरावस्था की दहलीज पार की है। मैं नहीं बताना चाहती कि मैं कहाँ से आई हूँ, क्योंकि मेरे पास दुर्भाग्य और वेदना के सिवा कहने के लिए कुछ नहीं है। मैं जवान अवश्य हूँ, लेकिन जवानी की स्फूर्ति या प्रफुल्लता मेरे अंदर मर चुकी है। मैं एक चलती-फिरती लाश जैसी हूँ। अगर आपने लाश नहीं देखी है तो मुझे देख लो। बचपन क्या होता है, मैंने कभी जाना नहीं। हालाँकि अपने माँ-बाप की मैं इकलौती संतान हूँ।

मैं स्कूल जाती थी, पढ़ने के लिए नहीं, बल्कि इसलिए कि पढ़ाई की लकीर पीटना जरूरी था। जब मैं आठवीं कक्षा में थी, मैं गर्भवती हो गई। मुझे स्कूल से ही गर्भपात कराने के लिए ले जाया गया। मुझे तब गर्भपात का मतलब भी नहीं पता था। मुझसे उम्र में चार गुना बड़ा आदमी मेरा दैहिक शोषण कर रहा था। वह मेरे पिता का बॉस था। और मेरे पिता ने ही मुझे उसके हवाले किया था।

❑

मैंने अभी-अभी जीवन के बारहवें वर्ष में प्रवेश किया था कि एक दिन मेरे पिता ने मुझे अपने साथ चलने के लिए कहा। वह मुझे अपने दफ्तर ले गए और वहाँ उन्होंने मुझे उस अंकल के पास जाने के लिए कहा, जो मेरे पिता का बॉस निकला। एक शरमीली लड़की की भाँति मैं उस अंकल के पास चली गई। उसने कमरा बंद करके मुझे दबोच लिया। मुझसे कहा गया कि अगर मैं चिल्लाई तो मुझे अपनी जान से हाथ धोना पड़ेगा।

सारी रात मेरा बलात्कार किया गया। मुझे शायद कोई नशीली दवा दे गई थी, क्योंकि मैं जान नहीं सकी कि मैं कहाँ हूँ और मैं कब उठी। बाद में मेरे पिता मुझे घर ले आए। मुझे कहा गया कि मैं या तो उनका कहा मानती रहूँ या फिर पिटती रहूँ। मैंने जब-जब उनका कहा मानने से इनकार किया, मुझे जबरन बेहोशी की दवा पिला दी गई।

घर में ऐसा कोई नहीं था, जो मुझे बचाने के लिए आगे आता। मेरी माँ भी मेरे पिता का ही साथ दे रही थी। बाद में मुझे पता चला कि मेरे पिता की नौकरी 'अंकल' की हवस के लिए मुझे परोसकर ही बची रह सकती थी।

इससे भी अधिक दु:खद बात यह थी कि अपने बॉस के साथ-साथ मेरे पिता ने भी मेरा यौन शोषण करना शुरू कर दिया। मेरी माँ को इस बारे में सबकुछ मालूम था। कुछ समय बाद मैंने जाना कि मेरे माता-पिता और मेरे कुछ नाते-रिश्तेदार भी इस दैहिक व्यापार में लिप्त थे। मेरे पिता ने शायद प्राधिकारियों के हाथ गरम कर दिए थे, ताकि उन पर और उनके परिवार के सदस्यों पर कोई आँच न आने दी जाए। लेकिन मैंने अपनी हालत के बारे में किसी बाहरी व्यक्ति को कुछ नहीं कहा। मैं किससे मदद माँगने जाती ? मैं किसी को नहीं जानती थी।

कुछ समय बाद मेरे माता-पिता ने मेरे लिए एक वर खोज लिया और मेरी शादी तय हो गई। लेकिन उन्होंने तब भी मुझे नहीं छोड़ा और शादी से दो सप्ताह पहले तक मेरे पिता और उनका बॉस मेरा दैहिक शोषण करते रहे।

अंतत: मेरा विवाह हो गया। लेकिन मैं अपने अतीत के बारे में अपने पति को बताए बिना नहीं रह सकी, क्योंकि मैं पहली बार अपने माता-पिता के चंगुल से मुक्त हुई थी और ऐसे व्यक्ति के साथ थी, जिसे मेरा खयाल था। मैं पूरे भरोसे के साथ सारी बात सच-सच बता सकती हूँ और अपने भयावह अतीत के बोझ को उतारकर राहत की साँस ले सकती हूँ।

लेकिन मेरे अतीत के बारे में सुनते ही उसने मुझे ठुकरा दिया और मुझे घर से निकल जाने के लिए कहा। चूँकि मैं वापस जाने से डर रही थी, मैंने उससे फरियाद की कि मुझे उन भेड़ियों के पास न जाने दे, बल्कि कुछ समय दे दे। मैं जानती थी कि वे भेड़िए मुझे चिथोड़ने के इंतजार में बैठे हैं। उस क्रूर और बेरहम दुनिया का सामना करने की मुझमें न तो शारीरिक शक्ति थी और न मानसिक ताकत। लेकिन मेरे पति ने मेरी एक नहीं सुनी। मुझे उसने घर से जाने के लिए मजबूर कर दिया।

मैं सड़क पर आ गई थी और अपने बचाव के लिए ईश्वर से खैर मना रही थी। मुझे नहीं पता कि नवज्योति के परामर्शदाता किस तरह मुझ तक पहुँच गए। मेरी कहानी सुनने के बाद उन्होंने मेरे लिए एक ऐसा सुरक्षित घर खोज लिया, जहाँ मुझे उन भेड़ियों से बचाए रखा जा सकता था। मैं नहीं जानती कि मैं अब कितने समय तक जीवित रह सकूँगी। काश, मैं पैदा ही न हुई होती; लेकिन ठुकरा दिए जाने के बाद नवज्योति ने मुझे अपनाया। मैं चाहती हूँ कि जिन बुरे आदमियों और औरतों ने मेरी जिंदगी को नरक बनाया, उन्हें उनके दुष्कर्मों की सजा मिले। लेकिन उनके खिलाफ कोई काररवाई करने की क्षमता या साधन मेरे पास नहीं हैं। मुझे अब किसी पर भी विश्वास नहीं है।

जिम्मेदारी सबकी

- कोई भी स्त्री अपने जन्मदाताओं के प्रति अति संवेदनशील होती है और यही उसकी सबसे बड़ी कमजोरी भी होती है, जो प्राय: उसके शोषण एवं दु:ख-दर्द का कारण बनती है।
- जिस लड़की का घर ही चकला बन चुका हो, वहाँ कोई भी लड़की सुरक्षित नहीं रह सकती है।

❑

क्या बहकाकर शादी के जाल में फँसाया?

मेरा नाम भारत है। मेरा जन्म और पालन-पोषण दिल्ली में एक मध्यम वर्गीय परिवार में हुआ। मेरे पिता केंद्र सरकार में एक प्रतिष्ठित अधिकारी थे और मेरी माँ एक गृहिणी। पाँच भाई-बहनों में मैं सबसे बड़ा था। मैं बी.ए. की पढ़ाई के दूसरे वर्ष में था, जब मुझे एक बड़ी कंपनी से नौकरी का प्रस्ताव आया और मैंने पढ़ाई छोड़ दी।

एक दिन मैं अपने एक दोस्त के साथ इंडिया गेट देखने के लिए गया, जहाँ मैंने एक जवान लड़की को अकेले ही घूमते हुए पाया। वह हमसे बात करने के प्रयास में कई बार हमारे पास से गुजरी। हालाँकि मुझे कोई दिलचस्पी नहीं थी, पर मेरे दोस्त ने उससे बातचीत शुरू कर दी। करीब एक घंटे तक चली बातचीत के दौरान उसने मुझे अपना फोन नंबर दिया और बताया कि वह पूर्वी दिल्ली में रहती है। मैंने इसे एक अकस्मात् मुलाकात समझकर खारिज कर दिया। किंतु, शीघ्र ही मेरे अंदर उसके बारे में कुछ अधिक जानने की उत्सुकता जाग गई और मैंने उससे बात करना शुरू कर दिया।

मैं समझ ही नहीं पाया कि मैं लगभग हर रोज उससे बात करने लगा था। मैंने अपने बारे में उसे सबकुछ बता दिया। लेकिन मैंने जब कभी उसके परिवार के बारे में जानने की कोशिश की, वह टाल देती थी। अंततः करीब आठ माह बाद उसने मुझे अपने यहाँ बुलाया। मैंने कभी कल्पना नहीं की थी कि वह देह-व्यापार करनेवाली लड़की निकलेगी। उसने मुझे बताया कि उसके परिवार में यही धंधा चलता है, लड़कियाँ वेश्यावृत्ति करती हैं। मैंने उस पर विश्वास कर लिया और उससे विवाह करने का फैसला ले लिया। जब मैंने दो साल के प्रेमाचार के बाद उसके सामने शादी का प्रस्ताव रखा, वह चौंक गई। फिर उसने सुझाव दिया कि इस बारे में मुझे उसके पिता से मिल लेना चाहिए, जो दिल्ली से कुछ दूर अपने गाँव में रहते हैं। जब मैं उसके पिता से मिला तो उसने लड़की को 'आजाद' करने की कीमत 10 लाख रुपए माँगी। इसके बाद कुछ

दिनों तक मैंने उससे मुलाकात नहीं की। लगभग एक सप्ताह बाद उसने मुझे फोन किया और कहा कि वह अपने पिता की मरजी के खिलाफ जाकर मुझसे शादी करने के लिए तैयार है। अंततः हमने एक मंदिर में शादी कर ली। मैंने उसकी पृष्ठभूमि के बारे में अपने परिवार को नहीं बताया। वह बहुत शांत व चुप रहती थी, लेकिन घर के काम-काज के बारे में वह कुछ नहीं जानती थी। तथापि धीरे-धीरे वह घर चलाना सीख गई। उसने दो बच्चों को जन्म दिया।

❑

हम एक सामान्य जीवन जी रहे थे और मैं यह सोचकर खुश था कि उसके बारे में जो भी थोड़ी-बहुत आशंका या डर मेरे मन में था, वह निराधार साबित हुआ। जब मेरा बेटा दो वर्ष का था, उसने अपने परिवार से मिलने की इच्छा जाहिर की। मुझे कुछ ठीक नहीं लग रहा था, फिर भी मैंने उसे मंजूरी दे दी। मैं भी उसके साथ गया। उसके परिवार ने हमारा स्वागत किया और फिर हम जल्दी-जल्दी उनसे मिलने लगे। एक दिन मेरे ससुर ने फोन पर मुझसे कहा कि वह अपने नाती-नातिन को देखना चाहते हैं। मैंने एक सप्ताह की छुट्टी ली और अपने परिवार को लेकर उनसे मिलने चला गया। वहाँ मैंने अपनी पत्नी की बड़ी बहन को बहुत निराश स्थिति में पाया। पूछने पर उसने बताया कि कुछ वर्ष पहले एक दुर्घटना में एक पैर गँवा देने के बाद से उसके साथ ठीक व्यवहार नहीं किया जा रहा है और यह भी कि आजकल वह कुछ भी कमाने में असमर्थ है।

उसने फरियाद की कि अगर मैं उसके लिए एक कृत्रिम पाँव की व्यवस्था करा दूँ तो यह उसकी बहुत बड़ी मदद होगी। मैं उसे दिल्ली ले आया और उन जगहों की खोज में लग गया, जहाँ उसके लिए एक उपयुक्त कृत्रिम पाँव मिल सके। आखिर में एक जगह वह चीज मिल गई। वह करीब एक साल तक हमारे साथ रही। एक दिन जब मैं रात की पाली से घर वापस आया तो घर का दरवाजा पूरी तरह खुला देखकर दंग रह गया। घर की सारी बहुमूल्य वस्तुएँ गायब थीं। परिवार का कोई भी सदस्य मौजूद नहीं था। पहले तो मुझे लगा कि कोई दुर्घटना हुई है, लेकिन बाद में मेरे एक पड़ोसी ने बताया कि मेरी पत्नी बच्चों और सारी कीमती चीजों को लेकर बीती रात से पहले ही घर से चली गई। मैंने दिल्ली में अपने सभी नाते-रिश्तेदारों को फोन किया, लेकिन कुछ पता नहीं चला। मैं उसके पैतृक घर आया, लेकिन वह वहाँ भी नहीं मिली। किंतु मुझे कुछ गड़बड़ महसूस हुई, यह देखकर कि उसके परिवार के लोगों की प्रतिक्रिया वैसी नहीं थी जैसी स्वाभाविक रूप से होनी चाहिए थी। अगले दिन मैं अपने भाई को लेकर वहाँ गया और अपने बच्चों को वहाँ खेलते हुए पाकर मुझे बड़ी हैरानी हुई।

मेरे ससुर ने मुझे मेरी पत्नी से मिलने नहीं दिया। मेरे बहुत अनुनय-विनय करने पर भी उसके कान पर जूँ तक नहीं रेंगी। मैं अपनी पत्नी से सिर्फ यह पूछना चाहता

था कि उसने अचानक इस तरह का कठोर कदम क्यों उठाया? लेकिन मुझे वहाँ से चले जाने के लिए कहा गया। सारी कोशिशें कर थक जाने के बाद मैंने पुलिस थाने में जाकर शिकायत दर्ज करा दी; लेकिन कोई परिणाम नहीं निकला। मैं बेचैन रहने लगा और मैंने काम पर जाना भी छोड़ दिया। इसी बीच मेरे बहनोई (मेरी बहन के पति) ने सुझाव दिया कि मुझे जहाँगीरपुरी, दिल्ली में स्थित नवज्योति पारिवारिक सलाहकार केंद्र से संपर्क करना चाहिए। केंद्र सलाहकार इस मामले में अब पुलिस के साथ अनुवर्ती काररवाई कर रहे हैं। लेकिन मैं टूट गया हूँ। मुझे अपने बच्चों की याद सताती है।

जिम्मेदारी सबकी

- महिलाओं के लिए अनेक सहायता केंद्र खुल गए हैं, लेकिन पुरुषों के लिए शायद ही कोई ऐसा केंद्र हो।
- हमारे समाज में दंपती को विवाह-पूर्व सलाह देने तथा उन्हें संवेदनशील बनाने की कोई व्यवस्था नहीं है।
- कानून का सहारा संकटकालीन स्थितियों की आवश्यकताओं को पूरा करने में हमेशा कारगर सिद्ध नहीं होता है।

❑

अंत भला तो सब भला

मेरी उम्र 28 साल है। मैं लगभग 15 वर्ष पहले अपने माँ-बाप और सहोदर भाई-बहनों के साथ दिल्ली आया। मेरे पिता बिहार में एक गाँव में सड़क किनारे एक छोटा सा ढाबा चलाते थे। लेकिन जब ढाबे की आमदनी से हमारी जरूरतें पूरी नहीं हुईं तो हमें विवश होकर प्रवास करना पड़ा। मेरे पिता ने एक दिहाड़ी मजदूर के रूप में काम करना शुरू कर दिया। मैंने हाई स्कूल तक की पढ़ाई पूरी की और मुझे नवज्योति नाम के एक एन.जी.ओ. (गैर-सरकारी संगठन) में नौकरी मिल गई, जो स्लम यानी गंदी बस्तियों में शैक्षिक कार्यक्रम चला रहा था। इस संगठन ने मुझे एक गली स्कूल शिक्षक के रूप में प्रशिक्षित किया (और बाद में नियुक्त कर लिया)। जब मैं 24 साल का हुआ, मेरे एक रिश्तेदार मेरे लिए विवाह का एक प्रस्ताव लेकर आ गए। अभी मैं शादी के लिए तैयार नहीं था, लेकिन अपने माता-पिता के दबाव के आगे मुझे झुकना पड़ा। बिहार में हमारे गाँव में हमारा विवाह संपन्न हुआ। मेरी पत्नी और मैं एक महीना वहाँ रुके और फिर उसे मैं दिल्ली ले आया।

मेरी पत्नी ने हमारे घर में प्रवेश करते ही इस तरह की प्रतिक्रिया जाहिर की, जिससे लगता था कि उसे हमारे रहन-सहन का तरीका बिलकुल पसंद नहीं है। धीरे-धीरे उसने मुझे हम दोनों के लिए रहने की कोई अलग व्यवस्था करने हेतु उकसाना शुरू कर दिया, क्योंकि उसे मेरे माँ-बाप और भाइयों के साथ रहना रास नहीं आ रहा था। लेकिन जब उसे पता चला कि मैं अपने परिवार से अलग रहने का इच्छुक नहीं हूँ तो उसने छोटी-छोटी बातों पर मेरे माँ-बाप, भाइयों और मेरे साथ भी झगड़ना शुरू कर दिया। वह मुझे ताना मारती कि मेरी कमाई उसकी जरूरतों को पूरा करने के लिए काफी नहीं है; मेरे माता-पिता के लिए कहती कि वे उसके जीवन में बहुत अधिक दखलंदाजी करते हैं; और मेरे भाइयों की भर्त्सना करती कि वे सारे समय घर में निठल्ले बैठे रहते हैं, कुछ करते-धरते नहीं हैं। उसने मुश्किल से दो माह मेरे साथ गुजारे और फिर यह कहकर अपने पैतृक घर चली गई कि अब वह तभी वापस आएगी, जब मैं उसके लिए अलग घर की व्यवस्था कर लूँगा। मैं इस समस्या का कोई भी हल नहीं निकाल सका,

क्योंकि मेरी माली हालत (जिसके बारे में मैंने अपने ससुरालवालों को शादी से पहले साफ बता दिया था) ऐसी नहीं थी कि मैं अलग मकान लेकर गुजारा कर सकूँ।

मेरे वैवाहिक जीवन में उपजी समस्याओं और तनावों का असर मेरे व्यावसायिक जीवन पर भी पड़ने लगा। मेरे काम का स्तर बहुत नीचे चला गया। मेरे सहकर्मियों ने मुझे नवज्योति केंद्र में जाकर सलाह लेने का सुझाव दिया। इस बीच मेरे माता-पिता ने भी मेरी पत्नी को वापस आने के लिए मनाने की कोशिश की। जब कुछ रिश्तेदारों ने भी दबाव डाला तो वह लौट आई। मैंने अपने माता-पिता से यह भी कह दिया कि वह जो भी करना चाहे, उसे करने दें। उसने अपनी जिंदगी अपने तरीके से चलानी शुरू कर दी—सुबह देर से उठना और घर के किसी काम को हाथ न लगाना। मुझे यही संतोष था कि वह चुप तो है, किसी के साथ झगड़ तो नहीं रही। तथापि शादी को लेकर सँजोए हुए मेरे सभी सपने और सभी अभिलाषाएँ छिन्न-भिन्न हो गईं। मैं एक अविवाहित व्यक्ति जैसा जीवन बिता रहा था और मुझे एक शादीशुदा जिंदगी व्यतीत करने की अपेक्षा अपने घर में शांति बनाए रखने की चिंता अधिक रहती थी। लेकिन ऐसा भी अधिक समय तक नहीं चल सका। वह फिर अपने उसी पुराने खेल पर उतर आई—मुझे, मेरे माँ-बाप और मेरे भाइयों को ताने मारना व बेइज्जत करना।

काम के बाद घर लौटने पर मुझे बस लड़ाई-झगड़ा ही देखने को मिलता। और फिर मेरी पत्नी व्यर्थ की बात पर झगड़ा करके पुनः अपने माँ-बाप के घर चली गई। मैंने समझा कि यह उसकी एक और तुनकमिजाजी है; लेकिन मुझे तब बहुत हैरानी हुई, जब कुछ ही समय के बाद मुझे बिहार में अदालत में हाजिर होने के सम्मन मिले। उसने शारीरिक और मानसिक संताप पहुँचाने के लिए मेरे परिवार तथा मेरे खिलाफ एक केस दायर कर दिया था। उसने मुझ पर और मेरे पिता पर यह आरोप भी लगाया कि उसे उसकी मरजी के विरुद्ध शारीरिक संबंधों के लिए बाध्य किया गया। मैं बुरी तरह डर गया। मुकदमा लड़ने के लिए मेरे पास न तो साधन थे और न अपेक्षित जानकारी थी। मेरे ऊपर पहले ही 25,000 रुपए का कर्ज चढ़ा हुआ था; शादी के समय यह रकम मैंने भिन्न-भिन्न स्रोतों से उधार लेकर जुटाई थी। मुकदमा बिहार में दायर किया गया था, इसलिए हर सुनवाई पर मुझे वहाँ जाना पड़ता था। मानसिक और आर्थिक दबावों को सहन कर पाना मेरे वश में नहीं रह गया था।

मैं गहरी उदासी में डूब गया। मुझे अपना काम भी छोड़ना पड़ा। मैंने आत्महत्या की कोशिश की, लेकिन मेरे माता-पिता ने मुझे बचा लिया। नवज्योति केंद्र के सलाहकार ने मुझे मुफ्त कानूनी सहायता प्राप्त करने के लिए दिल्ली उच्च न्यायालय का सहारा लेने की सलाह दी। मैंने बिहार में चल रहे मुकदमे से मेरी जान छुड़ाने की प्रार्थना करते हुए दिल्ली उच्च न्यायालय में एक अरजी दाखिल कर दी, लेकिन वह खारिज हो गई। मेरी

समझ में नहीं आ रहा था कि मैं क्या करूँ। हर सुनवाई पर बिहार जाने-आने के लिए भारी खर्च का बोझ उठाने के सिवा मेरे पास कोई चारा नहीं रह गया था। एक बार मैंने अपनी पत्नी से पूछा कि वह मुझसे क्या चाहती है? उसने एकमुश्त रकम माँगी और कहा कि उसके बाद वह मुकदमा वापस ले लेगी। लेकिन मैं बेरोजगार था और उसकी माँग पूरी नहीं कर सकता था।

मैं जिस दबाव में जी रहा था, उसका असर मेरे परिवार के साथ मेरे संबंधों पर पड़ने लगा। मेरे भाई मुझसे दूर जाने लगे। मैंने अधिकांश समय घर से बाहर बिताना शुरू कर दिया, घर में केवल सोने के लिए जाता था। मेरे परिवार के सदस्यों ने मेरे इस व्यवहार का कारण भी नहीं पूछा और न उन्हें इस बात की चिंता थी कि मैं क्या करता हूँ, सारा दिन कहाँ और किस हाल में भटकता रहता हूँ। मेरी जीने की इच्छा मर गई। मेरे लिए जीने का कोई अर्थ नहीं रह गया था।

तथापि, कुछ दिनों बाद, जब मैं आत्मविश्लेषण कर रहा था, मैंने स्वयं को एक और अवसर देने का निर्णय किया और मैं एक बार फिर नवज्योति के पारिवारिक सलाहकार सेवा केंद्र में पहुँच गया (जिससे मैंने संपर्क तोड़ लिया था)। केंद्र में मौजूद सलाहकार मेरे कानूनी मामले में तो कुछ अधिक सहायता नहीं कर सके, जो अभी भी चल रहा है, लेकिन उन्होंने मुझे इस योग्य बनाने में कोई कसर नहीं छोड़ी कि नई क्षमताएँ हासिल करके मैं उस दबाव का मुकाबला कर सकूँ, जो मुझे जीते-जागते मारे डाल रहा था।

उनसे प्राप्त सहायता और मार्गदर्शन से अब मैं अपने अवसाद से बाहर आ गया हूँ और मुझे एक अच्छी नौकरी भी मिल गई है।

जिम्मेदारी सबकी

- न्याय माँग करता है कि दोनों पक्षों को सुना जाना चाहिए।
- संभवत: स्त्रियों ने उस कानून का दुरुपयोग करना शुरू कर दिया है, जो उनकी रक्षा के लिए बनाया गया था।
- मुकदमेबाजी के सिलसिले में होनेवाला कानूनी खर्च सामान्यत: आम लोगों की सामर्थ्य से परे होता है।

❑

सहमति से या जबरदस्ती?

मैं 31 साल का हूँ और बिहार के शिक्षित परिवार से संबंध रखता हूँ। मैंने वास्तुकला में उपाधि ग्रहण की। उसके बाद मुझे एक बड़ी कंपनी में एक अच्छी नौकरी मिल गई।

फिर मैंने एक दुलहन के लिए तलाश शुरू कर दी। एक परिवार ने प्रत्युत्तर दिया और लड़की के साथ मुलाकात तय हो गई। लेकिन उसने अधिक बात नहीं की। मैंने सोचा कि वह अंतर्मुखी है। मुझे वह समझदार लगी और मैंने शादी के लिए अपनी मंजूरी दे दी। शादी से पहले तीन माह की पूरी अवधि में हम केवल तीन बार मिले और फोन पर भी केवल पाँच या छह बार हमारी बातचीत हुई। उसे फोन करने के लिए मुझे ही पहल करनी पड़ी।

अंततः विवाह का दिन आ पहुँचा। लेकिन मेरे विपरीत वह बहुत उत्तेजित नहीं लगती थी। बाद में उसने मुझे हमेशा निरुत्साहित किया, क्योंकि वह नहीं चाहती थी कि मैं उसे स्पर्श भी करूँ। जब मैंने उससे कारण पूछा तो उसने कहा कि वह मेरे साथ किसी भी तरह का शारीरिक संबंध स्थापित करने से पहले मानसिक तौर पर सहज होना चाहती है। मुझे उसकी बात ठीक लगी और उसके बाद मैंने कभी जोर नहीं डाला। शादी के एक महीना बाद उसे पीलिया हो गया और वह अपनी माँ के पास चली गई। मैं वहाँ उससे मिलने गया, लेकिन उसकी माँ और उसकी रिश्ते की एक बहन ने मुझे ही दोष देना शुरू कर दिया, यह कहते हुए कि हम खाना पकाते समय साफ-सफाई का ध्यान नहीं रखते हैं और घटिया किस्म का सामान इस्तेमाल करते हैं। उसके बाद मैं फोन करके उसके स्वास्थ्य के बारे में पूछ लिया करता था।

पूरी तरह स्वस्थ होने के बाद वह वापस आ गई; लेकिन मेरे प्रति उसकी उदासीनता अब भी कायम थी। मैं किसी भी तरह हमारे संबंध में कोई गरमाहट महसूस नहीं कर सका। वह हमेशा यही कहती कि विवाह में शारीरिक संबंध ही सबकुछ नहीं होता है; लेकिन मुझे किसी भावनात्मक जुड़ाव की भी अनुभूति नहीं हुई। हालाँकि वह घर की अच्छी देखभाल करती और खाना पकाना भी उसे अच्छा लगता था, लेकिन

मुझसे बात करते समय या मेरे साथ समय बिताने में उसका रवैया बहुत साधारण रहता। मैंने इस बारे में उसके रिश्ते के एक भाई से बातचीत की। उसने बताया कि इस लड़की (यानी मेरी पत्नी) ने अपने घर में किसी मर्द को नहीं देखा, क्योंकि उसके पिता की जब मृत्यु हुई, उस समय वह बहुत छोटी थी। उसने यह भी बताया कि किसी मर्द के रहने की वह अभ्यस्त नहीं है, अत: इस स्थिति के अनुकूल बनाने में उसे कुछ समय लगेगा। लेकिन मेरे साथ बिताने के लिए उसके पास कोई समय था ही नहीं, क्योंकि वह अपनी माँ के घर से बहुत देर से वापस आती थी और माँ के यहाँ हर रोज जाना उसके लिए लाजिमी था। मैंने दांपत्य अर्थात् वैवाहिक अधिकारों के पुन: प्रतिष्ठापन के लिए एक केस दायर करने के बारे में भी सोचा, लेकिन सबने यही सुझाव दिया कि मुझे कुछ समय और इंतजार करना चाहिए। मैंने वही किया।

लेकिन समय गुजरने के साथ हालात में कोई बदलाव नहीं आया। हमारे बीच करीब-करीब हर दिन जोरदार कहा-सुनी होने लगी। एक दिन अचानक किसी एन.जी.ओ. से मुझे एक नोटिस मिला, जिसमें कहा गया था कि मेरी पत्नी ने मुझ पर यह आरोप लगाते हुए मेरे खिलाफ एक मुकदमा दायर किया है कि मैं उसे मानसिक यंत्रणा देता हूँ और दहेज की माँग करता हूँ। लगभग उसी समय मैं नवज्योति केंद्र के सलाहकारों के संपर्क में आया और उनसे बातचीत करके मुझे विश्वास हो गया कि इस भँवरजाल से मुक्त कराने में वे ही मेरी मदद कर सकते हैं।

मैं स्वयं को असहाय महसूस कर रहा हूँ, क्योंकि मैं न तो उसके इस बरताव का कारण समझ पा रहा हूँ और न ही मैं अलग रहना चाहता हूँ। हो सकता है, नवज्योति में मौजूद सलाहकार उसको और अच्छी तरह समझने में मेरी मदद कर सकें।

जिम्मेदारी सबकी

- माता-पिता बहुत बार अपने बेटे/बेटियों का विवाह ऐसे समय कर देते हैं, जब वे विवाह के लिए तैयार नहीं होते हैं।
- परिवार इस आशा में ऐसा करते हैं कि शादी के बाद शायद वे बदल जाएँ या सुधर जाएँ।
- माँ-बाप अपने बच्चों के बारे में सारे तथ्यों को प्रकट करने से इसलिए भी डरते हैं कि बनती बात कहीं बिगड़ न जाए और इस प्रक्रिया में वे विपत्ति के बीज बो बैठते हैं।

❑

अपनी पहचान न छोड़ें

मैं 36 वर्ष की हूँ, सुशिक्षित हूँ और एक हिंदू परिवार से हूँ। मेरे पिता एक समाचार-पत्र एजेंसी के लिए काम करते थे। अपनी पढ़ाई पूरी करने के बाद मैंने भी उसी एजेंसी में काम करना शुरू कर दिया। वहाँ मुझे एक आदमी मिला, जिसके प्रति मैं आकर्षित हो गई। कुछ समय बाद हमने एक सिविल कोर्ट में शादी कर ली। मेरी जाति से किसी उच्चतर जाति का होने के नाते उसने मुझे बताया कि उसके माँ-बाप अत्यंत रूढ़िवादी हैं और किसी भी हालत में वे मुझे अपनी पुत्र-वधू के रूप में स्वीकार नहीं करेंगे। मैंने उससे कह दिया कि मैं इस सच्चाई के साथ जी सकती हूँ।

हमारा कुछ समय हँसी-खुशी बीता, लेकिन बाद में मुझे ऐसा महसूस होने लगा कि मेरा इस्तेमाल किया जा रहा है। वह सिर्फ अपनी जिस्मानी जरूरतों को पूरा करने के लिए मेरे पास आने लगा। जिंदगी इसी तरह करीब एक साल तक चली। एक दिन मैं दुर्घटनाग्रस्त हो गई और मेरा चेहरा बिगड़ गया। उसके बाद हमारे शारीरिक संबंध भी वास्तव में समाप्त हो गए। एक दिन अचानक वह अपने परिवार के लोगों को लेकर आया और उनकी मौजूदगी में उसने मुझसे कहा कि हमारे वैवाहिक संबंध अब और आगे नहीं चल सकते। हम आपसी सहमति से संबंध-विच्छेद अर्थात् तलाक के लिए राजी हो गए।

मैं अपने माता-पिता के पास लौट गई। कुछ ही समय बाद मैंने एक रेस्तराँ में काम करना शुरू कर दिया। एक साल बिना किसी समस्या के गुजर गया और फिर एक दिन मेरे बॉस के छोटे भाई ने मुझसे शादी का प्रस्ताव किया। हालाँकि मेरी अपनी कुछ मर्यादाएँ व आशंकाएँ थीं, क्योंकि वह मुसलमान था, फिर भी मैंने उससे शादी करना तय कर लिया, जिसका एक कारण यह था कि मैं अपने माता-पिता पर बोझ बनने लगी थी।

लेकिन शादी से मुझे जो भी कम-से-कम अपेक्षाएँ थीं, वे इस बार भी पूरी नहीं हो सकीं। धीरे-धीरे मेरा खाविंद बेरहमी पर उतर आया। शादी को मुश्किल से तीन महीने हुए थे और मैं घर के अंदर कैदी बनकर रह गई। फिर मैंने एक लड़की को जन्म दिया। मैं बहुत कमजोर हो गई थी, इसलिए मेरा पति एक दूर की रिश्तेदार (एक

औरत) को हमारे साथ रहने और हमारी मदद के लिए ले आया। लेकिन मैंने उसे और अपने पति को एक बहुत ही शर्मनाक करतूत करते हुए देख लिया। मैंने आपत्ति की तो उसने मुझे बहुत मारा। इसके बाद वे मेरी बेटी को मुझसे दूर रखने लगे। मैं अकेली बहुत दुखी रहने लगी।

निराशा से तंग आकर मैंने जहाँगीर पुरी में नवज्योति के पारिवारिक परामर्श सेवा केंद्र से संपर्क किया। मैंने पक्का इरादा कर लिया था कि मुझे समझौता नहीं करना है। मुझे अपनी बेटी वापस चाहिए थी। परामर्शदाता ने मेरे पति और उसके परिवार को आपसी समझौते के लिए बुलाने की कोशिश की। मेरे साथ क्रूरता बरतने के लिए मैंने अपने पति के खिलाफ एक एफ.आई.आर. दर्ज करा दी और मामला अंततः तीस हजारी कोर्ट में पहुँच गया। पाँच बार सुनवाई हो चुकी है और मुझे उम्मीद है कि फैसला हमारे पक्ष में आएगा।

जिम्मेदारी सबकी

- बहुत सी स्त्रियों को अंतिम सुरक्षा विवाह में ही नजर आती है।
- कभी-कभी स्त्रियाँ अपनी आर्थिक आजादी को छोड़ पूरी तरह अपने पति पर निर्भर रहने लग जाती हैं।

❑

कूदने से पहले देख लें

मैं 35 साल की हूँ और मेरे तीन बच्चे हैं। करीब 13 साल पहले मेरी शादी हुई थी। तीन भाई-बहनों में मैं सबसे बड़ी हूँ। मेरे दो छोटे भाई अभी तक ठीक से जम नहीं पाए हैं। चूँकि मैं काफी पढ़ी-लिखी थी, मेरे माता-पिता ने एक विधुर से आया शादी का प्रस्ताव स्वीकार कर लिया, जिसने दावा किया था कि वह एकदम अकेला है।

विवाह के बाद वह मुझे दिल्ली-हरियाणा सीमा के निकट स्थित एक घर में ले गया। मेरा विवाहित जीवन बहुत ही साधारण था। अपने पति के साथ मेरे संबंध में कोई विशिष्टता नहीं थी और यह संबंध बहुत बुरा भी नहीं था। एक भौतिक चिकित्सक (फिजियोथैरेपिस्ट) होने के नाते उसे अधिकतर बाहर जाना पड़ता था। वह हमेशा यही तर्क देता कि उसे अपने काम की अपेक्षानुसार बहुधा भ्रमण करना पड़ता है, एक अस्पताल से दूसरे अस्पताल में जाना होता है।

जो कुछ भी मेरे पास था, मैं उससे संतुष्ट थी, उस दिन तक जब एक औरत मेरे पति को खोजती हुई मेरे पास आई। मैं यह देखकर स्तब्ध रह गई कि उसके पास उसी व्यक्ति के साथ हुई शादी का सबूत था, जो मेरा पति बनकर मेरे साथ रह रहा था। उस औरत ने कहा कि वह अपने माता-पिता के साथ रहती है और मेरे बारे में उसे दो-चार दिन पहले ही पता चला और किसी तरह वह मुझे खोजने में सफल हो गई। जब मेरा पति आया, उसने मान लिया कि वह उसकी पहली पत्नी है। इससे भी बड़ी बात यह थी कि उनके चार बच्चे भी थे।

मेरा जीवन नष्ट करने की सच्चाई के लिए क्षमा-याचना करने के बजाय उसके पास कहने के लिए सिर्फ एक बात थी—जो कुछ हो चुका है, "उसे अब बदला नहीं जा सकता।" उसने यह चेतावनी भी दे डाली कि अगर मैं रहना चाहूँ तो रहूँ, वरना मैं जाने के लिए आजाद हूँ।

मैंने अपनी विचित्र स्थिति के बारे में तत्काल अपने भाइयों को बताया। उन्होंने यह भी पता लगा लिया था कि मेरे पति की समाज में नेकनामी नहीं है। उन्होंने यह भी मालूम कर लिया कि जिस घर में हम रहते हैं और जो कार हमारे पास है, वह कर्ज

पर लिया गया है। जब मैंने उससे बात की, उसके माता-पिता ने भी अपनी असमर्थता जताई, क्योंकि वे पूरी तरह उस पर निर्भर थे। मेरे भाइयों को बाद में जानकारी मिली कि वह किसी तीसरी औरत के साथ गुलछर्रे उड़ा रहा है, जिसके पिता का वह इलाज कर रहा था और यह भी कि उस औरत का बाप ऑस्ट्रेलिया जाने में उसकी मदद कर रहा है।

तीसरी औरत के बारे में पता चल जाने पर मैंने काररवाई करने का फैसला किया। मैंने पुलिस को खबर नहीं की, क्योंकि मैंने सोचा कि मेल-मिलाप का रास्ता अपनाना बेहतर होगा। मैंने नवज्योति के बारे में पढ़ा था और मैं कराला स्थित नवज्योति केंद्र में मदद के लिए चली गई। वहाँ मौजूद परामर्शदाता मेरे पति से संपर्क करने की कोशिश कर रहे हैं और उन्होंने स्थानीय पुलिस को भी चौकन्ना कर दिया है, ताकि वह ऑस्ट्रेलिया न भाग जाए।

मेरा पति लंबे समय से मुझे नहीं मिला है। उसके पास वापस जाने का मेरा कोई इरादा नहीं है। मैं बस इतना चाहती हूँ कि उसे हमारे बच्चों की जिम्मेदारी से पीछा छुड़ाने का मौका न दिया जाए तथा उसे कुछ और जिंदगियों के साथ खिलवाड़ न करने दिया जाए।

जिम्मेदारी सबकी

- विवाह सिर्फ एक औपचारिकता नहीं है। इसमें कभी जल्दबाजी नहीं करनी चाहिए।
- वर या वधू की पहचान करने में अत्यधिक सावधानी बरतनी जरूरी है।
- किसी गलत विवाह में फँसने से तो अकेला रहना बेहतर है।

❑

पैसों के लिए पत्नी की अदला-बदली

मैं नवज्योति के पारिवारिक परामर्श सेवा केंद्र कराला माजरी, दिल्ली में एक परामर्शदाता हूँ। हाल ही में एक ऐसा केस मेरे सामने आया, जिसके कारण मैं यह सोचने पर विवश हो गया कि सही समाधान क्या है, कौन सही है और किसे दोष दिया जाए।

एक दिन जब मैं अपने कार्यालय में बैठा हुआ था और केस फाइलें पूरी कर रहा था, उसी दौरान करीब 40 वर्ष का एक व्यक्ति अनुमति लिये बिना अंदर चला आया और मुझसे पूछने लगा कि मैं क्या काम कर रहा हूँ। बदले में मैंने उससे पूछा कि उसे किस प्रकार की मदद चाहिए। उसने बताया कि उसे अपने किराएदार से 12,000 रुपए लेने हैं, लेकिन वह चुकाने से मना कर रहा है। यद्यपि मैंने इस मामले में उसे पुलिस की मदद लेने की सलाह दी और यह भरोसा भी दिलाया कि पुलिस के साथ मामले को आगे बढ़ाने में जो भी सहायता वह चाहेगा, प्रदान की जाएगी; फिर भी, वह आशंकित लग रहा था। वह बेचैन था और शायद बताना नहीं चाहता था कि वास्तव में क्या बात उसे परेशान कर रही है। मैंने बार-बार उसे मदद का भरोसा दिया, लेकिन वह कुछ भी सुनने या मेरी बात मानने के लिए तैयार ही नहीं था। असल में उसने मुझे यह भी नहीं बताया कि वह मुझसे किस प्रकार की सहायता की उम्मीद रखता है।

अंततः मैंने किराएदार का ब्योरा लिखा और उसे तथा उसके मकान मालिक को अगले सप्ताह केंद्र में बुलाया। मामले को किस तरह सद्भावपूर्ण ढंग से निपटाना है, इसकी योजना मैंने पहले ही सोच रखी थी। लेकिन मेरी सारी योजनाएँ धरी-की-धरी रह गईं, जब मैंने देय राशि न चुकाने के बारे में किराएदार का तर्क सुना। उसने बड़ी सादगी से बताया कि उसकी पत्नी 20 दिन तक मकान मालिक के पास रह चुकी है। उसने आगे कहा कि उसके बाद कोई रकम चुकाने की जरूरत वह नहीं समझता है।

एक क्षण के लिए मैं हक्का-बक्का रह गया। पहले तो मैंने सोचा कि शायद मैंने उसे गलत सुना है; लेकिन जब उससे मैंने स्पष्ट करने के लिए कहा कि उसके इस कथन का मतलब क्या है, तो उसने विस्तार से बताया कि उसने अपनी बेटी के विवाह

के लिए मकान मालिक से कर्ज लिया था। लेकिन वह समय पर कर्ज चुका नहीं पाया। अत: उसने अपनी पत्नी को मकान मालिक के पास यह अनुरोध करने के लिए भेजा कि पैसा लौटाने के लिए वह कुछ और मोहलत दे दे। उसने यह भी कहा कि उसे नहीं मालूम कि उसकी पत्नी और मकान मालिक के बीच कब इस कदर दोस्ती हो गई कि उसने नियमित रूप से उसके पास जाना शुरू कर दिया। इतना ही नहीं, हद तो तब हुई जब एक दिन उसके साथ (यानी पति के साथ) झगड़ने के बाद वह 20 दिन तक मकान मालिक के पास जाकर रही।

उसका मानना था कि चूँकि वह मकानदार के साथ रही, इसलिए उसका सारा कर्ज चुकता हो गया है। मामले की सच्चाई को पुष्ट करने के लिए वह अपने तीनों जवान बेटों को भी साथ लाया था। उन सबका यही कहना था कि उनकी माँ ने मकान मालिक के साथ अवैध संबंध बनाए हुए हैं। इस दौरान मकान मालिक खामोश बैठा रहा और उसने अपनी सफाई में एक शब्द भी नहीं कहा। मैंने उस स्त्री का पक्ष भी सुनना चाहा और उसे केंद्र में बुलवाया।

उसने बिलकुल ही एक अलग कहानी बयान की। उसने बताया कि वह राजस्थान के एक अत्यंत गरीब मजदूर परिवार से है और उसका विवाह दस वर्ष की उम्र में ही कर दिया गया था। शादी की पहली रात को ही उसे पता चल गया कि उसका पति शराबी है। वह बहुत छोटी थी, इसलिए वह न तो कुछ कह सकती थी और न ही उसने कुछ कहा। बहुत जल्दी वह गर्भवती भी हो गई और 15 साल की होते-होते वह दो बच्चों की माँ बन चुकी थी। अब चूँकि परिवार बढ़ रहा था, उनकी जरूरतें भी बढ़ने लगी थीं। उसके पति ने परिवार की आवश्यकताओं को पूरा करने के बहाने उधार लेना शुरू कर दिया, लेकिन उधार का सारा पैसा उसने शराब पर खर्च कर डाला। नतीजा यह हुआ कि परिवार पर कर्ज का बोझ बहुत बढ़ गया। धीरे-धीरे लोगों ने उसे उधार देना बंद कर दिया। हालात इतने खराब हो गए कि बच्चों को दो वक्त का खाना भी नसीब नहीं हो रहा था। इसके अलावा, उसका पति उसे बुरी तरह मारता-पीटता भी था। एक दिन उसके आदमी ने कहा कि एक वही है, जो परिवार की सारी मुश्किलें हल कर सकती है। और फिर उसने कहा कि अगर वह (यानी मैं, उसकी पत्नी) एक दिन के लिए साहूकार के पास चली जाए तो साहूकार फिर अपना उधार वापस नहीं माँगेगा। यह सुनकर वह हैरान रह गई, लेकिन कोई विकल्प भी नहीं था, क्योंकि वह अपने बच्चों को कष्ट में नहीं देख सकती थी।

उसने सोचा कि वह केवल एक बार और अंतिम बार अपने पति की आज्ञा का पालन करेगी; लेकिन दुर्भाग्यवश यह तो केवल शुरुआत थी। धीरे-धीरे यह रोजमर्रा की बात हो गई। उसे बहुत से साहूकारों के पास जाना पड़ा। तदनंतर उसके दिमाग से यह

बात जाती रही कि क्या सही है और क्या गलत।

अत: जब उसके पति ने उसे मकान मालिक से दोस्ती कर कर्ज से निजात दिलाने के लिए कहा, तो वह इसके बारे में दोबारा सोचे बिना मकान मालिक के पास चली गई। लेकिन यह दोस्ती पिछले सभी दृष्टांतों से कुछ अलग थी। मकानदार उसे स्वस्थ एवं सुखी देखना चाहता था। उसने एक ऐसी बीमारी का इलाज कराने के लिए उसे कुछ रुपए दिए, जिसे देखने की किसी दूसरे ने परवाह तक नहीं की।

बहुत जल्द मकान मालिक पर उसका इतना भरोसा बैठ गया कि वह अपनी सारी समस्याएँ उसे बताने लगी। मकान मालिक के साथ उसके याराने की खबर जंगल की आग की तरह फैल गई। यहाँ तक कि उसके बच्चे भी उससे नफरत करने लगे। वे मकान मालिक से झगड़ पड़े और अंतत: उन्हें मकान खाली करना पड़ा। जब वह अपना किस्सा बयान कर रही थी, मैंने गौर किया कि उसके चेहरे पर कोई भाव नहीं थे। ऐसा लगता था जैसे वह यह किस्सा बहुत बार पहले सुना चुकी हो। उसने स्वीकार किया कि मकान मालिक के प्रति वह प्रेमभाव रखती है और मुझे बताया कि वह अपने पति के पास लौटने की इच्छुक नहीं है तथा उससे वह तलाक लेना चाहती है।

मकान मालिक इस संबंध के बारे में अनिश्चित था; लेकिन उस महिला के प्रति उसने काफी चिंता जताई। उसके पति को समाज में अपनी नाक बचाने की सबसे अधिक चिंता थी और इसीलिए वह चाहता था कि उसकी पत्नी वापस आए। मुझे कुछ सूझ नहीं रहा था कि क्या करना चाहिए और मैं यह भी निर्णय नहीं कर पाया कि कौन सही है और कौन गलत। लेकिन मुझे उनका मार्गदर्शन करना है। मुझे एक ही बात सही लगी कि मैं उनको बता दूँ कि उनके निर्णय के क्या-क्या उलझाव हो सकते हैं। वे तीनों आज तक मेरे पास आ रहे हैं और संभव है कि कुछ आगे चलकर मैं उनकी समस्याओं को हल करने में कामयाब हो जाऊँ।

जिम्मेदारी सबकी

- आश्रित स्त्रियाँ आसानी से शोषण का शिकार हो जाती हैं।
- ऐसी स्त्रियाँ दुराचारी पतियों के हाथों में पड़कर लेन-देन की वस्तु बन सकती हैं।

❑

शिक्षित महिलाएँ भी दब्बू बन जाती हैं

कभी-कभी जब ऐसी किसी स्थिति से मेरा सामना होता है, जिसका वर्णन मैं करने जा रही हूँ, मुझे लगता है कि भारत में एक लड़की के रूप में जन्म लेना बहुत से माँ-बाप के लिए किसी अभिशाप जैसा हो सकता है। मैं जानती हूँ कि इस प्रकार की टिप्पणी करने के लिए मुझे फटकार पड़ सकती है; लेकिन जो कटु सत्य है, उसे नकारा नहीं जा सकता है। मैं यहाँ एक घटना पर आधारित एक उदाहरण प्रस्तुत कर रही हूँ, क्योंकि मैं भी उसमें व्यक्तिगत रूप से शामिल थी।

कुछ वर्ष पहले, जब मैं मध्य प्रदेश के एक बड़े शहर में थी, एक व्यक्ति ने संकट की स्थिति में मुझे टेलीफोन किया और बताया कि उसकी बेटी एक सॉफ्टवेयर इंजीनियर है, जिसका हाल ही में विवाह हुआ है और वह पड़ोस के ही एक शहर में रह रही है। उसने मुझे यह भी बताया कि वह खुद और उसके परिवार के अन्य सदस्य इस बात से बहुत चिंतित हैं कि उनकी बेटी को उसका पति तथा सास-ससुर अपने माँ-बाप से न तो मिलने दे रहे हैं और न टेलीफोन पर बात करने देते हैं। हर बार यही जवाब मिलता है कि वह घर पर नहीं है या अभी टेलीफोन पर नहीं आ सकती। जाहिर है, उसके पास मोबाइल फोन नहीं था।

लड़की के माँ-बाप ने मुझे बताया कि उन्हें अपनी बेटी के बारे में कोई खबर नहीं मिली है, जिसकी वजह से वे बहुत फिक्रमंद हैं। वे असहाय हैं और किसी ऐसे व्यक्ति को नहीं जानते, जो उन्हें रास्ता दिखा सके और यह पता लगाने में उनकी सहायता कर सके कि उनकी बेटी के साथ क्या हुआ है।

मैंने उनकी बेटी का नाम व टेलीफोन नंबर पूछा और उन्हें आश्वस्त किया कि मैं व्यक्तिगत रूप से उनका संदेश पहुँचा दूँगी और उनकी बेटी से कहूँगी कि अपने माँ-बाप से बात कर ले। चूँकि लड़की की माँ ने अपनी वेदना के बावजूद बहुत ही मर्मस्पर्शी ढंग से मेरी सहायता माँगी थी, मैं उनकी बेटी को अपनी ओर से फोन करने से स्वयं को नहीं रोक सकी। मैंने अपने मोबाइल फोन से उसका नंबर मिलाया। मैंने अपना परिचय दिया और कहा कि मेरे पास आपके घर की बहू के लिए एक संदेश है। मैंने

उसका नाम भी लिया। फोन उठानेवाले व्यक्ति ने मुझसे बात करने के लिए किसी और को बुलाया। मैंने दुबारा वही बात कही कि मैं दूसरे शहर से बोल रही हूँ और घर की बहू के लिए मेरे पास एक अत्यावश्यक संदेश है। मैंने पूछा कि क्या वह अपने माँ-बाप से संपर्क कर सकती है, जो उसकी बहुत चिंता कर रहे हैं ? मैंने जब पूछा कि कौन बात कर रहा है, तो उसने बताया कि वह उस घर की बहू का ससुर है। अब मैं अनुमान लगा सकती थी कि शुरू में जिस व्यक्ति ने फोन उठाया, वह शायद उस लड़की का पति था, जिसने फौरन अपने पिता को बुला लिया। लड़की के ससुर ने अचानक फोन काट दिया। मैं समझ गई कि लड़की के माता-पिता का संदेह निराधार नहीं है और सबकुछ ठीक होगा, ऐसा नहीं लगता है।

मैंने दिल्ली लौटने पर उस लड़की के घर दुबारा फोन किया। फिर ऐसा लगा कि फोन उसके पति ने उठाया है। उसने बाहरी आदमी होने का बहाना किया और कहा कि वह कोई संदेश नहीं ले सकता। वास्तव में उसने एकाएक फोन काट दिया। मैंने फिर फोन मिलाया और कहा कि घर में फोन उठानेवाला व्यक्ति यदि अजनबी भी हो, तब भी सौजन्यता के नाते वह इतना तो कर ही सकता है कि फोन पर मिला संदेश नोट कर ले। उसने अनिच्छा से मेरा फोन नंबर लिखा और साथ में यह बताना नहीं भूला कि जिस लड़की से मैं बात करना चाहती हूँ, वह फिलहाल घर पर नहीं है।

एक घंटे बाद लड़की के ससुर ने मुझे फोन किया। उसने जानना चाहा कि मैं क्या संदेश उस तक पहुँचाना चाहती हूँ, तो मैंने कहा कि वह उनकी पुत्रवधू के लिए है और मैं उसको ही बताना चाहूँगी। यह सुनकर वह बोला कि अगर पुत्रवधू घर पर हो, तब भी जो बात कहनी है, मुझे उससे ही कहनी होगी। तब मैंने पूछ ही लिया कि ऐसा क्या है कि पुत्रवधू खुद आकर बात नहीं कर सकती ? उसने पलटकर कहा कि वह उसे इसकी इजाजत नहीं देंगे। उसने मुझसे यह भी पूछा कि मैं किस हैसियत से उसके घर फोन कर रही हूँ। मुझे जवाब में बताना पड़ा कि मैं एक जिम्मेदार पुलिस अधिकारी का कर्तव्य निभाते हुए फोन कर रही हूँ। इतना सुनते ही उसने फोन पटक दिया। फिर मैंने उस इलाके की पुलिस को फोन किया और उन्हें खबर कर दी। इस बीच मुझे सूचना मिली कि मध्य प्रदेश में लड़की के माँ-बाप को धमकी दी गई है और उन्हें अपनी शिकायत वापस लेने के लिए कहा गया है। इस धमकी से लड़की के माँ-बाप बहुत डर गए और उन्होंने रात की गाड़ी से ही अपनी बेटी के घर जाने का फैसला कर लिया। जाने से पहले उन्होंने मुझे फोन किया। मैंने उन्हें सलाह दी कि गंतव्य पर पहुँचकर वे पुलिस थाने चले जाएँ, उनकी मदद लें और उसके बाद ही अपनी बेटी के घर जाएँ। उन्होंने मेरी हिदायतों का पालन किया। माँ-बाप जब बेटी से बात कर रहे थे, उसका पति पहरेदार बनकर खड़ा था। लड़की ने अपने माँ-बाप को बताया कि वह तीन माह

की गर्भवती है और इस कारण वह किसी उत्पीड़न का विरोध करने या अपने सास-ससुर आदि का सामना करने की स्थिति में नहीं है।

यह पहली बार था, जब माता-पिता को अपनी बेटी की दशा के बारे में पता चला। बेटी ने उन्हें यह जानकारी भी दी कि ससुरालवालों से उसके गंभीर मतभेद हैं और जैसा कि उसने बताया कि वे बहुत चिड़चिड़े तथा सनकी किस्म के लोग हैं। अब चूँकि वह माँ बनने जा रही है, परिवार के अंदर शांति एवं सामंजस्य बनाए रखने के लिए उसके पास अपने सास-ससुर के कहे अनुसार चलने के सिवा कोई उपाय नहीं है। उसने यह भी कहा कि अपने माता-पिता के संपर्क में रहना अब उसके लिए संभव नहीं होगा।

माँ ने तब अपनी बेटी को डाँट लगाई और कहा कि तेरे माँ-बाप ने क्या तुझे इसीलिए पढ़ाया-लिखाया और व्यावसायिक शिक्षा भी दिलाई कि आनेवाले जीवन में आत्मनिर्भर बनने के बजाय उनकी बेटी इस तरह हार मान ले और दब्बू बनकर रह जाए। लड़की के पास बातों का कोई जवाब नहीं था। उसके माता-पिता ने बाद में फोन करके मुझसे शिकायत वापस लेने का अनुरोध किया।

इस सारे प्रकरण पर मुझे बहुत गुस्सा आया। हमारे समाज में तथाकथित सुशिक्षित लड़कियों की स्थिति—यह मामला एक कंप्यूटर इंजीनियर का था—बिलकुल उत्साहवर्धक नहीं है। दरअसल अनेक लड़कियाँ घर में कैद होकर रह जाती हैं। वे जितना असुरक्षा से डरती हैं, उतना ही आजादी से। माँ-बाप असहाय महसूस करते हैं। उन्हें अपनी विवाहिता पुत्रियों को भूल जाना ही अपनी नियति स्वीकार करना पड़ता है और यही बात पुत्रियों पर भी लागू होती है। फिर इस शिक्षा और तथाकथित आधुनिकीकरण का क्या अर्थ रह जाता है। कोई आश्चर्य नहीं कि लड़कियाँ आज भी अवांछित हैं।

जिम्मेदारी सबकी

- जो शिक्षा लड़की को आत्मविश्वास से पूरित नहीं कर सकती और आत्मनिर्भर होने की सामर्थ्य नहीं दे सकती, वह केवल साक्षरता है, शिक्षा नहीं।
- हमारे समाज में बहुत सी लड़कियों के लिए ससुराल ससुराल ही रहती है, अपना घर कभी नहीं बन पाती है।
- आश्रित स्त्रियों के लिए गर्भावस्था एक कैदी जैसा जीवन जीने और पूरी तरह किसी के अधीन हो जाने का ही दूसरा नाम है।

❑

डरपोक नहीं, साहसी बनें स्त्रियाँ

मेरा नाम ज्योति है और मैं 18 साल की हूँ। मैं सातवीं कक्षा तक पढ़ी हूँ। मेरे माता-पिता कपड़ों पर इस्तरी करके निर्वाह योग्य कमाई करते हैं। मेरे पाँच भाई-बहनों का तथा मेरा जन्म एवं पालन-पोषण दक्षिणी दिल्ली की एक कॉलोनी ओखला के निकट एक झुग्गी बस्ती में हुआ। जब मैं 16 साल की थी, हमारा एक रिश्तेदार पास में रह रहे एक लड़के की ओर से मेरी शादी का प्रस्ताव लेकर आया। वह भी कपड़ों पर इस्तरी करता था। हालाँकि मेरे माँ-बाप को इस रिश्ते के बारे में कुछ हिचकिचाहट थी, क्योंकि उस लड़के के दो भाइयों और उसके पिता का भार उसी के कंधों पर था, फिर भी काफी सोच-विचार के बाद उसके साथ मेरा विवाह कर दिया गया।

मैं अपनी ससुराल के तीन कमरों के मकान में अपने पति के प्यार के साथ रहते हुए बहुत खुश थी। वह मेरी बहुत परवाह करता था। लेकिन मेरे देवर कभी कुछ काम-धाम नहीं करते थे। वे सुबह जल्दी घर से निकल जाते और दिन भर इधर-उधर व्यर्थ घूमने के बाद देर रात घर वापस आते। शुरू-शुरू में तो मैंने कोई दखल नहीं दिया, लेकिन जब कुछ समय बाद मैंने उनकी भावी योजनाओं के बारे में जानना चाहा तो बात बढ़ती चली गई और वे गुस्से में लाल-पीले हो गए। मैंने अपने पति से इस बात का जिक्र नहीं किया। तथापि मेरे ससुर मेरे पक्ष में थे। मैंने उन्हें बहुत सज्जन पाया, विशेषकर स्त्रियों के साथ। कुछ समय बाद मुझे उनके व्यवहार पर संदेह होने लगा। वह हर औरत पर सीटी बजाता और आँख मारता। मैं असमंजस में थी कि अपने पति को बताऊँ या नहीं। एक दिन मैंने हिम्मत जुटाकर इस बारे में उसे बता ही दिया। मुझे बड़ा आश्चर्य हुआ, जब मेरे पति ने कहा कि उसे पता है, लेकिन वह इस संबंध में कुछ कर नहीं सकता। मुझे हैरानी यह सोचकर भी हुई कि इस बाबत उसने मुझे पहले क्यों नहीं बताया। हमारी शादी हुए छह महीने हो चुके हैं, फिर भी मैंने गौर किया कि मेरी ननद केवल त्योहार के अवसर पर हमसे मिलने आती है। एक दिन जब मैंने पूछा कि वह बहुत-बहुत दिन बाद और यदा-कदा ही क्यों आती है, तो उसने बताया कि उसके पिता के दुराचरण की वजह से ही उसके भाइयों ने उसका विवाह जल्दी करा दिया और वह

घर आने से कतराने लगी। मैंने हिम्मत दिखाई और उसके आचरण का विरोध किया, जिसके परिणामस्वरूप घर में झगड़े होने लगे।

अब मेरे ससुर ने औरतों को घर लाना शुरू कर दिया। उन औरतों को उसने पहनने के लिए जब मेरे कपड़े दिए तथा मेरे शृंगार का सामान भी उनको इस्तेमाल करने दिया तो मैं गुस्से से भर गई। बहुत बार मैंने उसे उन औरतों के साथ अश्लील मुद्रा में पाया। इसके अलावा अनेक निर्लज्ज किस्म के लोगों ने भी हमारे घर आना शुरू कर दिया।

जिस दौरान यह सब हो रहा था, मैं आठ माह से गर्भवती थी। मेरी माँ आकर मुझे अपने साथ ले गई और मैंने एक पुत्री को जन्म दिया। कुछ माह बाद मैं वापस अपने पति के घर आ गई। मेरा घर पूरी तरह अस्त-व्यस्त और बुरी हालत में था। मैं अपने गुस्से पर काबू नहीं रख पाई, जब मैंने अपने ससुर के कमरे में एक इस्तेमाल किया हुआ कंडोम देखा। अगले दिन उसने अपने कुछ दोस्तों को घर बुलाया और कभी कुछ, कभी कुछ माँग-माँगकर मुझे परेशान करने लगा। मैं चुप रही। फिर भी, जब उसने मुझे तंग करना जारी रखा तो मैंने उसे थप्पड़ जड़ दिया। मेरे पति को यह अच्छा नहीं लगा और उसने मुझे घर से निकाल दिया। मैं अपनी माँ के पास वापस चली गई और वहीं रहने लगी।

उस घटना को बीते एक साल से ऊपर हो गया है। इस बीच मेरे एक पड़ोसी ने मेरी माँ को नवज्योति पारिवारिक परामर्श सेवा केंद्र के बारे में बताया, जो श्रीनिवासपुरी दक्षिणी दिल्ली में स्थित है। केंद्र में परामर्शदाता ने इस मामले में दखल दिया और स्थानीय पुलिस की मदद से मैंने अपने पति को समझा-बुझाकर हमारी बेटी की खातिर अलग रहने के लिए राजी कर लिया।

जिम्मेदारी सबकी

- स्त्री अगर विद्रोह करती है तो उसके पति का परिवार उसके खिलाफ हो जाता है।
- स्त्रियों को अत्याचार के विरुद्ध अपनी आवाज उठाने के लिए अडिग समर्थन की आवश्यकता होती है, अन्यथा वे उपहास एवं अपमान का पात्र बनकर रह जाती हैं।

❑

यह न समझें कि स्त्रियों के कष्टों को सुननेवाला कोई नहीं

मैं 30 वर्ष की हूँ और मेरा नाम सुनीता है। मैं उत्तर प्रदेश की रहनेवाली हूँ। 13 वर्ष पहले मेरा विवाह दिल्ली में एक आदमी से हुआ। मेरी शादी का प्रस्ताव मेरा एक रिश्तेदार लेकर आया था, जब मैं अपनी उच्चतर माध्यमिक परीक्षाएँ दे चुकी थी।

मेरी साधारण सूरत-शक्ल और गहरा साँवला रंग मेरे माता-पिता के लिए चिंता का कारण बने हुए थे। इससे भी अधिक चिंता उन्हें इस बात की थी कि उनकी इतनी सामर्थ्य नहीं थी कि मेरी सूरत-शक्ल के लिए मुआवजे के रूप में दहेज की माँग पूरी कर सकें। इसी कारण जब यह प्रस्ताव आया तो मेरे माता-पिता ने एक बार भी सोचे बिना आँखें मूँदकर उसे स्वीकार कर लिया।

मेरा विवाह जिस परिवार में हुआ, वह एक संयुक्त परिवार था, जिसमें नौ सदस्य थे। मुझे बताया गया था कि मेरा पति एक सुशिक्षित, स्वावलंबी व्यक्ति है, जिसका दिल्ली में अपना कारोबार है, संपत्ति है और दो दुकानें भी हैं। तथापि, मेरी शादी के 15 दिनों बाद मेरे पति ने मुझसे कहा कि वह एक प्राइवेट कंपनी में काम करता है तथा उस कंपनी के एक हिस्से का मालिक बनने के लिए उसे 50,000 रुपए की आवश्यकता है। वह चाहता था कि मेरे माँ-बाप उस रकम का प्रबंध कर दें। मैं चकित रह गई। मेरे यह कहने पर कि मेरे माँ-बाप के लिए इतनी रकम का प्रबंध करना कतई संभव नहीं होगा, मेरे पति और सास-ससुर ने जोर देना बंद कर दिया। मैं भी उनकी माँग के बारे में भूल गई।

किंतु कुछ समय बीतते ही मेरी सास ने मेरे बारे में छोटी-मोटी बातों की ओर इशारा करना और बात का बतंगड़ बनाना शुरू कर दिया। वह मेरे घरेलू काम-काज में कुछ-न-कुछ कमियाँ निकालती रहती और फिर सबके सामने मुझे ताने मारती। आगे-आगे मेरे ससुरालवालों का रवैया मेरे प्रति अधिकाधिक आक्रामक होता चला गया। मेरे पति ने एक-एक करके चीजें माँगनी शुरू कर दीं। पहले उसने लटकनेवाले पंखों की

माँग रखी और फिर डेजर्ट कूलर माँगे। अंततः मुझे इस हिदायत के साथ अपने माँ-बाप के घर भेज दिया गया कि माँगी गई सभी चीजों का प्रबंध करने के बाद ही मुझे वापस आना होगा।

हालाँकि मेरे माता-पिता की माली हालत बहुत अच्छी नहीं थी, फिर भी उन्होंने किसी तरह सारी चीजों की व्यवस्था कर दी। कुछ दिन बाद मेरा पति आया और उन सभी वस्तुओं के साथ मुझे अपने घर वापस ले गया।

फिर भी, उनके लोभ का कोई अंत नजर नहीं आ रहा था। कुछ दिनों बाद मेरे ससुरालवालों ने माइक्रोवेव ओवन की माँग की। इस माँग को पूरा करना मेरे माँ-बाप की सामर्थ्य में नहीं था, अतः स्थिति को सँभालने के लिए कुछ दूसरे रिश्तेदारों को बीच में आना पड़ा। जब उन्होंने मेरे रिश्तेदारों का दबाव महसूस किया तो वे कोई समझौता करने पर उतर आए।

मेरी जिंदगी में झंझट-ही-झंझट थे। मेरी ननदें मेरी शक्ल-सूरत के बारे में कटाक्ष करने का कोई मौका नहीं छोड़ती थीं और मेरा पति कई-कई दिनों तक घर से बाहर रहने लगा था। मेरे ससुरालवालों ने साफ तौर पर कह दिया कि अगर मुझे उस घर में रहना है तो मुझे मेरे माँ-बाप से सारे संबंध तोड़ने होंगे।

एक दिन उन लोगों ने मुख्य द्वार बंद करके मुझे बुरी तरह पीटा और एक दुपट्टे से मेरा गला घोंटने की कोशिश की। जब मैंने कहा कि मैं डायरी लिखती हूँ (वास्तव में ऐसा नहीं था) और हर बात उसमें दर्ज करती रहती हूँ, तब उन्होंने मुझे छोड़ा। फिर भी, तीन दिन के लिए मुझे तहखाने में बंद रखा गया और इस शर्त पर छोड़ा कि मैं किसी को कुछ नहीं कहूँगी। कुछ दिनों बाद मैंने अपने भाई से संपर्क किया और अपने ऊपर ढाए जा रहे जुल्मों के बारे में बताया। उसने मेरे पति को समझाया कि वे लोग मुझे सताना बंद कर दें, लेकिन कोई असर नहीं पड़ा। मेरे पास अपने भाई के साथ अपने माँ-बाप के घर वापस जाने के अलावा और कोई रास्ता नहीं बचा था। उसके बाद भी मेरी ससुराल के लोगों ने मुझे चैन से नहीं रहने दिया। वे चाहते थे कि मैं तलाक के लिए केस दायर कर दूँ। किंतु हमने सोच लिया कि हम ऐसा कुछ नहीं करेंगे, क्योंकि इससे तो हमारे परिवार का ही मजाक बनेगा।

मेरे सास-ससुर ने साफ कह दिया कि वे मुझे उनके घर में नहीं घुसने देंगे; लेकिन वे मेरा दहेज भी वापस करने के लिए तैयार नहीं थे। हमारा धैर्य जवाब दे गया और हमने महिला अपराध शाखा में एक मुकदमा दर्ज करा दिया। बहुत दिनों से हम सुनवाई की तारीख का इंतजार कर रहे हैं। तारीखें नहीं आ रही हैं और हमें अनगिनत कठिनाइयों का सामना करना पड़ रहा है।

इस बीच मैंने नवज्योति पारिवारिक परामर्श सेवा केंद्र से संपर्क किया है। मैं

अभी भी तलाक के हक में नहीं हूँ और आशा करती हूँ कि अच्छे दिन फिर लौटेंगे। मैं जिस दलदल में फँस गई हूँ, नवज्योति की सहायता से मैं उससे निकल सकूँगी, ऐसी उम्मीद करती हूँ।

जिम्मेदारी सबकी

- हमारे देश में स्त्रियों को आज भी एक वस्तु समझा जाता है।
- हमारी शिक्षा-प्रणाली और सामाजिक व्यवस्था स्त्रियों को आत्मनिर्भरता प्राप्त करने के साधन मुहैया कराने और सशक्त बनाने में अक्षम है।
- परिवारों को भी यह सच्चाई स्वीकार कर लेनी चाहिए कि विवादों में अब वैसी पवित्रता नहीं रही जैसी धारणा हमने बना रखी है।

❑

अंतिम विकल्प : तलाक

मैं 19 वर्ष की हूँ और एक पिछड़ी जाति से संबंध रखती हूँ। मेरे पिता एक दिहाड़ी मजदूर हैं और मेरी माँ एक गृहिणी। मैं पढ़ाई में हमेशा अच्छी रही, लेकिन 10वीं कक्षा के आगे मुझे पढ़ने नहीं दिया गया; क्योंकि मेरे माँ-बाप सोचते थे कि ज्यादा पढ़ जाने पर उन्हें मेरे लिए वर ढूँढ़ने में मुश्किल हो सकती है। हम उत्तर प्रदेश में एक गाँव में रहते हैं।

एक दिन मेरे पिता का एक रिश्तेदार मेरे लिए शादी का एक प्रस्ताव लेकर आया। लड़का कमाऊ देखकर मेरे माँ-बाप ने हामी भर दी। शादी से पहले मैं लड़के से एक बार मिलना चाहती थी, लेकिन मैं कहने का साहस नहीं कर सकी। शादी के दिन भी मैं अपने पति को ठीक तरह से देख नहीं पाई, क्योंकि मुझे अपना चेहरा साड़ी से ढका रखना था। अगले दिन मुझे उसके घर ले जाया गया, जहाँ मुझे बताया गया कि अत्यंत व्यस्त होने के कारण वह मुझसे मिलने अभी नहीं आ सकेगा। फिर रीति-रिवाज के मुताबिक मैं एक सप्ताह के लिए अपने मायके आ गई। अंततः मैं उसे तब देख पाई, जब मुझे लेने वह हमारे घर आया। मुझे बहुत हैरानी हुई यह देखकर कि वह आयु में मुझसे बहुत बड़ा था और पहले दिन से ही वह मेरे सामने सहज महसूस नहीं कर रहा था। आरंभ में मैंने सोचा कि मेरी मौजूदगी का अभ्यस्त होने में उसे कुछ समय लगेगा, लेकिन महीनों बीत गए और कुछ बदलाव नहीं हुआ। मैंने उस पर ध्यान देने और उसकी परवाह करने की भरसक कोशिश की, लेकिन मेरे साथ उसकी बातचीत बहुत सीमित थी। मैंने यह भी गौर किया कि मेरे पति के चाचा की पत्नी अकसर हमारे घर आती रहती थी और उसके साथ मेरे पति का व्यवहार बड़ा दोस्ताना था। मैंने इसके बारे में जब अपनी सास से पूछा तो वह बहुत गुस्से से भर गई। मेरे पति ने भी मुझे बुरा-भला कहा। उसके बाद मैं चुप हो गई। मेरा पति और उसकी चाची आपस में जिस तरह घुल-मिलकर बातें किया करते, उसे देखकर कई बार मुझे कुछ अच्छा नहीं लगा; लेकिन मैंने किसी से भी इस बारे में कुछ नहीं कहा।

एक दिन एक संबंधी ने मुझे जो बात बताई, वह हैरान करने वाली थी। मेरा

पति दत्तक पुत्र था और उसके विषय में ऐसी अफवाह उड़ी हुई थी कि उसका अपनी चाची के साथ अवैध संबंध है। उसके पश्चात् मैंने ठान लिया कि जब कभी वह हमारे घर आएगी, मैं उसके साथ सख्ती से पेश आऊँगी। लेकिन एक दिन मेरे पति ने मुझे जोर का तमाचा मारा और चिल्लाया कि मुझे मेहमानों की खातिर करनी नहीं आती है। मैंने उलटकर जवाब दिया तो उसने मुझे इतनी बुरी तरह पीटा कि मैं दो दिनों तक बिस्तर से नहीं उठ सकी। शालीनता की सभी सीमाएँ टूट गईं और उसकी चाची ने हर रोज हमारे घर आना शुरू कर दिया। किसी भी रिश्तेदार ने दखल नहीं दिया। मैं अपने माँ-बाप के घर जाना चाहती थी, लेकिन मुझे इजाजत नहीं दी गई। अंततः एक दिन जब वे मुझे देखने आए, मैंने उन्हें सबकुछ बता दिया और वे मुझे अपने साथ ले गए। बाद में उन्होंने हमारे रिश्तेदारों से सलाह-मशवरा किया। सभी लोगों का विचार था कि यह मसला मिल-बैठकर हल किया जाना चाहिए। फिर मेरे पति और उसके रिश्तेदारों को बुलवाया। उसने क्षमा माँगी और मुझे वापस ले गया; लेकिन हालात नहीं बदले। तब मैंने तलाक लेने का फैसला कर लिया। अपना इरादा पक्का कर लेने के बाद मैंने नवज्योति के पारिवारिक परामर्श सेवा केंद्र से संपर्क किया और उनकी मदद माँगी। मेरे माँ-बाप ने इसमें मेरा पूरा साथ दिया। परामर्शदाता ने मुझे रास्ता दिखाया और मैं तलाक लेने में कामयाब हो गई। एक तलाकशुदा होकर रहना, विशेषकर एक गाँव में, कोई आसान बात नहीं है। फिर भी, यह उस जिंदगी से तो बेहतर है, जिसमें अपनी कोई पहचान ही न हो।

जिम्मेदारी सबकी

- बिना देखे-भाले किया गया विवाह जिंदगी को दाँव पर लगाने जैसा है।
- असफल विवाह को कभी लंबा न खींचें।
- पिछड़ी जातियों में लड़कियों को अभी भी एक तरह से बंदी बनाकर रखा जाता है।

❑

अत्याचारी पुलिस और उसके कुटिल तरीके

मेरा नाम जीवानंद है और मैं 21 साल का हूँ। मूलत: राजस्थान से हूँ। मेरा परिवार अब दिल्ली में एक छोटे से मकान में रहता है, जो हमने बड़ी मुसीबतें उठाकर बनवाया। मेरे पिता पेशे से एक राजमिस्त्री हैं और तभी काम करते हैं, जब वह कर सकते हैं, अर्थात् जब शराब पीने से फुरसत मिल जाए। मेरी माँ ने मेरी छोटी बहन और मुझे बड़े कष्ट उठाकर पाला-पोसा है। जगह-जगह काम करने के बाद अब वह केंद्र सरकार के एक विभाग के अंतर्गत बागबानी प्रभाग में नियुक्त हैं। मैं नहीं जानता कि उन्हें वास्तव में कितना वेतन मिलता है, लेकिन इतना अवश्य कह सकता हूँ कि उनका आधा वेतन मेरा बाप अपनी शराब में उड़ा देता है और आधे में वह घर चलाने की कोशिश करती हैं।

जब हम बहुत छोटे थे, मुझे याद है कि मेरी बहन और मैं कई बार बिना खाए रह जाते थे। मेरा बाप नशे में धुत होकर घर वापस आता और जब हम शिकायत करते कि हम भूखे हैं, हम सबकी वह पिटाई कर देता। मेरी माँ को बहुत अधिक पीड़ित किया जाता था। हैरानी की बात तो यह है कि हम सबको मारने-पीटने के बाद वह हमें घर से निकाल देता और खुद को अंदर बंद कर लेता। हमें अपने पड़ोसी के घर पनाह लेनी पड़ती थी। यह सिलसिला कुछ समय तक बेरोक-टोक चलता रहा।

जैसे-जैसे मैं बड़ा होता गया, मैंने स्कूल जाना जारी रखा। तथापि आठवीं कक्षा पूरी करने के बाद मुझे अपनी पढ़ाई छोड़नी पड़ी, क्योंकि रहन-सहन का खर्च बहुत बढ़ गया था और मेरी माँ की आमदनी उसके लिए पर्याप्त नहीं थी।

मैंने घर में खाली बैठे रहने के बजाय कुछ हुनर सीखने का निश्चय किया। मैं अपने रिश्ते के भाई के घर गया। वह एक श्रेष्ठ कारीगर था और कशीदाकारी में निपुण था। उसने वह काम सीखने में मेरी सहायता की। शुरू-शुरू में उसने मुझे कुछ काम भी दिया, जिसे पूरा करने पर मुझे पारिश्रमिक मिला। मैंने अपनी पहली कमाई अपनी माँ

के हाथों में रख दी। बाद में एक स्थानीय गढ़ाई कारखाने में नौकरी मिल गई। मैं काम करने में अच्छा था और जल्दी ही मेरे साथी कामगारों में मेरी चर्चा होने लगी। वे सब मेरे दोस्त बन गए। एक वे ही थे, जिनके साथ और कुछेक स्थानीय निवासियों के साथ मैं अपने सुख-दुःख बाँटा करता था। असल में मैं उन पर बहुत निर्भर रहने लगा था। इसी निर्भरता ने आखिरकार मुझे एक ऐसी मुसीबत में डाल दिया, जिसके कारण हमेशा के लिए मेरा जीवन बदल गया। मेरे कुछ दोस्त आपराधिक कृत्यों में शामिल थे। पुलिस के रिकॉर्ड में उनका नाम कुख्यात लोगों की सूची में दर्ज था, यह सच्चाई मुझे बहुत बात में पता चली : ऐसी कीमत चुकाकर, जिसमें न केवल मेरा बल्कि मेरे परिवार का जीवन भी दाँव पर लग गया था।

मैं काम करने लगा और मैं तथा मेरी माँ, जिन्हें अब एक स्थायी नौकरी मिल गई थी, दोनों मिलकर परिवार की गाड़ी खींचने लगे।

जब मैं करीब 18 साल का था, एक शाम मैं अपने दोस्तों के साथ काम से वापस आ रहा था। हमने उस बस स्टॉप पर कुछ हुल्लड़ होते देखा, जहाँ हम अपने एक दोस्त को विदा करने के लिए गए थे। मैं घर पैदल जाया करता था, जबकि मेरे कुछ दोस्त बस से जाते थे। जिस बस में हमारा दोस्त चढ़ा था, उसके अंदर एक झगड़ा चल रहा था। चलने के तुरंत बाद ही बस रुक गई थी। देखनेवालों की भीड़ में हम भी शामिल हो गए। हम समझ नहीं सके कि लड़ाई शुरू क्यों हुई थी और उसमें कौन लोग शामिल थे। अचानक वह पीड़ित व्यक्ति, जिसे चाकू घोंपा गया था, हमारे आगे गिर पड़ा। उसके पेट से खून बह रहा था और वह अपनी जिंदगी को पकड़े रखने की भरसक कोशिश कर रहा था; लेकिन सफल नहीं हुआ। ठीक हमारी आँखों के सामने उसकी मौत हो गई। किंतु, हम अँधेरा होने के कारण यह नहीं देख सके कि किसने उसे मारा था। बहुत से यात्री बस से उतर गए और तुरंत भाग गए। हम बहुत डरे हुए थे और समझ नहीं पा रहे थे कि हम क्या करें। जल्द ही पुलिस वहाँ पहुँच गई और हम सबको पुलिस ने वहाँ से खदेड़ दिया। हम भाग लिये। जो कुछ हुआ था, उसके बारे में हमें कई दिन बाद पता चला।

अगले दिन मेरी माँ ने मुझे मौसी के घर भेज दिया, क्योंकि हमें कुछ धन की आवश्यकता थी और केवल मौसी से हमें मदद की उम्मीद थी। मैंने पूरा एक दिन वहाँ बिताया और मौसी के आग्रह करने पर मैं रात को भी वहीं रुक गया। अगले दिन सुबह-सुबह पुलिस मेरी तलाश में आई। वे मुझे पकड़कर उस इलाके के थाने में ले गए, जहाँ हम रहते थे। अपने पिता को वहाँ मौजूद देखकर मुझे हैरानी हुई। पुलिसवालों ने मेरे पिता को बताया कि पूछताछ करने के बाद वे मुझे छोड़ देंगे और सब प्रकार के आश्वासन देने के बाद उन्होंने मेरे पिता को चले जाने के लिए कह दिया। मुझे रात भर पुलिस थाने में बंद रखा गया। मुझे क्यों रोका गया है, इस बारे में सवाल करने पर मुझे

बताया गया कि वे असली अपराधियों की खोज कर रहे हैं और उनका मानना था कि मैं उनको जानता हूँ। वास्तव में अपराधियों को मैं नहीं जानता था और जब यही बात मैंने उनसे कही तो मुझे उन्होंने मारा-पीटा और यंत्रणा दी। फिर उन्होंने कुछ लड़कों की ओर इशारा किया, जिन्हें मैं जानता था और मुझे उनकी शिनाख्त करने के लिए कहा। चूँकि मैं उन्हें जानता था, मैंने पुलिस को वही बता दिया। तथापि, शिनाख्त से पुलिस का मतलब था कि मुझे मजिस्ट्रेट के सामने उनकी पहचान करनी होगी। मुझे वे वहीं लेकर जा रहे थे। और वे मुझसे यह भी कहलवाना चाहते थे कि ये वही लोग हैं, जिन्होंने बस के अंदर हत्या की थी। मैंने तय कर लिया कि मैं हामी नहीं भरूँगा, क्योंकि अगर मैंने गलत बयान दिया तो ये लड़के मुझे छोड़ने वाले नहीं थे। अगले दिन अदालत में मैंने उनको पहचानने से मना कर दिया। आश्चर्य की बात है, मुझे छह अन्य लोगों के साथ हत्या के आरोप में अदालत ने तिहाड़ जेल भेज दिया। मजिस्ट्रेट के सामने मेरी बौखलाई दलीलों का कोई नतीजा नहीं निकला।

जेल के अंदर का जीवन बाहर के जीवन से अलग था। मैंने बहुत मुसीबतें झेली थीं, लेकिन जेल की हवा खाने जैसा कोई काम मैंने कभी नहीं किया था। जेल के अंदर हर किसी ने मुझे परेशान किया, चाहे वह विचाराधीन हो या सजा काटनेवाला हो या फिर जेल कर्मचारी गण। चूँकि मैं खरी सुनानेवालों में से नहीं था, मुझे यह कला नहीं आती थी कि हर किसी के सामने अपनी व्यथा कैसे रखनी चाहिए। मैं अपने में सिमट गया और अपने भाग्य से समझौता कर दिन व्यतीत करने लगा। मेरे परेशान माँ-बाप इधर से उधर दौड़-भाग करते रहे, लेकिन वकीलों ने उनकी खाल उतारने के सिवा कुछ नहीं किया। मैं एक विचाराधीन कैदी के रूप में तीन साल जेल में रहा। मेरे माँ-बाप मेरी जमानत कराने की कोशिश में लगभग 80,000 रुपए (उनके लिए यह बहुत बड़ी रकम थी) खर्च चुके थे, लेकिन कामयाब नहीं हुए। वे भोले-भाले थे और कानूनी प्रक्रियाएँ उनकी समझ से परे थीं। वकीलों ने उनसे जो कुछ भी करने के लिए कहा, उन्होंने किया। असल में यह लूट-खसोट से कुछ कम नहीं था।

समय गुजरने के साथ-साथ मैंने अपने खोल से बाहर निकलने का निश्चय कर लिया। मैंने महसूस किया कि मैं अपने साथी कैदियों के चेहरे पर एक मुसकान तो ला ही सकता हूँ। जेल से काम कर रहे कतिपय एन.जी.ओ. और विशेष रूप से 'द फैमिली' नामक एक ग्रुप ने मेरी मदद की और मैं स्टेज कार्यक्रमों का आयोजन करने लगा। इस कार्यक्रम ने मुझे व्यस्त रखा और मेरे गिरते मनोबल को फिर से ऊपर उठाने में मेरी सहायता की।

एक शुभ दिन अदालत ने हमें मुक्त करा दिया। जेल से बाहर आते ही मैं सीधा अपने घर गया। मुझे यह समझते देर नहीं लगी कि जेल के बाद जीवन बहुत कठिन

होता है। जो भी मिलता, वह पुरुष हो या स्त्री, अपने उलाहनों व तानों और मजाक के जरिए मुझे अपमानित करने का कोई मौका न छोड़ता। मैंने सोच लिया कि उलटकर कोई जवाब नहीं दूँगा। जेल में पाई शिक्षा मेरे काम जरूर आई है, लेकिन इससे जिंदगी आसान नहीं हुई है। अपनी रिहाई के सात माह बाद बड़ी मुश्किल से मैंने एक नौकरी हासिल की है। हालाँकि अब मैं अपने जीवन का भार स्वयं उठा सकता हूँ, फिर भी यह कहना चाहूँगा कि जीवन अभी भी कठिन है। सूरज फिर मेरे लिए कभी चमकेगा, कहना मुश्किल है।

जिम्मेदारी सबकी

- शराबी पिता बच्चों को उनके विकास-काल से वंचित रखता है। बच्चों के बड़े होने, कुछ बनने का जो समय होता है, पिता की बुरी लत के कारण वही उनसे छिन जाता है।
- पुलिस की बेईमानी व्यक्तियों और उनके परिवारों को तबाह कर सकती है।
- वकीलों की भारी-भरकम फीस बहुत घरों को खाली कर देती है और आश्वस्त सेवाएँ मिलने की कोई गारंटी भी नहीं होती है।
- पुलिस स्थिति के अनुकूल अपराध कबूल कराने के लिए अकसर जबरदस्ती करती है।

❑

विवाह का सुबूत देखने से पुलिस का इनकार

मैं एक मुसलिम लड़का हूँ और दिल्ली में एक पुनर्वास कॉलोनी में रहता हूँ। तीन भाई-बहनों में मैं सबसे बड़ा हूँ। मेरे वालिद एक फैक्टरी में काम करते थे और मेरी वालिदा एक घरेलू औरत थीं। हालाँकि हमारा पाँच सदस्यों का एक छोटा सा परिवार था, किंतु उसी कॉलोनी में हमारे बहुत रिश्तेदार रहते थे। हमारा रहन-सहन औसत दर्जे का था और बहुत बार हमें बड़ी तंगी से गुजरना पड़ता था, क्योंकि पारिवारिक आमदनी बहुत कम थी।

मैं पढ़ने में अच्छा था और दिल्ली यूनिवर्सिटी से संबद्ध एक कॉलेज में मेरा दाखिला हो गया था। प्रथम वर्ष के दौरान एक लड़की मेरी सहपाठी थी। मुझे पता नहीं कि कैसे और कब हमारी गहरी दोस्ती हुई और कब हम दोस्त से एक-दूसरे के प्रेमी बन गए। मेरे विचार में, वह बहुत ही निष्कपट और सरल स्वभाव की थी और मैं सोचता था कि मुझे उससे बेहतर जीवन साथी नहीं मिल सकता। वह भी ऐसा ही सोचती थी।

लेकिन हम अपने परिवारों की प्रतिक्रिया के बारे में सोचकर बहुत डरे हुए थे, क्योंकि दोनों परिवार निहायत दकियानूसी थे। स्नातक स्तर तक की पढ़ाई पूरी करने के बाद उस लड़की ने सोचा कि अब उसके माँ-बाप शादी करने के लिए किसी भी समय उस पर दबाव डाल सकते हैं। चूँकि उस समय तक मेरे पास कोई रोजगार नहीं था, इस वजह से मैं भी कुछ तय कर पाने की स्थिति में नहीं था। अत: हमने चुपचाप शादी करने के बारे में सोचा, जिससे कि कोई मुश्किल खड़ी होने पर हमारा कुछ न बिगड़े।

हमने शादी कर ली, लेकिन अपने-अपने माँ-बाप के साथ ही रहते रहे। हमने किसी को भी नहीं बताया कि हम शादी कर चुके हैं। बाद में हमने अपनी शादी का पंजीकरण करा लिया और अपेक्षित प्रमाण-पत्र भी प्राप्त कर लिया। कुछ माह के बाद उसके भाई को सच का पता चल गया। वह हमारे घर आया और मुझे जबरदस्ती अपने घर ले गया। वहाँ उसने मुझ पर दबाव डाला कि मैं उसकी बहन को छोड़ दूँ। जब मेरी

पत्नी को इसकी भनक लगी, उसने पुलिस बुला ली। उसने सोचा था कि पुलिस हमें संरक्षण देगी, लेकिन ऐसा कुछ नहीं हुआ। हमारी मदद करने के बजाय पुलिस मेरी पत्नी को ले गई और मुझे उसको भूल जाने के लिए कहा। मेरी दलीलों का उन पर कोई असर नहीं हुआ।

तीन दिन बाद मुझे अपनी पत्नी का फोन आया कि उसे उसके भाई के घर में बंद करके रखा गया था, लेकिन अब किसी तरह वह बाहर निकल आई है। मैंने उसे तत्काल संबंधित थाने में पहुँचने के लिए कहा।

एक बार फिर पुलिस ने हमारा बचाव करने के बजाय लड़की के माँ-बाप की हिमायत की। उन्होंने हमारी शादी का सुबूत देखने से भी मना कर दिया और लड़की को उसके बाप के साथ भेज दिया। उन्होंने मुझे गंभीर परिणामों की धमकी देते हुए उससे दूर रहने के लिए कहा। मैंने अपनी पत्नी को हर जगह तलाश किया, लेकिन कुछ पता नहीं चला; क्योंकि उसके माँ-बाप वह घर छोड़कर जा चुके थे जिसमें वे रह रहे थे।

मेरे परिवार में से भी कोई मेरी तरफ नहीं था, क्योंकि हर कोई कुछ भी फैसला लेने में डर रहा था। करीब डेढ़ महीने बाद मेरे पास मेरी पत्नी का फोन आया और उसने बताया कि वह पंजाब में कुछ रिश्तेदारों के साथ है और वे उसकी शादी कराने की फिराक में हैं।

मैं बेचैन हो गया। मुझे पुलिस पर कोई भरोसा नहीं रह गया था। इस कारण मैं मदद के लिए जहाँगीर पुरी में नवज्योति पारिवारिक परामर्श सेवा केंद्र में पहुँच गया। केंद्र में मौजूद सलाहकार ने शिकायत के खत तैयार करने में मेरी मदद की। मैंने वह शिकायत पुलिस, अदालत और राष्ट्रीय मानवाधिकार आयोग समेत सभी संबंधित विभागों को भेज दी। नवज्योति की मदद से मैंने दिल्ली हाई कोर्ट में एक मुकदमा दायर कर दिया। नवज्योति के पदाधिकारियों ने मुझे मीडिया की सहायता लेने की सलाह दी, जो बहुत उपयोगी सिद्ध हुई। मेरी पत्नी ने प्रसारण देखा और किसी तरह चैनल का टेलीफोन नंबर प्राप्त कर लिया। फिर वहाँ से उसने नवज्योति के सलाहकार का नंबर भी ले लिया।

उसने नवज्योति को अपना अता-पता बता दिया। मीडिया और नवज्योति दोनों की मदद से मैंने अपनी पत्नी को जबरदस्ती की कैद से आजाद करा लिया। फिर संबंधित थाने में दोनों परिवारों की एक संयुक्त बैठक हुई। इस बार इतने सारे लोगों को हमारे मामले में शामिल होते देख पुलिस ने हमारी हिमायत की। अब मैं अपनी पत्नी के साथ हूँ और एक खुशियों का घर बनाने की कोशिश कर रहा हूँ।

जिम्मेदारी सबकी

- बहुत बार ऐसा होता है कि परिवारवाले बदली परिस्थितियों को स्वीकार करने से मना कर देते हैं।
- अगर पुलिस उचित रूप से तथा सही समय पर काररवाई करे तो वे समाज को बहुत हद तक कष्ट और पीड़ा से बचा सकते हैं।

❑

घुड़दौड़ में घुड़सवारी से खतरनाक क्षेत्र में प्रवेश

मैं 35 वर्ष का हूँ। मेरी पत्नी है और 11 वर्ष का एक बेटा है। मैं उन्हें बहुत प्यार करता हूँ और उनके बिना जीने की कल्पना भी नहीं कर सकता। हालाँकि मैं दो बार अपनी जान लेने की भी कोशिश कर चुका हूँ; एक बार तो मैं कीटनाशक की पूरी बोतल पी गया और दूसरी बार मैंने अपनी कलाई की नस काट ली। हम दिल्ली में अपने निजी मकान में अपने माँ-बाप के साथ रहते हैं और मेरा एक बड़ा भाई भी है। मेरी इकलौती बहन का विवाह हो चुका है और वह अपने परिवार के साथ दूसरे शहर में रहती है।

मेरे पिता को घुड़सवारी का प्रशिक्षण देने में महारत हासिल थी और घुड़दौड़ के क्षेत्र में उनका बहुत नाम था। उनको पैसा बहुत मिलता था और भौतिक सुख-सुविधाओं के लिहाज से जिंदगी बहुत आसान थी। वह नशीली दवाओं और शराब के आदी थे। वह हमारी आँखों के सामने नशा करते थे, शराब पीते थे। नशे की हालत में वह मेरी माँ से झगड़ते और उन्हें बुरी तरह पीट देते। जब मैं बहुत छोटा था, समझ नहीं सका कि वह ऐसा क्यों करते थे। मेरे पूछने पर माँ ने कभी सीधा-सपाट उत्तर नहीं दिया। मेरी उत्सुकता बढ़ती गई, जिसके कारण मैं भी उन्हीं आदतों का अभ्यस्त होता चला गया। शुरू में मैंने अपने पिता के स्टॉक से सिगरेट तथा बीयर चुराकर पी, फिर धीरे-धीरे मुझे चरस और गाँजा पीने की आदत पड़ गई, मेरे पिता की तरह।

मुझे याद है, मैं सिर्फ 13 साल का था, जब मैंने पहला कश लिया; लेकिन इसके पीछे एक कारण था। गरमियों में हम छत पर सोते थे। एक रात मैंने अपने पिता को माँ के साथ संभोग करते हुए देख लिया। मेरी समझ में नहीं आया कि क्या हो रहा है और मेरी प्रतिक्रिया कैसी होनी चाहिए। अगले दिन मैंने रात की घटनाओं के बारे में माँ से पूछा। उसने मुझे परे कर दिया और बात बदल दी। मेरे सवाल का उसने ठीक से जवाब नहीं दिया। काश, मेरी जिज्ञासा शांत हो गई होती! माँ के रवैए से मेरे अंदर

बड़ी उत्सुकता पैदा हो गई। मैं झट से गया, एक सिगरेट उठाकर उसी तरह जलाई जैसे मेरे पिता की आदत थी। अब मैं सोचने लगा कि मैं और क्या-क्या कर सकता हूँ, जो मेरे बाप ने किया।

स्कूली पढ़ाई के आरंभिक दिनों में मेरा नाम सबसे ऊपर हुआ करता था। तथापि मेरा शैक्षिक रिकॉर्ड जल्दी बहुत बदल गया। परीक्षाओं में 90 प्रतिशत अंक पानेवाला मैं 5वीं कक्षा में दो बार फेल हुआ और एक बार अगली कक्षा में। जब मेरे पिता ने शहर बदला, मुझे अपना स्कूल बदलना पड़ गया। यह भलीभाँति जानते हुए भी कि मैं पिछली कक्षा में अनुत्तीर्ण था, प्रिंसिपल ने मुझे एक आगे की कक्षा में भरती कर लिया। मैं अभी तक नहीं समझ पाया कि उसने ऐसा क्यों किया।

यहाँ तक आते-आते मुझे सिगरेट और शराब पीने की आदत हो चली थी। मेरे अंदर यौन संबंधी इच्छाएँ भी पनपने लगी थीं, लेकिन उन्हें तृप्त करने का तरीका मुझे नहीं आता था। मैं बड़ी उलझन भरी मनोदशा में था और समझ नहीं पा रहा था कि मेरे जीवन में यह सब क्या हो रहा है।

स्कूल में पढ़ते-पढ़ते मैं कब तरुणाई की दहलीज पर पहुँच गया, मुझे पता नहीं। मेरे लिए पढ़ाई में ध्यान लगाना अब मुश्किल हो रहा था। मेरे माँ-बाप चाहते थे कि मैं पढ़ाई जारी रखूँ, परंतु मैंने आगे पढ़ने से साफ इनकार कर दिया। मेरा तर्क था कि जब उन्होंने यह जानने की परवाह कभी नहीं की कि पढ़ाई से मेरा ध्यान क्यों उचट रहा है, फिर मैं उनकी बात क्यों सुनूँ?

मेरे माता-पिता ने पूछा कि मैं आगे क्या करना चाहता हूँ और मेरा जवाब था कि मैं एक जॉकी (घुड़दौड़ का घुड़सवार) बनना चाहता हूँ। घुड़दौड़ में बहुत पैसा आता है और उसके लिए किसी औपचारिक शिक्षा की आवश्यकता नहीं है। मेरा जिस्म एकदम ठीक था और मैं अपने पिता को घुड़सवारी करते देख चुका था। मेरे पिता के प्रभाव से मुझे चेन्नई में अप्रेंटिस जॉकी ट्रेनिंग स्कूल में दाखिला मिल गया। सिर्फ एक साल के अंदर मैंने प्रशिक्षण पूरा कर लिया, क्योंकि मैं अपने पिता से बहुत कुछ पहले ही सीख चुका था। मुझे छह माह के अंदर जॉकी का लाइसेंस मिल गया और मैंने काम पर प्रशिक्षण के दौरान पैसा कमाना शुरू कर दिया। तथापि इस आरंभिक एक वर्ष के दौरान मैंने शराब और सिगरेट को हाथ भी नहीं लगाया, क्योंकि इस बारे में स्कूल के नियम बड़े कठोर थे। लेकिन जब घुड़सवारी के बाजार में मेरा सिक्का चलने लगा और पैसा आना शुरू हो गया, नशा करने की आदत भी दुबारा लौट आई। सिगरेट, नशीले पदार्थ, बीयर और कड़ी शराब—कुछ नहीं बचा। इंजेक्शन द्वारा जानेवाली नशीली दवाओं का सेवन करना और वेश्यालयों में जाना रोजाना का काम हो गया। मैं समझता हूँ, इस सबके पीछे एक बड़ा कारण उन लोगों का साथ भी था, जो उस दौरान मेरे संपर्क में आए।

तथापि एक बार जो सिलसिला शुरू हुआ, रुका नहीं, चलता गया। मैं जहाँ कहीं भी गया, घुड़दौड़ के क्षेत्र में मैंने हलचल पैदा कर दी। पैसा बहुत तेजी से आ रहा था—मुझे बस इतना ही करना होता था कि घुड़दौड़ के संभावित परिणाम के बारे में सुराग दे दूँ और फिर पैसे की बरसात होने लगती। मैं उच्च कोटि का जॉकी बन गया था।

मेरी नशे की लत तथा मेरी अन्य गतिविधियों की खबर से चिंतित मेरा परिवार चाहता था कि मैं वापस दिल्ली आ जाऊँ। मैं दिल्ली रेसकोर्स में काम करने लगा और यहाँ मैंने दौलत कमाई। मैं नशा करता, शराब पीता और औरतों के साथ मौज-मस्ती करता। मेरी इन हरकतों पर अंकुश लगाने के लिहाज से मेरी माँ ने एक अनपढ़ देहाती लड़की, नेहा, के साथ जबरदस्ती मेरी शादी कर दी, यह सोचकर कि शादी के बाद मैं सुधर जाऊँगा। वह अच्छी तरह समझती थीं कि कोई भी पढ़ी-लिखी लड़की मेरे साथ टिक नहीं पाएगी। लेकिन शादी से कुछ फर्क नहीं पड़ा। समय गुजरा और हम एक लड़के के माँ-बाप बन गए।

एक घुड़दौड़ के दौरान हुई एक जबरदस्त दुर्घटना में मेरी जान जाते-जाते बची। मेरी डिस्क टूट गई और मेरे हाथ की हड्डी भी जगह-जगह से चटक गई। मैं पाँच महीने अस्पताल में भरती रहा, लेकिन ठीक होने के बाद भी मुझे भविष्य में घुड़सवारी करने के अयोग्य घोषित कर दिया गया। मेरी जिंदगी नीचे जाने लगी। और जैसा कि मैं पहले कह चुका हूँ, मैंने दो बार अपनी जान लेने की कोशिश की थी।

पैसा आना बंद हो गया और जो कुछ भी बचत हम कर पाए थे, वह सब मेरे इलाज में खर्च हो गई। मेरा परिवार बुरी दशा में था। मेरा बाप अभी भी ड्रग्स की गिरफ्त में था। वह मेरा कोटा मुझे दे देता और मेरे छोटे भाई मनु के लिए भी लाकर रख देता। मनु बहुत कमजोर हो गया है। मैं नहीं जानता कि अब हम उसके लिए कुछ कर सकते हैं, क्योंकि वह मौत के नजदीक पहुँच गया है। उसने अब किसी की भी बात या सलाह सुनना बंद कर दिया है।

मेरी पत्नी नेहा ने मजबूरी में या बाध्य किए जाने पर अपनी सभी कीमती वस्तुएँ बेच दीं, फिर भी उसने मेरा साथ नहीं छोड़ा। वही मुझे इलाज के लिए नवज्योति में लेकर आई और अब भरोसा है कि मैं पूरी तरह स्वस्थ हो जाऊँगा। लेकिन मनु के पास कोई नहीं है, जो उसे जीने के लिए प्रोत्साहित कर सके। नवज्योति के सलाहकार अब उसे समझाने और जीने के लिए प्रेरित करने की कोशिश में लगे हुए हैं।

जिम्मेदारी सबकी

- बहुत से माता-पिता यह नहीं समझते हैं कि वे जो कुछ भी करते हैं, उसका सीधा असर उनके बच्चों पर पड़ता है।
- गलत आदतें पालनेवाले माँ-बाप का अपने बेटों एवं बेटियों पर कोई नियंत्रण नहीं रह जाता है।
- बचपन में पड़ी बुरी आदतें कैंसर रोग की तरह बढ़ने लगती हैं, जो व्यक्ति की शक्ति को खा जाती हैं।

❑

ड्रग्स : ऐसा साँप, जो पूरा डस लेता है

मेरा नाम सूरज है। मैं 49 साल का हूँ, मगर उससे कहीं अधिक उम्र का लगता हूँ, क्योंकि मैं एक नशेड़ी हूँ। मुझे ड्रग्स लेने की लत है। मैं चंडीगढ़ के एक सम्मानित मध्य वर्ग परिवार से हूँ। स्कूल में मुझे बुरे लोगों का साथ मिला और मैं शराब पीने लगा। पहली बार मैंने शराब को उस समय मुँह से लगाया, जब मैं आठवीं कक्षा में पढ़ रहा था। उसके बाद मैंने पार्टियों में बराबर शराब पीना शुरू कर दिया।

स्नातकोत्तर स्तर की शिक्षा पूरी करने के बाद मैंने ट्रांसपोर्ट कंपनी में नौकरी कर ली। वहाँ मुझे अनेक ट्रक चालक मिले, जो अफीम खाते थे। उन्होंने मुझे बताया कि अफीम खाने से कितना सुकून, कितना मजा मिलता है! मेरे अंदर भी उत्सुकता जाग गई और मैं अफीम को एक बार आजमाने के लोभ से स्वयं को रोक नहीं सका। धीरे-धीरे मुझे अफीम खाने का चस्का लग गया। मुझे ऐसा महसूस होता था जैसे मैं एक अलग दुनिया में पहुँच गया हूँ। इस तरह सात महीने बीत जाने के बाद एक दिन जब मुझे अफीम नहीं मिली और मुझे बेचैनी सताने लगी, तब मुझे एहसास हुआ कि मैं अफीम का आदी हो गया हूँ। मेरे परिवार के सदस्यों (मेरी पत्नी और बच्चों) को मेरी इस लत का पता नहीं था; क्योंकि एक तो यह व्यसन मेरी आय क्षमता के अंदर था और दूसरे, मैं उनकी सभी आवश्यकताओं को पूरा कर रहा था। किंतु अब प्रतिदिन मुझे अफीम लेने की जल्दी-जल्दी जरूरत पड़ने लगी और उसकी मात्रा भी बढ़ने लगी तथा उसका खर्च उठाना मेरे लिए मुश्किल हो गया। तब मैंने देखा और मुझे हैरानी भी हुई कि जिन लोगों ने मुझे इसका चस्का लगाया था, वे सभी अब इस आदत को छोड़ने लगे थे। लेकिन मेरे लिए पीछे हटना अब संभव नहीं था। मैं ड्रग्स लेता रहा और इसकी तलाश में, समय-असमय, उलटी-सीधी जगहों पर जाने लगा। मैंने ओवरटाइम करना शुरू कर दिया, लेकिन मेरे काम का स्तर गिरने लगा। जब मेरे वरिष्ठों को मेरी इस लत के बारे में मालूम हुआ, मुझे चेन्नई भेज दिया गया। वहाँ के स्टाफ को भी मेरी समस्या का जल्दी पता चला गया और मुझे नौकरी से निकाल दिया गया।

घर वापस आने के बाद मुझे अपने व्यसन के लिए पैसा तो चाहिए था। मैंने सबसे

कर्ज लिया, किसी को नहीं छोड़ा और फिर यह रास्ता भी बंद हो गया। अंततः मैंने घर से कीमती वस्तुएँ चुराना शुरू कर दिया। मेरी पत्नी और मेरे बच्चों की नजर में मेरी इज्जत गिर गई, जब उन्हें मेरी लत और चोरी करने की आदत के बारे में पता चला। हालाँकि मैं बड़े ध्यान से वही चीजें चुराता था, जो रोजाना इस्तेमाल नहीं होती थीं। फिर भी, एक दिन मैं रँगे हाथों पकड़ा गया, जब मैं अपनी पत्नी की सोने की जंजीर चुरा रहा था। मैं समाज से पूरी तरह कट गया। मैंने इतना पैसा उधार लिया था कि आज तक मुझे याद नहीं, मैंने किसी रिश्तेदार या दोस्त को छोड़ा हो।

जब मेरे परिवार के लिए स्थिति असहनीय हो चली तो उन्होंने मेरे एक भाई के साथ इस मसले पर चर्चा की, जिसने उन्हें नवज्योति के नशा-मुक्ति तथा उपचार केंद्र के बारे में बताया। मैं वहाँ भरती हो गया, लेकिन मैं कभी भी इलाज को लेकर गंभीर नहीं था। वहाँ से छूटने के बाद मैं फिर ड्रग्स की ओर मुड़ गया। इस तरह एक साल और निकल गया और मैंने हर किस्म का नशा लिया। मेरी सेहत पहले से कहीं ज्यादा खराब हो गई। परिवार ने मुझे घर से बाहर कर दिया। मैं अपने भाई के घर चला गया, जो पास के गाँव में रहता था। उसने मुझे इलाज कराने की सलाह दी और मुझे फिर नवज् योति नशा-मुक्ति केंद्र में भरती करा दिया गया। इस बार मैं अपने को सुधारने के पक्के इरादे से गया था। मैंने अपना इलाज पूरा किया और अपने परिवार के पास लौट गया। लेकिन उन्हें मेरे ठीक होने की उम्मीद नहीं रही थी। मेरी पत्नी ने कभी मुझे यह ताना मारना नहीं छोड़ा कि मैंने उसका जीवन बरबाद कर दिया है। लेकिन ऐसी स्थितियों में सहनशीलता एवं धैर्य से काम लेने की जो सीख मुझे नवज्योति से मिली थी, उसके सहारे मैं आगे बढ़ा। मुझे एक नौकरी भी मिल गई। हालाँकि मेरा वेतन उससे आधा भी नहीं था, जो वेतन मुझे पहले मिलता था, फिर भी मैंने नवज्योति के पढ़ाए पाठ के अनुसार अपनी स्थिति से समझौता कर लिया। चार साल तक मैं ड्रग्स से दूर रहा, वह भी अपने परिवार से किसी सहायता के बिना। तथापि, मैंने सोचा कि सिर्फ एक खुराक लेने से कोई हर्ज नहीं होगा। लेकिन मैं गलत साबित हुआ, क्योंकि मैं अपने आपको फिर रोक नहीं पाया। मैंने अपने भाई से दुबारा विनती की कि वह मुझे नवज्योति में पुनः भरती करा दे। मेरे लिए वही एक उम्मीद बाकी थी। इस बार मुझे कराला माजरी में नवनिर्मित नवज्योति पुनर्वास केंद्र में भरती किया गया। यहाँ इलाज से मुझे पूरी तरह ठीक होने की आशा है, क्योंकि मरीजों के लिए कई नए कार्यक्रम भी शुरू किए गए हैं, जैसे कि मंदिरों में ले जाना, विपश्यन आदि।

जिम्मेदारी सबकी

- हमें यह बात समझनी होगी कि ड्रग्स व्यक्ति को नशेड़ी बना देती हैं और तबाही के रास्ते पर ले जाती हैं।
- यह भी समझना जरूरी है कि ड्रग्स को कभी आजमाइश के तौर पर नहीं लेना चाहिए।
- नशे की लत जिसे लग जाती है, वह एक-न-एक दिन दिवालिया होकर रहता है।

❑

शराब का फंदा

मेरी आयु 54 वर्ष है और मैं भाग्यशाली हूँ कि मेरा जन्म व पालन-पोषण दिल्ली के एक संभ्रांत, शिक्षित और प्रतिष्ठित परिवार में हुआ। परिवार में सबसे बड़ा पुत्र होने के नाते मुझे सबका बहुत लाड़-प्यार मिला। शायद ही कोई ऐसा अवसर रहा हो, जब मेरे माता-पिता ने मेरी इच्छा पूरी नहीं की।

मैं पढ़ाई में हमेशा अच्छा रहा, लेकिन एक अंतर्मुखी व्यक्ति होने के कारण मेरे दोस्त बहुत कम थे। बचपन से ही मुझे हर काम अपने ढंग से करने की आदत थी। स्नातक की उपाधि अच्छे अंकों से प्राप्त करने के बाद मैंने एक लॉ कॉलेज में दाखिला ले लिया, क्योंकि मेरे पिता एक एडवोकेट थे और चाहते थे कि मैं भी उनके पदचिह्नों पर चलूँ। तथापि, एक साल पढ़ाई करने के बाद उस पाठ्यक्रम में मेरी दिलचस्पी खत्म हो गई और मैंने किसी नौकरी की तलाश शुरू कर दी। मेरी शैक्षिक पृष्ठभूमि अच्छी थी, अत: मुझे आसानी से एक नौकरी मिल गई। मेरी तनख्वाह अच्छी होने के बावजूद मैं संतुष्ट नहीं था और हमेशा किसी बेहतर काम की तलाश में रहता था। एक नौकरी छोड़ता, दूसरी पकड़ लेता। अंततः मुझे दिल्ली में एक नामी-गिरामी बहुराष्ट्रीय कंपनी में एक बहुत अच्छा पद मिल गया। मैंने वहाँ करीब 17 वर्ष काम किया। इस बीच एक बहुत प्यारी एवं समझदार लड़की से मेरी शादी हो गई, जिसने मुझे दो पुत्रियों का पिता बनने की खुशी दी।

मैं जिंदगी से काफी संतुष्ट था। किंतु, एक दिन किसी काम के सिलसिले में एक आदमी मेरे दफ्तर आया। हम जल्दी अच्छे दोस्त बन गए और उसने सुझाव दिया कि हम दोनों मिलकर कोई व्यवसाय कर सकते हैं। चूँकि वह दिल्ली में नहीं रहता था, उसने मुझसे कहा कि मैं यहीं रहकर काम कर समन्वय करूँ। मुझे वह प्रस्ताव बहुत भला लगा और इस तथ्य के बावजूद कि मैं एक वकील परिवार से था, मुझे एक बार भी यह बात नहीं सूझी कि उस व्यक्ति के पूर्व वृत्त का मुझे सत्यापन कर लेना चाहिए।

मैंने बैंक से अपनी सारी बचत निकाल ली। कुछ स्रोतों से कर्ज उठाया और समस्त राशि (जो एक बड़ी रकम थी) अपने हिस्से के रूप में उसे सौंप दी, ताकि वह

प्रस्तावित कारोबार शुरू कर सकें। लेकिन मेरी सारी आशाएँ चकनाचूर हो गईं, जब अगले ही दिन वह फरार हो गया।

मैं टूट गया। काम में मेरी दिलचस्पी नहीं रही और मैं शराब पीने लगा। आरंभ में मेरी पत्नी को इसका पता नहीं चला। उसको सिर्फ इतना मालूम था कि धूम्रपान से मुझे एलर्जी है। लेकिन जब मैं देर से आने लगा और कभी-कभी बेकार की बहस एवं कहा-सुनी करने लगा तो उसे संदेह हुआ कि दाल में कुछ काला है। उसका शक पक्का हो गया, जब एक दिन नशे की हालत में मेरे साथ एक दुर्घटना हो गई। तथापि उसने बड़ी हिम्मत से काम लिया और मुझे दिलासा देने की कोशिश की। यहाँ तक कि मेरी बेटियों ने भी बड़ी समझदारी दिखाई और मेरी आलोचना करने के बजाय उन्होंने मुझे सहारा देने का आश्वासन दिया।

लेकिन मेरी शराबखोरी बद से बदतर हो गई। मैंने अपनी नौकरी छोड़ दी और मैं शराब पर बहुत पैसा लुटाने लगा। मैं पूरा दिन शराब में डूबा रहता। घर चलाने और विभिन्न दूसरे खर्चों को पूरा करने के लिए मेरी पत्नी ने हमारे एक रिश्तेदार की साझेदारी में एक बुटीक खोला। वह एक सशक्त और बहुत दृढ़ महिला थी, जो मेरी आदत के कारण हमारे बच्चों को कभी कष्ट में नहीं देख सकती थी और उनकी शिक्षा की गुणवत्ता तथा उनको दी जानेवाली सुविधाओं के साथ कोई समझौता नहीं कर सकती थी। अपनी पत्नी को इतना कठोर परिश्रम करते देख मैंने कई बार शराब से तौबा करने का प्रयत्न किया और महीनों तक शराब को हाथ भी नहीं लगाया; लेकिन हर बार लौटकर पहले से भी ज्यादा शराब पीने लग जाता।

अंततः मेरी पत्नी को नवज्योति के नशा-मुक्ति उपचार केंद्र के बारे में पता चला, जो सराय रोहिल्ला, दिल्ली में स्थित है। उसने और बच्चों ने मिलकर मुझे वहाँ जाने के लिए बाध्य कर दिया। शुरू-शुरू में मैं बहुत आक्रामक था, लेकिन फिर उस केंद्र के सलाहकार ने मुझे दस दिनों तक बहिरंग विभाग (ओ.पी.डी.) में आने के लिए प्रेरित किया। उस कार्यक्रम में जाना मुझे अच्छा लगा और इस सच्चाई के बावजूद कि मैं पहले कभी घर से दूर नहीं रहा था, मैंने छह माह का उपचार सफलतापूर्वक पूरा किया। उक्त कार्यक्रम ने मुझे आत्मविश्लेषण करने योग्य बनाया है और मेरा आत्मविश्वास लौटाया है। स्थिति का सामना करने के कार्यक्रमों और इनपुट सत्रों में भाग लेने से मुझे अपने आपको समझने तथा व्यसन से बचने में मदद मिली है। मेरे परामर्शदाताओं ने अच्छी सलाह एवं सुझाव देकर मुझे दुनिया का सामना करने की नई शक्ति प्रदान की है।

जिम्मेदारी सबकी

- सामान्यत: दुर्भाग्य अचानक दस्तक देता है।
- दु:खों को डुबोने के लिए पलायनवादी रास्तों को अपनाने से विपत्ति और बढ़ती है, कम नहीं होती।
- दु:ख-दर्द को खामोश होकर सहते रहने से स्थिति और बिगड़ेगी।

❑

ड्रग्स : जानलेवा नशेबाजी

मैं 32 वर्ष का हूँ। मेरा जन्म और पालन-पोषण बिहार में एक प्रतिष्ठित परिवार में हुआ। मेरे पिता वन अधिकारी थे। चार भाई-बहनों में मैं सबसे बड़ा था। मेरे माता-पिता ने मेरी हर इच्छा पूरी की। कभी ऐसा नहीं हुआ कि मैंने कोई चीज चाही और उन्होंने नहीं दिलाई। पढ़ाई में बहुत अधिक मेहनत न करके भी मैं कक्षा में सदैव प्रथम आया करता था। जब मैं पाँचवीं कक्षा में था, मेरा सामना बड़े धनाढ्य परिवारों के लड़कों से हुआ। वे खिलौनों, मिठाइयों तथा चॉकलेट पर खुलकर खर्च किया करते थे। मेरी उनसे दोस्ती हो गई। लेकिन उसका मेरी पढ़ाई पर असर नहीं पड़ा, जब तक कि मैं आठवीं कक्षा में नहीं पहुँच गया। तब एक दिन मेरे दोस्तों ने मुझे उनके साथ सिगरेट पीने का आग्रह किया। उनके दबाव के आगे मुझे झुकना पड़ा और उसके बाद मैंने पीछे मुड़कर नहीं देखा। मैंने कक्षा से गैर-हाजिर रहना शुरू कर दिया और मेरी पढ़ाई का यह हाल हो गया कि मैं दसवीं कक्षा मुश्किल से पास कर पाया। मेरे पिता बहुत क्रोधित हुए और उन्होंने मुझे मेरे चाचा के पास भेज दिया। मुझे उस स्कूल में भरती करा दिया, जहाँ मेरे चाचा एक अध्यापक थे।

इसी समय के आस-पास मुझे एक लड़की मिली, जो पड़ोस में ही रहती थी। उसे मुझसे लगाव हो गया। मैंने महसूस किया, कोई तो है जो मेरी परवाह करता है। उसे पता नहीं था कि मैं धूम्रपान करता हूँ। जब मैं बारहवीं कक्षा में पढ़ रहा था, मेरे दोस्तों ने मुझे गाँजा पीने का चस्का लगा दिया, जिसका मैं आदी हो गया। मेरे अंकल ने भी समझ लिया कि मेरे सुधरने की अब कोई गुंजाइश नहीं है। 12वीं पास करने के बाद मैं और भी स्वच्छंद हो गया। मैंने किसी उच्चतर पाठ्यक्रम के लिए अपना नाम नहीं लिखाया। सारा दिन मैं अपने दोस्तों के साथ अपनी मोटरबाइक पर इधर-उधर घूमता रहता था। उपर्युक्त लड़की के साथ भी मैंने गहरी दोस्ती गाँठ ली थी।

समय गुजरने के साथ-साथ मेरी नशे की लत बढ़ती चली गई। उस लड़की के पिता को जब हमारे संबंध का पता चला तो उसने किसी दूसरे के साथ उसकी शादी कर दी। मेरा दिल टूट गया। मुझे जीवन में अब किसी भी चीज की परवाह नहीं रही और

मैं ड्रग्स लेने का आदी हो गया। मैंने नशे की कोई चीज नहीं छोड़ी—शराब, ड्रग्स और फिर नशे के इंजेक्शन। नशेबाजी का खर्च पूरा करने के लिए मैं चोरी करने लगा। मेरे लिए ड्रग्स और दोस्तों से बढ़कर अब कुछ नहीं रह गया था।

मेरे माँ-बाप ने यह सोचकर मेरी शादी कर दी कि शायद शादी के बाद मैं सुधर जाऊँगा। मुझे शादी में कोई दिलचस्पी नहीं थी, परंतु मैंने मना भी नहीं किया। अपनी पत्नी के साथ कुछ माह गुजारने के बाद मैं सिर्फ अपने दोस्तों का साथ पाने के लिए घर छोड़कर चला गया। अपने परिवार के बारे में जरा भी सोचे बिना मैं चार साल तक एक जगह से दूसरी जगह भटकता फिरा।

एक दिन अचानक मुझे अपने पिता के निधन का समाचार मिला। मेरे रिश्तेदार मुझे घर ले जाने के लिए मेरे पास आए, क्योंकि मैं सबसे बड़ा पुत्र था और मुझे चिता को आग देनी थी तथा दूसरे कई कर्मकांड पूरे करने थे। मैं होश में नहीं था और नहीं जानता था कि क्या हो रहा है। अगली सुबह मुझे कुछ समझ में आया कि वास्तव में हुआ क्या है। पहली बार मुझे इस बात का एहसास हुआ कि मैं नशे की लत में किस कदर डूब चुका हूँ। जब पुरोहित ने कुछ कर्मकांडों को पूरा करने के लिए मुझे बुलाया, मैं ड्रग्स लिये बिना एक सेकंड के लिए भी बैठने में असमर्थ था। मैं तुरंत बाथरूम गया, थोड़ी सी स्मैक ली और फिर आकर बैठा। मुझे इतना पश्चात्ताप हुआ कि मैं बाद में बुरी तरह रोया। लेकिन अब मेरा यह क्रंदन किसी मतलब का नहीं था।

मैंने इस लत से पीछा छुड़ाने का इरादा कर लिया। मैंने अनेक लोगों से अपनी समस्याओं के बारे में चर्चा की। अंततः मैंने अपने छोटे से मदद माँगी, जो दिल्ली में रहता था। पहले तो उसने अरुचि दिखाई, लेकिन जब उसे नवज्योति नशा-मुक्ति केंद्र के बारे में जानकारी मिली, उसने मुझे सूचित कर दिया। पहले-पहल मुझे डर महसूस हुआ, लेकिन फिर वह जबरदस्ती करके अपने साथ मुझे सराय रोहिल्ला में स्थित नवज्योति ओ.पी.डी. में ले गया। वहाँ मौजूद सलाहकारों ने मुझे इलाज कराने के लिए मेरी हिम्मत बढ़ाई।

मैंने इसे पुलिस से बचने का अच्छा मौका समझा, क्योंकि मैंने एक बार जो चोरी की थी, उसके सिलसिले में पुलिस मेरा पीछा कर रही थी। मैं भरती हो गया। पहले 15 दिन बहुत पीड़ादायक साबित हुए, क्योंकि मैं वापस अपनी अँधेरी दुनिया में जाने के लिए इस बुरी तरह छटपटा रहा था कि मेरे लिए जिंदा रहना मुश्किल था। मैं सोच भी नहीं सकता था कि ड्रग्स के बिना मैं जीवित रह सकूँगा। मैंने भाग जाने के बारे में सोचा, लेकिन कोई मौका नहीं मिला। तथापि जब मेरी छटपटाहट बंद हुई और मैंने दूसरों को ठीक होते तथा परामर्शदाता बनते देखा तो उपचार के कार्यक्रम में मेरी रुचि जाग गई। मैंने महसूस किया कि वे लोग, जो कभी भीषण नशेड़ी थे, अब दर्द मिटाने

की एक गोली लेने से भी हिचकिचा रहे थे। मुझे आशा की एक किरण नजर आई और उपचार को सहने की शक्ति मुझे अपने अंदर महसूस होने लगी। मेरा भाई, जिसने एक समय यह सोचना भी छोड़ दिया था कि मैं जिंदा हूँ या मर गया, अब रोजाना मुझे देखने आने लगा था। ड्रग्स से दूर रहते हुए आज मुझे नौ माह हो चुके हैं। मैं अभी भी मार्गदर्शन और परामर्श के लिए नवज्योति के संपर्क में रहता हूँ, क्योंकि वे लगातार मेरा ध्यान रख रहे हैं।

जिम्मेदारी सबकी

- समय पर कदम उठाने और लगातार निगरानी रखने से एक जिंदगी बचाई जा सकती है, अन्यथा बहुत देर हो चुकी होती है।
- हमारे स्कूल न तो इस बात की परवाह करते हैं और न उनके पास इतने साधन हैं कि उन विद्यार्थियों का विशेष ध्यान रख सकें, जिनके फिसलने का डर होता है।
- अध्यापक और माँ-बाप दोनों ही कच्ची उम्र के बच्चों में अपराध वृत्ति के मामलों पर ध्यान देने की आवश्यकता कतई नहीं समझते हैं।

❑

फंदेबाजों से सावधान रहें

मैं 35 साल का हूँ, विधुर हूँ और मेरे दो बच्चे हैं। मैंने अपना अधिकतर जीवन अपने बच्चों की देखभाल और उनको बड़ा करने में बिताया है। मेरे जानकार लोग मुझे हमेशा एक धार्मिक प्रवृत्ति का इनसान मानते रहे हैं। छह माह पहले तक मेरा जीवन सामान्य तरीके से चल रहा था, तभी एक दिन मेरी भेंट एक ऐसे व्यक्ति से हुई, जो मेरे बच्चों के स्कूल में एक शिक्षक की हैसियत से काम करता था। कुछ दिनों में हम अच्छे दोस्त बन गए और फिर वह मेरे एक किराएदार के रूप में मेरे मकान में रहने आ गया। मैं अपने मन की बातें, अपना सुख-दुःख उसके साथ बाँटने लगा। मैंने उससे कभी यह भी बता दिया था कि मैं बहुत अकेलापन महसूस करता हूँ।

उसके पास एक और आदमी भी बराबर आता रहता था। एक दिन मेरे दोस्त ने मुझे यह कहकर अपने घर तुरंत बुलाया कि वह मुझे कुछ जरूरी बात बताना चाहता है। जब मैं उसके यहाँ पहुँचा, मैंने उस दूसरे व्यक्ति को भी वहाँ इंतजार करते पाया। उन्होंने मुझे साथ चलने के लिए कहा। हम एक ऑटोरिक्शा में बैठ गए। अभी हम कुछ दूर ही पहुँचे थे कि मेरे दोस्त ने अचानक गाड़ी रोकने के लिए कहा। उसने कहा कि उसे अपनी तबीयत ठीक नहीं लग रही है और वह घर वापस जाना चाहता है। मैंने कहा कि मैं भी साथ चलता हूँ, लेकिन दूसरे आदमी ने अपने साथ चलने का आग्रह किया। मैंने अपने दोस्त को जाने दिया।

करीब 15 मिनट बाद हम एक घर में पहुँच गए, जहाँ एक कमरे में एक औरत बैठी हुई थी । वह आदमी हमें अकेला छोड़कर चला गया। कुछ देर बाद उस औरत ने मुझे रिझाने के लिए अपने कपड़े उतार दिए और मुझे भी वैसा ही करने के लिए कहा। फिर वही हुआ, जो स्त्री-पुरुष के बीच होता है। कुछ देर बाद वह चली गई। मैंने उस आदमी को उसे पैसे देते हुए देखा। मुझे अपनी इस करनी पर बड़ा खेद हुआ, क्योंकि मैंने हमेशा एक सरल और निष्कपट जीवन बिताया था। मैंने वापस जाकर अपने दोस्त से जवाब माँगा और भविष्य में उनसे कोई सरोकार न रखने का फैसला कर लिया।

अगले दिन मैंने पाया कि मेरा दोस्त मुझे बताए बिना ही घर खाली करके चला

गया है। एक सप्ताह निकल गया और मैं फिर अपने सामान्य ढर्रे पर लौट गया। अचानक एक सुबह करीब 4.30 बजे मुझे मेरे दोस्त के दोस्त का फोन आया कि जो औरत मुझे मिली थी, वह बुला रही है। मैंने कह दिया कि मुझे कोई दिलचस्पी नहीं है। लेकिन वह जोर देने लगा कि मैं सिर्फ एक बार उससे जाकर मिल लूँ, क्योंकि अगर मैंने ऐसा नहीं किया तो वह किसी और व्यक्ति को बता सकती है। बेहतर होगा कि मामला सुलटा लिया जाए। मैंने उसकी बात मान ली। वह मुझे लेने आ गया। उसने रास्ते में रुककर एक फोन किया और फिर मुझे उसी घर में ले गया। मुझे एक कमरे में घुसाकर वह चुपके से खिसक गया। अकस्मात् मैंने दो लोगों को कमरे में आते देखा, जिनके चेहरे ढके हुए थे। उनके हाथों में तमंचे थे। उन्होंने पहले तो मुझे पीटा और फिर एक वीडियो टेप दिखाया, जिसमें मुझे उस औरत के साथ देखा जा सकता था। मैं सकते में आ गया और एक शब्द भी मुँह से नहीं निकाल सका। तब तक वह आदमी और औरत भी दोनों अंदर आ चुके थे। वे मुझे एक और मकान में ले गए और पैसा ऐंठने के लिए उन्होंने मुझे डराया-धमकाया। उन्होंने जबरदस्ती मुझसे एक कोरे कागज पर दस्तखत करा लिये। उस कागज का इस्तेमाल वे मेरा घर बेचने की मंशा से करना चाहते थे।

दो दिन तक सोच-विचार करने के बाद मैंने पुलिस में एक शिकायत दर्ज कराने का निर्णय किया। लेकिन मेरी शिकायत को गंभीरता से नहीं लिया गया। मुझे समझ नहीं आया कि अब मैं क्या करूँ। अचानक मेरे मन में यह विचार कौंधा कि मुझे नवज्योति के पारिवारिक परामर्श सेवा केंद्र, कराला माजरी से संपर्क करना चाहिए। केंद्र में मिले सलाहकारों ने मेरी आप-बीती सुनी और पुलिस के साथ मामले को आगे बढ़ाया। मेरे साथ घटी घटना से संबंधित मामले को अब वही लोग सँभाल रहे हैं।

जिम्मेदारी सबकी

- भोलापन कभी-कभी मूर्खता में बदल सकता है।
- सच्ची शिकायतों की उपेक्षा करने के लिए पुलिस को उत्तरदायी नहीं ठहराया जाता है।
- डरा-धमकाकर पैसा ऐंठने की साजिश के आगे झुक जाना कभी-कभी जानलेवा साबित हो सकता है।

❑

कर्ज बना गले का फंदा

मैं 40 वर्ष का हूँ और हरियाणा से हूँ। मैं जब 8 वर्ष का था, मेरा परिवार दिल्ली जाकर बस गया। जब मैं ग्यारहवीं कक्षा में पढ़ रहा था, मेरे पिता का निधन हो गया और मुझे अपनी माँ को सहारा देने के लिए काम करना पड़ा; क्योंकि मेरे शादीशुदा भाइयों ने उनकी देखभाल करने से मना कर दिया। मैंने सांध्य कॉलेज से बी.ए. किया और उसके बाद कानून की उपाधि (लॉ डिग्री) हासिल की। फिर एक बैंक में क्लर्क के रूप में मेरी भरती हो गई।

जीवन अच्छी तरह चल रहा था। हम न तो खुले हाथों खर्च कर सकते थे और न मुट्ठी बाँधकर रखनेवाले में से थे। मेरे पिता की मृत्यु के बाद मेरी माँ का स्वास्थ्य ठीक नहीं रहता था, इसलिए मैंने कभी पदोन्नति स्वीकार नहीं की; क्योंकि तब मुझे दिल्ली से बाहर जाना पड़ता। इस बीच मेरी शादी हो गई और हम दो पुत्रियों तथा एक पुत्र के माता-पिता बन गए।

फिर मैंने अपने एक भाई और उसके रिश्तेदार (उसकी पत्नी की तरफ से) के साथ साझेदारी में एक कॉल सेंटर आरंभ करने के लिए बैंक से कुछ कर्ज लिया। महीनों तक हमने कड़ी मेहनत की और भारत में अपने सलाहकारों के जरिए हमने यू.एस.ए. में अपने ग्राहक को 27 लाख रुपए का बिल भेजा। किंतु ग्राहक केवल 3 लाख रुपए देने को तैयार था। लेकिन जब इतना कम भुगतान मिलने में भी देरी हुई, मैंने उससे सीधा संपर्क किया। लेकिन मुझे बहुत आघात लगा, जब मैंने पाया कि ग्राहक ने बकाया रकम 24 लाख रुपए पहले ही हमारे सलाहकारों के खाते में अंतरित कर दी थी।

मुझे विदेशी मुद्रा संबंधी लेखा-पद्धति से संबंधित तकनीकों की कोई जानकारी नहीं थी, जिसकी कीमत मुझे चुकानी पड़ी। मेरे पास उसी ग्राहक के साथ कारोबार करते रहने के अलावा कोई उपाय नहीं था, जिसने मुझे अधिक मुनाफे का भरोसा दिया और अपने ही किसी जानकार से एक और कर्ज उठाने के लालच में फँसाया। मैं भिन्न-भिन्न लोगों और संस्थाओं से एक के बाद एक कर्ज उठाता गया, इस उम्मीद के साथ कि जितना भी निवेश मैं कर रहा हूँ वह समस्त निवेश राशि शीघ्र ही वसूल भी कर लूँगा।

मैं एक मकड़जाल में फँस गया था। धीरे-धीरे मेरे ऊपर 50 लाख रुपए का कर्ज चढ़ गया। मेरे सलाहकार मुझे वह राशि देने के लिए तैयार नहीं थे, जो उन्हें ग्राहक से प्राप्त हुई थी। मैं उनके खिलाफ कोई मुकदमा दायर करना नहीं चाहता था, क्योंकि उसका मतलब होता और भी खर्चा, जो अब मेरे बूते की बात नहीं थी। मैंने सोचा कि जीवन का अंत करना ही एक रास्ता रह गया है, जिसके साथ कभी न खत्म होनेवाली सारी परेशानियों का भी अंत हो जाएगा। संयोग से, मीडिया के जरिए मुझे नवज्योति के बारे में पता चला। अब मैंने एक अंतिम सहारे के रूप में नवज्योति के पारिवारिक परामर्श सेवा केंद्र, कराला माजरी से मदद की गुहार लगाई है।

जिम्मेदारी सबकी

- लोभ और लालच की कोई सीमा नहीं होती है।
- कर्ज लेना आसान होता है, लेकिन चुकाना बहुत कठिन।
- संतोष सबसे बड़ा धन है। व्यक्ति को संतोष की लालसा करनी चाहिए।

❑

भेड़िए

मैं 40 साल की एक घरेलू महिला हूँ। मेरा नाम सुशीला है और मेरे 7 बच्चे हैं—4 लड़कियाँ और 3 लड़के। इनमें विमला सबसे बड़ी है। मेरा पति बस चलाता है और इतने बड़े परिवार का गुजारा मुश्किल से चल पाता है। हमारा अपना एक छोटा सा मकान है। हमारी जाति में औरतों का घर से निकलकर नौकरी करना बुरा माना जाता है और हमसे यह उम्मीद की जाती है कि हम शादी भी बिरादरी के भीतर ही करें।

विमला जब 5 साल की थी तो बड़ी बीमार पड़ गई। कुछ समय बाद वह ठीक तो हो गई, लेकिन उसके हाथ-पैर कमजोर रह गए और वह उसी दशा में बड़ी हुई।

कुछ साल पहले मेरी दोनों बड़ी बेटियों विमला और कमला के लिए कहीं से शादी का प्रस्ताव आया। हमारी माली हालत देखते हुए वह प्रस्ताव हमें किसी वरदान जैसा लगा। हम फौरन उनकी शादी को तैयार हो गए। जल्दबाजी में हमने अपनी बेटियों की भावी ससुराल की तहकीकात करने की भी कोशिश नहीं की।

शादी के बाद दोनों अपनी-अपनी ससुराल चली गईं। हमने राहत की साँस ली कि चलो, हमारी कुछ जिम्मेदारियाँ तो कम हुईं और हम दूसरे बच्चों के बारे में सोचने लगे। हमने रीति-रिवाज और हैसियत के अनुसार अपनी दोनों लड़कियों को पर्याप्त दान-दहेज दिया था। हम आश्वस्त थे कि उनके परिवार उन्हें खुश रखेंगे।

कुछ महीनों बाद विमला हमसे मिलने घर आई। मुझसे बोली कि वह ससुराल वापस नहीं जाना चाहती। ससुरालवाले उससे दुर्व्यवहार करते हैं। मैंने उसे समझाने की कोशिश की कि उसकी शादी हो गई है और उसे ससुराल में ही रहना चाहिए। छोटी-मोटी बातों को भूलकर उसे समझौतावादी होना चाहिए। मैंने उसे भारतीय परंपराओं के बारे में विस्तार से समझाया और उसकी उत्तेजित भावनाओं को शांत कर दिया।

मैं उसके ससुरालवालों की शुक्रगुजार थी, क्योंकि उन्होंने मेरी आंशिक अपाहिज बेटी को आगे बढ़कर स्वीकार किया था, इसलिए उनकी हर माँग पूरी करना मैं अपना कर्तव्य समझती थी। तीज-त्योहार पर मैं बराबर उनके लिए फल, मिठाइयाँ, तोहफे वगैरह भेजा करती थी। सबकुछ बढ़िया चलता दिख रहा था।

एक दिन मुझे जो पता चला, उससे मेरे पैरों तले से जमीन खिसक गई। उस दिन मेरे पति भी ड्यूटी पर शहर से बाहर गए हुए थे। मैं एक रिश्तेदार के साथ विमला के घर पहुँची, ताकि खुद हकीकत से रू-बरू हो सकूँ। वहाँ उसकी बुरी हालत देखकर मैं भीतर तक काँप गई।

विमला घर से बाहर बरामदे में बिछी चारपाई पर फटी साड़ी में लिपटी सूखे कंकाल जैसी हालत में पड़ी हुई थी। उसके चारों ओर बेतादाद मक्खियाँ भिनभिना रही थीं। रोंगटे खड़े कर देनेवाला नजारा था। मैं बरदाश्त नहीं कर सकी और उसे सीधे डॉक्टर के पास ले जाना चाहती थी। लेकिन घर पर उसके पति और ससुर नहीं थे, इसलिए उसकी सास ने उसे ले जाने की अनुमति नहीं दी। इतना ही नहीं, उसने हमें गालियाँ देनी शुरू कर दीं और उसकी दो अविवाहित बेटियाँ भी इसमें शामिल हो गईं। मैंने किसी तरह अपने रिश्तेदारों और वहाँ जमा हुए पड़ोसियों की मदद से विमला को अस्पताल पहुँचाया और उसका इलाज आरंभ हुआ। विमला कुछ बोलने की कोशिश कर रही थी, लेकिन शब्द उसके मुँह से निकल नहीं पा रहे थे। मुझे इससे बहुत तकलीफ हो रही थी।

विमला का स्वर-तंत्र काम नहीं कर रहा था। डॉक्टर ने बताया कि जरूर ही उसकी आवाज को दबाने की कोशिश की जाती रही होगी। ठीक उपचार से धीरे-धीरे विमला ठीक होने लगी, लेकिन उसने बोलकर या इशारों से कभी अपने दिल की बात हमें नहीं बताई।

हम विमला को अपने घर ले आए। मैं अचंभे में थी कि न तो उसके ससुरालवाले या उसका पति उससे मिलने आए, न लेने। मैं बहुत गुस्से में थी, इसलिए मैंने भी उनसे संपर्क करने की कोशिश नहीं की। पर मन-ही-मन कहीं मैं चाहती थी कि मेरी बेटी वापस अपने घर चली जाए। छोटी-मोटी समस्याएँ हर जगह होती हैं, उन्हें सुलझाया जा सकता है और भारतीय संस्कार भी यही कहते हैं कि स्त्री को मरते दम तक अपने पति का घर नहीं छोड़ना चाहिए। उसकी किस्मत में घर का कामकाज करना, बच्चे पैदा करना और उनका लालन-पालन करना लिखा है, वह उसे करना चाहिए।

एक दिन विमला नहाने गई तो तौलिया ले जाना भूल गई। उसने मुझे आवाज दी। अधखुले दरवाजे से मेरी निगाह उसके शरीर पर पड़ी तो मैं काँप उठी। उसके पूरे शरीर पर क्रूर यातना के जख्म थे।

जब मैंने सच्चाई बताने के लिए उस पर दबाव डाला तो वह मेरी बाँहों से लिपटकर बुरी तरह रोने लगी। जब मैंने अपने बच्चों की कसम खाई कि मैं उसे उसके ससुराल वापस जाने के लिए नहीं कहूँगी तो उसने अपनी खौफनाक दास्तान मुझे सुनाई।

विमला को कम दहेज लाने के लिए हमेशा से उसके ससुरालवालों की खरी-

खोटी सुननी पड़ती थी। उसे भरपेट खाना नहीं मिलता था और घर के सब लोग उसके साथ मारपीट करते थे। उसकी चीखें दबाने के लिए ससुराल के लोग उसके मुँह में कपड़ा ठूँस देते थे। सास उसके हाथ पकड़ लेती थी और बाकी लोग छड़ियों और गरम चिमटों से उसकी पिटाई करते थे। वे उस पर दबाव डालते थे कि वह अपने मायकेवालों से मोटरसाइकिल और रहने के लिए एक प्लॉट खरीदने के लिए कहे। उनकी माँग बढ़ती गई और यातनाएँ भी।

उसका पति चाहता था कि विमला उससे तलाक ले ले और उसकी शादी योग्य छोटी बहन से उसकी शादी करा दे। लेकिन विमला यह सब कैसे कर सकती थी। वह पिटती रही, यातना सहती रही और अपने अत्याचारों की भनक मायकेवालों को नहीं लगने दी। अगर हम वक्त पर नहीं पहुँचते तो अब तक वे उसकी जान ले चुके होते।

आज मैं दिल्ली पुलिस की महिला अपराध प्रकोष्ठ के संपर्क में हूँ। हर दिन घटनाक्रम नया मोड़ ले रहा है। विमला टूटी हुई है। मैं उसके लिए लड़ना चाहती हूँ। उसकी मदद के लिए मुझे सहारे की जरूरत है। अभी गैर-सरकारी संगठन नवज्योति सलाहकार केंद्र ही मेरा एकमात्र मददगार है, जो ऐसे लोगों की सहायता करता है।

जिम्मेदारी सबकी

- बहुत सी बहू-बेटियाँ आज भी बेघर हैं। शादी के बाद बेटियाँ बेघर हो जाती हैं और ससुराल से दुत्कारी बहुएँ।
- मातृसत्तात्मक सोचवाली महिलाएँ ही खुद महिलाओं की सबसे बड़ी दुश्मन हैं।
- माता-पिता का असहयोग भी बेटियों को घरेलू हिंसा की आग में धकेल देता है।

❑

मैं क्यों बना हत्यारा?

मेरी उम्र 26 साल है, नाम है बलदेव। एक बड़ी बहन है। हम जब छोटे-छोटे थे, तभी मेरी माँ गुजर गई थीं। तब हम उत्तर प्रदेश के अपने एक पैतृक गाँव में रहते थे। हमारे पास अच्छी-खासी जमीन थी और परिवार के गुजर-बसर के लिए अच्छी आमदनी होती थी। आठवीं कक्षा तक पढ़ाई में मैं अव्वल था। बुरा सपना तब शुरू हुआ जब मेरे पिता ने दूसरी शादी की। उन्होंने सोचा कि नई माँ के आने से हमें खोई माँ का प्यार दुबारा मिल जाएगा और हमारे जीवन में आया खालीपन भर जाएगा। लेकिन हमारी सौतेली माँ का व्यवहार शुरू से ही खराब रहा और हमारी जिंदगी नरक बन गई।

आज मैं पिता के सामने कुछ बोलने का साहस नहीं जुटा पाता था। वे कठोर अनुशासनप्रिय थे और गुस्से में तो वे मुझ पर बुरी तरह बरस पड़ते थे। उनकी पिटाई याद आती है तो मैं भी काँप उठता हूँ। उनसे सौतेली माँ की शिकायत तौबा-तौबा!

इन हालात के चलते पढ़ाई में मेरी रुचि घटती गई और नतीजे बुरे दिखने लगे। मैं घर से बाहर दोस्तों के साथ ज्यादा समय बिताने लगा। धीरे-धीरे गलत सोहबत में मुझे बीड़ी, सिगरेट और शराब की लत लग गई, जिनसे शुरू में मैं नफरत करता था।

लड़कियों से छेड़छाड़, फिल्में देखना, आवारागर्दी और स्कूल से गोता लगाना मेरा रोज का ढर्रा बन गया था। मेरे पिता को कभी पता नहीं चला। उनके पास यह जानने का वक्त ही कहाँ था। लेकिन जब पता चला, उसी रात मैं घर से भाग गया।

मैं दिल्ली आ गया और अपने एक प्लंबर रिश्तेदार के साथ रहने लगा। तब मैं बस 15 साल का था। मैंने उसके साथ काम सीखना शुरू कर दिया और जल्दी ही सब सीख गया। यहाँ भी मैं बुरी सोहबत में पड़ गया। अपने एक रिश्तेदार के जोर देने पर मैं वापस गाँव गया। वहाँ बातचीत से मामला शांत किया गया। थोड़े दिनों बाद मैं फिर अपने पुराने दोस्तों में शामिल हो गया और पुरानी रंगीनियाँ फिर शुरू हो गईं। कुछ सालों तक यह सब चलता रहा।

लेकिन फिर मेरे गलत काम के चर्चे होने लगे। खबर पिताजी तक पहुँची। मुझे सुधारने की चाहत में मेरे लाख विरोध के बावजूद पिता ने मेरा संबंध पड़ोस के गाँव

की एक लड़की से कर दिया। मेरी शादी होने वाली थी, लेकिन मैंने अपनी भावी पत्नी को अब तक नहीं देखा था। रस्में चलती रहीं और मेरी लाख अनुनय-विनय के बावजूद मैं अपनी होनेवाली पत्नी को देखने से वंचित रहा। आखिर शादी के तीन दिन बाद मुझे उसकी सूरत देखने को मिली। मैंने नरम शब्दों में अपने पिता को बता दिया कि मैं इसके साथ नहीं रह सकता। आपको इसका जो करना हो, करें। मुझे वह पसंद नहीं थी और मैंने साफ शब्दों में बता दिया था। मैं फिर दिल्ली आ गया। मेरी पत्नी गौने के इंतजार में अपने मायके में रुक गई।

दिल्ली में मैंने प्लंबर का काम दुबारा शुरू कर दिया। पुराने दोस्त मिल गए और वहीं से शुरू हो गए, जहाँ छोड़ा था। काम के बाद हम रोज शराब पीते थे। शराब के नशे में न मालूम मैंने कितने लोगों को बुरा-भला कहा।

यह सब शराब के नशे में हुआ। मेरे एक दोस्त ने एक गुप्त योजना बनाई और मैंने उसका साथ देने का वचन दिया। उसने मुझे सारी बात नहीं बताई, बस इतना बताया कि वह किसी की जान लेना चाहता है, जिसमें वह मेरी मदद चाहता था। शुरू में मैंने इनकार कर दिया, लेकिन बाद में सहमत हो गया। कत्ल का कारण बताने के लिए कभी मैंने उस पर दबाव नहीं डाला। जेल में 7 साल की लंबी यातना के बाद आज भी मैं इस बारे में कुछ नहीं जानता। पुलिस ने जानते-बूझते उसे गिरफ्तार नहीं किया। बाद में उसकी सरकारी नौकरी लग गई और वह शान से जीने लगा। यह बताना जरूरी नहीं है कि उसने कानून को ठेंगा कैसे दिखाया। मुझे एक औरत को छुरा मारने को कहा गया। मैं और दो और लोग उस औरत के घर पहुँचे। योजना के मुताबिक हम घर में घुसे। मैंने औरत पर चाकू से कई वार किए। पास के कमरे से शोर सुनकर मैं वहाँ गया। मेरा एक साथी औरत की 7 साल की बेटी को छुरे मार रहा था। मैं उसे रोकते हुए चिल्लाया। मेरे पेट में ऐंठन होने लगी थी। लगता था कि मैं नशे की खुमारी से जाग गया था। लेकिन अब तो बहुत देर हो चुकी थी। औरत मर चुकी थी और उसकी बेटी मौत के करीब थी। मैं पुलिस से बचने के लिए यहाँ-वहाँ भागता फिरा। छिपता-छिपाता मैं अपने गाँव पहुँचा। मेरे पिता को मेरे अपराध का पता चला तो उन्होंने फौरन आत्मसमर्पण करने को कहा। पुलिस आकर मुझे दिल्ली ले गई।

तिहाड़ जेल के सींखचों के पीछे मैं गुस्से में जलता-भुनता रहा। मुझे अपनी गलती का अहसास तब हुआ, जब तत्कालीन जेल महानिरीक्षक ने मुझसे बात की और मुझे आगे पढ़ाई के लिए प्रेरित किया। एक दिन वे (किरण बेदी) कैदियों से बात कर रही थीं, तभी सब हँस पड़े। उन्होंने हमसे पूछा, ''आप लोग खुश हैं?'' हमने 'हाँ' में जवाब दिया। तब उन्होंने कहा, ''आपको यह अहसास है कि आपके कारण हजारों लोग दुःखी हैं?'' मुझे बाकी का तो पता नहीं, पर 7 साल की उस लड़की का चेहरा मेरी

आँखों के आगे कौंध आया, जिसकी माँ को मैंने उससे छीन लिया था। मुझे एकाएक मेरी माँ की याद आ गई, जिसके गुजर जाने से मेरे जीवन को अपूर्णीय क्षति हुई। माँ नहीं मरी होती तो मैं शायद दूसरा ही आदमी होता।

मैंने तिहाड़ में पढ़ाई आरंभ की और वहीं से ग्रेजुएशन पूरा किया। मैंने कंप्यूटर भी सीखा और जेल प्रशासन में काम भी किया। विपश्यना ध्यान सीखकर मैं खुद को एक बदला हुआ आदमी पाता हूँ। मेरे मन में अपने उस दोस्त के प्रति भी कोई कुंठा नहीं है, जिसने मुझे पाप की ओर धकेला—वह पाप, जिसका कारण आज तक अज्ञात है। लेकिन मेरा सबकुछ छिन गया—मेरी पत्नी, मेरा परिवार, मेरी आमदनी; लेकिन एक उम्मीद बाकी है कि मैं फिर से अपनी जिंदगी सँवारूँगा—वह उम्मीद तत्कालीन जेल महानिरीक्षक के गैर-सरकारी संगठन 'इंडिया विजन फाउंडेशन' ने जगाई है।

जिम्मेदारी सबकी

- माँ के प्रेम से वंचित बच्चे इसे दूसरी जगह तलाश करते हैं और इस प्रक्रिया में वे गुमराह होने का जोखिम झेलते हैं।
- ऐसे पिता, जो न तो अपने बच्चों से बात करते हैं, न उनके लिए उपलब्ध होते हैं, उन्हें गलति संगत में धकेल देते हैं।
- गलत सोहबत अपराध की ओर ले जाती है, जिसके दूरगामी व भयंकर परिणाम होते हैं।

❑

शादी, शादी और शादी

मैं 21 साल की औरत हूँ। 14 साल की छोटी सी उम्र में ही मेरी शादी कर दी गई थी। जब मैं 9 साल की थी, एक सड़क दुर्घटना में मेरे पिता की मौत हो गई थी। हम पाँच भाई-बहन हैं। दुर्घटना में मिले मुआवजे से हमने वह मकान खरीद लिया, जिसमें हम किराएदार थे। पिता की मौत के बाद माँ इस कोशिश में थी कि जल्दी-से-जल्दी मेरी शादी हो जाए।

पंजाब में हमारे कुछ रिश्तेदार रहते थे, इसलिए हमें अपने चाचा के घर भेज दिया गया। चाचा विधुर थे। चाचा के घर में ही मुझे वह लड़का देखने आया, जिससे मेरी शादी तय हुई थी। मैंने सुना था कि लड़का दूध की डेयरी पर काम करता था और परिवार के पास कुछ भैंसें भी थीं। कुछ वक्त बाद मेरी उससे शादी हो गई। वह मुझसे 4 साल बड़ा था। शादी के बाद मुझे पता चला कि असल में वह निकम्मा था और उसके पास कुछ नहीं था। वह न केवल बेरोजगार था और दिन भर घर पर पड़ा रहता था, बल्कि हर तरह के नशे का आदी था। उसकी एक अजीब आदत थी—कबूतर खरीदना और उन्हें उड़ा देना। मैं उससे काम करने के लिए कहती तो वह मेरे साथ मार-पिटाई करता और गाली देता। वह घर के आस-पास अलसाया पड़ा रहता।

एक और ताज्जुब देखने में आया। मुझे पता चला कि मेरी माँ के मेरे ससुर के साथ नाजायज संबंध थे। वह अकसर मुझसे मिलने आती और ज्यादा वक्त ससुर के साथ ही बिताती। मेरा पति इस बारे में मुझ पर ताने कसता था। असल में वह कहा करता था कि हमारी शादी से पहले ही मेरी माँ और मेरे ससुर के शारीरिक संबंध थे और यह शादी मेरी माँ ने उस घर में आसानी से आने-जाने के लिए ही तय की थी। मेरी शादी का दूसरा कारण यह था कि गाँव में मेरी माँ की थोड़ी-बहुत संपत्ति थी, जिसे बेचकर मेरे ससुर ने उसे ठग लिया था। इस शादी से वह उसकी थोड़ी-बहुत भरपाई करना चाहती थी।

मैं अपने पति के उत्पीड़न को ज्यादा बरदाश्त नहीं कर सकी, इसलिए मैंने वहाँ रहने से मना कर दिया। जब मुझे दिल्ली में वापस मायके लाया गया, मैं दो सप्ताह की गर्भवती थी।

माँ चाहती थी कि मैं बच्चा पैदा करूँ, जिससे कि हो सकता था कि मैं वापस पति के घर जा सकूँ। लेकिन इसी बीच मेरा पति दिल्ली आ गया। उसने लिखकर दे दिया कि 'वह न तो मेरा, न मेरे होनेवाले बच्चे का खर्च उठा सकता है।'

उम्र 15 साल और पैर भारी—इसी हालत में मेरी माँ मेरे लिए दूसरा वर देखने लगी। कुछ ही महीनों की खोज में दिल्ली में ही एक वर मिल गया। मुझे कहा गया कि वह ऑटो वर्कशॉप में काम करता है। शादी के बाद पता चला कि वह भी निकम्मा था और काम पर जाने से मना करता था। मेरा ससुर जब उससे कुछ कमाकर लाने को कहता तो वह उससे मार-पीट भी करता। मेरे इस ससुर के भी एक औरत से जिस्मानी संबंध थे। दोनों ने शादी भी नहीं की थी। अब मैं एक दूसरे नाकारा आदमी के पल्ले बँधी थी, जो खुद एक बड़ा बोझ था। इसी बीच मेरे एक लड़का हुआ। जब बच्चा महज दो महीने का था, कानूनी काररवाई करके मेरे पति ने उसे मेरी ननद को 'गोद' दे दिया। बोला कि वह उसका खर्चा नहीं उठा सकता। इस तरह मेरा बेटा मुझसे छिन गया। इस बात को लेकर मेरे पति के साथ रोज मेरी महाभारत होने लगी। मेरे पति ने मुझसे मार-पीट शुरू कर दी। मैं वापस अपने मायके चली गई।

मैं अभी भी युवा थी, इसलिए मेरी माँ मुझे लेकर मेरे चाचा के गाँव आ गई, जहाँ मेरा पहला पति रहता था। फिर मुझे उसी गाँव में रहनेवाली मेरी मौसी के यहाँ भेज दिया गया। मेरी मौसी ने प्रस्ताव रखा कि वह अपने 17 साल के बेटे की शादी उससे करना चाहती है। घर के लोगों की पंचायत बैठी और मेरी मेरे मौसेरे भाई के साथ शादी कर दी गई—मेरी तीसरी शादी।

मेरा तीसरा पति भी निठल्ला था और चूँकि मुझसे छोटा था, इसलिए उसकी माँ ही रोब झाड़ा करती थी। मेरा वहाँ बमुश्किल घरेलू नौकरानी के तौर पर इस्तेमाल हो रहा था। मेरी इस सास ने मेरी माँ की बदचलनी के लिए मुझे खरी-खोटी सुनानी शुरू कर दी। उसने मेरी पहली शादी से हुई बेटी भी छीनकर किसी और को देनी चाही और इस शादी को बचाने की दुहाई दी, लेकिन मैंने इनकार कर दिया। मेरी माँ ने भी जोर दिया कि मैं अपनी बेटी उसे दे दूँ। लेकिन मैंने फिर इनकार कर दिया। मैंने 300 रुपए में अपने बुंदे गिरवी रखे और दिल्ली भाग गई। मेरी माँ भी पीछे-पीछे आ गई। मैं अपने दूसरे पति के छोटे भाई से मिली। वह बोला कि अगर वह तलाक के कागजात पर दस्तखत कर दे तो घर में वापस आ सकती है। मेरी माँ नहीं मानी कि मैं वापस अपने दूसरे पति के साथ जाकर रहूँ। वह बोली कि अगर मैं अपनी बेटी को उसके पास छोड़ दूँ, तभी वह मुझे उसके साथ रहने की इजाजत दे सकती है। मैंने उसकी बात मान ली। मैं चौथी शादी नहीं करना चाहती थी।

अब मैं अपने दूसरे निठल्ले पति के साथ रह रही हूँ, जो पूरी तरह शक से भरा

है। वह मुझे इस आरोप में पीटता है कि मेरा मेरे देवर के साथ चक्कर है। उसे शक है कि मैं उसे चाहती हूँ। मैं उसे खाना परोसूँ या उसकी तरफ देखूँ भी तो वह मेरी पिटाई कर देता है। ननद कभी-कभी घर पर आती है तो मैं अपने बेटे को देखती हूँ और बाजार में कभी-कभी मेरी बेटी मिल जाती है।

मेरा अभी तीसरे पति से तलाक नहीं हुआ है, इसलिए कहीं पुलिस में मामला न चला जाए, इस डर से मेरी सास मुझे नवज्योति ले गई।

जिम्मेदारी सबकी

- हर अशिक्षित और गरीब लड़की पूरी जिंदगी खुद पर बोझ बनी रहती है।
- एक आदमी से शादी कर लेना ही ऐसी लड़कियों का मूल उद्देश्य होता है।
- आदमी का इस बात से कोई लेना-देना नहीं होता कि वह जिम्मेदारियाँ उठा सकता है। हाँ, वह यह जरूर सोच लेता है कि उसने अपनी पत्नी को खरीद लिया है और वह उसकी संपत्ति है।

❑

बहन बहन की दुश्मन

मैं हरियाणा के एक दूर-दराज के गाँव की रहनेवाली हूँ। मेरी शादी सेना के एक जवान के साथ हुई थी। 5 साल की छोटी सी उम्र में मेरे सिर से पिता का साया छिन गया। खेती लायक छोटी सी जमीन से ही मेरी माँ ने मेरे दो भाई और एक बहन—हम चार भाई-बहनों का पालन-पोषण किया। मेरी बड़ी बहन ने 10वीं तक पढ़ाई की। इसके बाद वह अपनी कुछ सहेलियों के पास दिल्ली चली गई और घड़ी की एक फैक्टरी में काम करने लगी। उसकी आमदनी से मेरे दोनों भाइयों की पढ़ाई-लिखाई का बंदोबस्त हुआ। मुझे भी पढ़ने के लिए भेजा गया, लेकिन मैं नहीं पढ़ी। मुझे खाना पकाने, साफ-सफाई करने और भैंसों की देखरेख करना ज्यादा भाता था।

मेरी माँ मुझे बहुत प्यार करती थी। मैं सिर-चढ़ी, गुस्सैल और जिद्दी लड़की थी। मैं और मेरी बड़ी बहनों का स्वभाव बिलकुल अलग था। मैं चूँकि घर पर रहती थी, इसलिए अनाज पीसना, खाना पकाना, बरतन माँजना—और कपड़े धोने जैसे गृह-कार्य सब मुझे करने पड़ते थे। वह घर की रोटी चलाती थी। हम हर समय आपस में झगड़ते रहते थे। कई-कई दिन तक एक-दूसरे से बोलचाल बंद कर देते थे। माँ को हमारे मन-मुटाव की जानकारी थी और वह समझा-बुझाकर हमें शांत करने की कोशिश करती थी। मैं बहुत मूडी व अड़ियल थी और अकारण ही कई-कई दिनों खाना नहीं खाती। सुबह देर से उठती या नहाती ही नहीं। मेरी माँ मुझे मनाती थी। वह मुझसे प्रेम करती थी और हमेशा मेरे भले की सोचती थी। इन सबके अलावा मैं बहुत खिलंदड़, जिंदादिल और प्यारी लड़की थी।

इसी बीच मेरी माँ के एक रिश्तेदार के जरिए मेरी बहन की शादी के लिए एक रिश्ता आया। लड़के के परिवार में शादी लायक दो जवान बेटे थे। रिश्तेदार जानते थे कि मैं घर के काम-काज में कुशल थी, इसलिए उन्होंने मेरी माँ पर जोर डाला कि उसी परिवार में मेरी शादी की भी बात चलाए। मेरी माँ हम दोनों बहनों के विपरीत स्वभाव को जानती थी, इसलिए वह इस विचार से सहमत नहीं हुई। लेकिन उन्होंने सुझाव दिया कि दोनों बहनों की शादी एक साथ कर देंगे। इससे खर्चा बचेगा। इस

प्रस्ताव को सुनकर माँ ने अपनी रजामंदी दे दी।

जैसा कि मैंने पहले ही बताया है, मेरा पति सेना में था। शादी के फौरन बाद वह अपनी नौकरी पर चला गया। उसकी तैनाती सरहद पर थी। इस प्रकार हमारा वैवाहिक संबंध ठीक से बन भी नहीं पाया। दूसरी ओर, मेरी बहन अपने पति के पास थी, उसका और उसकी जरूरतों का ध्यान रखती थी। जल्दी ही मेरी बहन घर की चहेती बन गई। अब वह चाहती थी कि मैं घर के सारे काम—चूल्हा-चौका, बरतन-झाड़ू इत्यादि करूँ और वह रसोईघर और घर पर राज करे। काम-काज का यह बँटवारा मुझे नामंजूर था। मैंने कहा कि घर के काम-काज हम बारी-बारी से, एक-एक दिन छोड़कर कर लेते हैं। उसने मेरी इस सलाह को मानने से इनकार कर दिया। इस बात को लेकर हम दोनों में झगड़ा होने लगा और दिन-ब-दिन हमारी कड़वाहट बढ़ती गई।

वह चूँकि मुझसे उम्र में बड़ी थी और उसका पति भी उसके साथ खड़ा था, इसलिए मैं यह युद्ध हार गई। मूडी और जिद्दी तो मैं थी ही, बचपनवाली हरकतें मैंने यहाँ भी शुरू कर दीं और कई दिनों तक खाना नहीं खाया। मैं यह भूल गई कि वहाँ मनानेवाली माँ नहीं थी, जो आकर मुझे खाना खिलाती और बहन का निर्णय पलट देती। कई दिनों तक भूखी रहने के कारण मैं बीमार रहने लगी। मैं अकेली पड़ गई। मेरी पूछ या जरूरतों के लिए कोई नहीं था। मेरा वजन कम हो गया। कोई मुझसे बात करनेवाला नहीं था। मेरी सास हम बहनों के बीच नहीं पड़ती थी और मूकदर्शक बनी रहती थी। जीवन अंतर्मुखी हो गया था। बचपन से बिलकुल उलट—उदासीन, बेरंगत और ठहरा हुआ।

मेरा पति छुट्टियों पर जब घर आता तो मेरी बहन शिकायत करती कि मैं घर के काम-काज में उसकी मदद नहीं करती, जो बिलकुल झूठी बात थी। मेरी बात सुने बगैर परिवार के सभी लोगों के सामने वह मुझे पीटने लगता था। कोई मेरी मदद को नहीं आता था। इसके बाद रम पीकर वह बाहर बरामदे में जाकर सो जाता था। उसने भी मुझे ठुकरा दिया था। अगर कभी मैं उसके कपड़े धो देती तो उन्हें मेरी बहन से दुबारा धुलवाता। इस प्रकार उसकी छुट्टियाँ झगड़ने, पीटने और नशाखोरी में बीत जातीं।

कुछ महीने बीतते-बीतते मैं पूरी तरह अंतर्मुखी हो गई और गहरे डिप्रेशन का शिकार हो गई। कोई मुझे डॉक्टर के पास नहीं ले गया। उलटे मुझे मायके भेज दिया गया। वहाँ मेरी हालत में सुधार हुआ। ठीक होने पर मैं स्वयं वापस अपने पति के घर आकर रहने लगी। एक बार फिर से वही सब होने लगा। मैं फिर से बीमार पड़ गई और मरणासन्न हालत में पहुँच गई। मेरी भाभी नवज्योति में कंप्यूटर सीख रही थी। उसने पारिवारिक सलाहकार से कहा कि मुझे फौरन मदद की दरकार थी। नवज्योति ने मेरी ससुराल को एक खत लिखा और दी गई तारीख को परामर्श केंद्र में हाजिर होने

को कहा। अभी चूँकि एक हफ्ते का समय बाकी था, इसलिए मुझे खाना दिया गया, नहलाया-धुलाया, अच्छे कपड़े दिए गए और इलाज के लिए डॉक्टर के पास ले जाया गया। डॉक्टर ने बताया कि मुझे और डिप्रेशन है।

जब हम पारिवारिक परामर्श केंद्र पहुँचे, मेरी बड़ी बहन ने सलाहकार सर्वेश राघव और प्रतिभा सिन्हा को बताया कि मैंने अपने पति की जिंदगी बरबाद कर दी है। उसने शिकायतों की एक लंबी-चौड़ी सूची दी और मुझ पर आरोपों की बरसात कर दी।

मेरे बहनोई ने भी सलाहकारों को बताया कि मेरे पति ने पूरी तरह मुझे ठुकरा दिया है और वे मेरे वहाँ रहते भी उसकी दूसरी शादी करना चाहते थे। अब मेरी समझ में आया कि वे क्यों मुझे डॉक्टर के पास नहीं ले जाना चाहते थे। वे चाहते थे कि मैं स्वाभाविक मौत मर जाऊँ और मेरे पति की दूसरी शादी का रास्ता साफ हो जाए। मैं रहूँ या न रहूँ, किसी को कोई फर्क नहीं पड़ने वाला था—सिवाय मेरी बूढ़ी माँ के। वह फिर से मुझे लिवा ले गई। उसने कहा कि चूँकि वह जानती थी कि उसकी मौत के बाद मेरा कोई सहारा नहीं था, इसलिए अपनी मौत के समय वह मुझे अपने पास रखना चाहती थी। मैं इसका मतलब नहीं समझी।

अभी मैं गंभीर तपेदिक की बीमारी से जूझ रही हूँ। दवाई के लिए मेरे पास पैसे नहीं हैं। लेकिन ठीक होते ही मैं फिर से अपनी ससुराल में रहना पसंद करूँगी। मैं अपनी यह आपबीती अपने पति को नहीं बताना चाहती।

जिम्मेदारी सबकी

- बचपन की गलत आदतें, जिद्दी स्वभाव बदले हालात में गंभीर मनोरोग के कारण बन सकते हैं।
- जिन बहनों की शिक्षा और स्वभाव आदि में बड़ा अंतर हो—एक ही परिवार में शादी करने से उस परिवार के आपसी सौहार्द में कमी आ सकती है।
- अशिक्षित और गरीब स्त्रियों को अपनी ससुराल में घरेलू मदद की जरूरत पड़ती है।

❑

काहे का सत्यमेव जयते

मेरी उम्र 27 साल है और मेरा नाम गीता है। मुझे एक लड़का और एक लड़की—दो बच्चे हैं। मैं पश्चिमी उत्तर प्रदेश के एक गाँव की रहनेवाली हूँ। कमल नाम के लड़के से मेरी शादी हुई और हम दिल्ली आकर रहने लगे। लोग बड़ा आदमी बनने के लिए शहरों की ओर जाते हैं, हम वहाँ जिंदा रहने के लिए गए और पीछे गाँव में अपना सबकुछ छोड़ आए। जिंदगी पाने के लिए मुझे अंत में अपना सबकुछ दाँव पर लगा देना पड़ा। बस, मेरे बच्चे मेरे साथ रहे।

एक छोटे किसान परिवार में मेरा जन्म हुआ। माँ-पिता के अलावा घर में मैं और एक छोटा भाई था। मेरी माँ घर के काम के साथ-साथ खेत में पिताजी का हाथ भी बँटाती थीं। हमारी जिंदगी शांत व सुखमय थी। मैं और मेरा भाई रोज स्कूल जाते थे। मेरी एक ममेरी बहन थी लक्ष्मी। उसे मैं अपना आदर्श मानती थी। तमाम उतार-चढ़ावों के बीच उसने एम.ए. तक की पढ़ाई की। हमारे समाज में किसी लड़की का इतना पढ़ लेना किसी चमत्कार से कम नहीं था। एक सरकारी स्कूल में उसे अध्यापिका की नौकरी मिल गई। इसी दौरान एक प्रतिष्ठित परिवार में उसकी शादी हो गई। उसके ससुरालवालों को उसका नौकरी करना अच्छा नहीं लगता था। वे उसे रसोईघर तक ही सीमित रखना चाहते थे। उनके इस व्यवहार का मुझ पर भी बड़ा बुरा प्रभाव पड़ा। 9वीं के बाद घरवालों ने मेरी पढ़ाई छुड़वा दी। उन्होंने कहा कि लड़कियों को पढ़ाना धन और वक्त की बरबादी है। यह मेरे जीवन की पहली दुःखद घटना थी।

एक दिन मेरा आठ साल का नन्हा भाई खेलने गया और फिर कभी घर नहीं लौटा। हमने उसे पूरे गाँव में, गली व नुक्कड़ पर तलाशा, लेकिन कोई नतीजा नहीं निकला। हमारी जिंदगी मानो ठहर-सी गई। अपूरणीय क्षति थी। स्थिति हमारे नियंत्रण से बाहर थी। इसी सदमे में पिता चल बसे। हम माँ-बेटी बिखर-से गए।

कुछ समय बाद एक जमींदार परिवार में मेरी शादी हो गई। ससुराल में मेरी विधवा सास, मेरा पति और मैं तीन सदस्य थे। हम लोग 60 बीघा खेती की अच्छी जमीन के मालिक थे। असलियत खुलने से पहले तक सबकुछ परी-कथा जैसा लगता

था। परिवार की इस जमीन पर कई दुश्मन रिश्तेदार दाँत गड़ाए बैठे थे। हमारा परिवार बहुत छोटा था, इसलिए हमारा कोई मददगार नहीं था। मेरे पति परिवार की इकलौती संतान और एक सीधे-सादे आदमी थे। उनकी ट्रैक्टर मरम्मत की दुकान थी। हमारे रिश्तेदारों ने हमारी जमीन का एक बड़ा हिस्सा हड़प रखा था और बाकी जमीन पर भी आँखें गड़ाए थे। लेकिन मेरे पति उनसे उलझने से बचते थे और अपने काम में मगन रहते थे। रिश्तेदार उन्हें जब-तब धमकाते रहते थे।

रिश्तेदारों की धमकियों ने जल्दी ही हिंसक रूप ले लिया। मेरे पति के आक्रामक रिश्तेदारों ने हमें लोगों के बीच प्रताड़ित करना, धौंस देना और बदसलूकी करना आरंभ कर दिया।

हम इस अशांत स्थिति से निकलना चाहते थे, इसलिए मौजूदा नकदी के साथ ही हमने गाँव छोड़ने का फैसला कर लिया। हम दिल्ली आ गए। यहाँ एक उपनगर में छोटा सा जमीन का टुकड़ा लेकर धीरे-धीरे उस पर दो कमरों का मकान बना लिया। फिर कुछ भैंसें खरीदकर डेयरी का धंधा शुरू कर दिया। उधर, हमारी सारी जमीन हड़पकर भी हमारे रिश्तेदारों को संतोष नहीं हुआ था। वे कानूनी तौर पर उसे अपने नाम कराना चाहते थे। हम भावनात्मक रूप से उससे जुड़े थे, इसलिए हम उसे उनके नाम नहीं करना चाहते थे; लेकिन हम इतने कमजोर थे कि विरोध करने की स्थिति में नहीं थे। वे बराबर हमें आतंकित करते रहे और हम उसे अपना भाग्य मानकर सहते रहे। ऐसा नहीं था कि हम शिकायत नहीं करना चाहते थे; लेकिन इसके लिए कहाँ जाएँ, यह हमें नहीं मालूम था। हम पति-पत्नी दोनों ही ज्यादा पढ़े-लिखे नहीं थे। हमें दुनियादारी की भी ज्यादा समझ नहीं थी, न अपने अधिकारों और उन्हें हासिल करने की जानकारी थी। हमें सिर्फ इतना पता था कि शिकायत से हल नहीं निकलने वाला था। गाँव की पंचायत में भी हमारी शिकायत पर हमदर्दी तो जताई जाती थी, लेकिन कोई हल नहीं निकलता था। इसलिए हम इसे अपना भाग्य समझकर चुप बैठ गए थे।

दिल्ली आने के थोड़े दिनों बाद ही मेरी सास गुजर गई। इसी बीच मेरे एक लड़का हुआ और उसी साल एक बेटी भी जनमी। मेरा लड़का अभी एक साल का भी नहीं हुआ था कि हम पर मुसीबतों का पहाड़ टूट पड़ा।

एक रात हम सब घर में सोए हुए थे, तभी मेरे पति के चार रिश्तेदार चारदीवारी फाँदकर हमारे घर में आ गए। उन सभी के हाथों में बड़े-बड़े चाकू और लाठियाँ थीं। मैं अपने पति की आवाज सुनकर जाग गई। उनका मुँह तकिए से दबाया जा रहा था। मैं बीच-बचाव को दौड़ी तो एक घुसपैठिए ने चलता पंखा मुझ पर दे मारा। पंखे का कवर मुझे आकर लगा और मेरे चेहरे व हाथों से खून बहने लगा। मुझे बिजली का झटका भी लगा। मैं बेहोश हो गई, लेकिन जल्दी ही होश में आ गई। मैं मदद के लिए चीखने

लगी। दो लोगों ने लपककर मुझे दबोच लिया और मेरा गला दबाने की कोशिश करने लगे। वे मेरे पति का भी दम घोंटने की कोशिश में थे। बहरहाल, जैसे-तैसे मैंने खुद को छुड़ा लिया और जोर-जोर से शोर मचाने लगी। सौभाग्य से पड़ोसियों तक मेरी आवाज पहुँच गई। वे मेरे घर की ओर दौड़े तो हमलावर वहाँ से भागने को मजबूर हो गए। इस तरह हमारी जिंदगी बच गई।

हमारे पड़ोस में एक महिला होम गार्ड रहती थी। उसने घटना की इत्तला फौरन पुलिस कंट्रोल रूम को दी। लेकिन वहाँ से कोई नहीं आया। अपने जख्मों पर हमने घरेलू दवाइयाँ और मरहम आदि लगाए। आसपास वहाँ न तो कोई अस्पताल था, न कोई डॉक्टर। ऐसा कोई सहारा भी नहीं था, जो हमें दूर के अस्पताल में ले जाता। जख्मों से खून रुक नहीं रहा था। हम घर पर ही पट्टियाँ बदलते रहे। अड़ोस-पड़ोस और पास के इलाके की मुझे जानकारी भी नहीं थी। घर से निकलने में मैं डरती भी थी।

घटना के तीसरे दिन जब हमारे घर पुलिस आई, हमारे जख्म सूखे नहीं थे। उन्होंने पूछताछ की। मैंने सिलसिलेवार सारी जानकारी दे दी। मेरा पति शरमीले स्वभाव का है और जख्मी भी था, इसलिए वह ज्यादा नहीं बोला। पुलिसवालों ने हमें अपने साथ थाने चलने को कहा। विरोध के बावजूद वे हमें धकियाते हुए थाने ले गए। मुझे अपना एक साल का लड़का और तीन महीने की लड़की को पड़ोसियों के यहाँ छोड़ना पड़ा।

थाने में फिर हमसे पूछताछ की गई। डराने के लिए हमें कहा गया कि मेरे घर पर जो हमलावर आए थे, उनमें से एक मर गया था और वे उसकी हत्या का आरोप हम पर थोप रहे थे। इस आरोप से छुटकारा पाने के लिए उन्होंने 20,000 रुपए की रिश्वत माँगी। हमारी कोई गलती नहीं थी और वैसे भी हमारे पास देने को कुछ भी नहीं था। लेकिन बहरे कानों तक हमारी फरियाद नहीं पहुँची। हमें बचाने के लिए आनेवाला कोई नहीं था। वहाँ कोई महिला पुलिसकर्मी नहीं थी, महिलाओं के लिए हवालात नहीं थी। मुझे और मेरे पति को चार दिनों तक आम हवालात में बंद रखा गया। हमें अदालत में भी पेश नहीं किया गया। मेरे मासूम बच्चों की भी कोई खबर नहीं थी, इस बात ने मुझे और तोड़कर रख दिया था।

पुलिस ने हमें कुछ कोरे कागजों पर दस्तखत करने को कहा और हमें भरोसा दिया कि इसके बाद हमें छोड़ दिया जाएगा। इसके बाद वे हमें अदालत ले गए कि हमें वहाँ से छोड़ा जाएगा। हम ज्यादा पढ़े-लिखे नहीं थे, इसलिए थाने से लेकर अदालत तक की काररवाई के खेल को नहीं समझ सके। जब तक समझे, देर हो चुकी थी। हमें तिहाड़ जेल भेज दिया गया था।

मैंने पहले जेल कभी नहीं देखी थी। खयालों में भी कभी नहीं सोचा था कि वहाँ महिला जेल भी होती है। जेल में कई महिला कैदी थीं। सब मुझसे तरह-तरह

के सवाल करने लगीं। मेरे पति को दूसरी जेल में रखा गया था। मैं बच्चों के भविष्य को लेकर चिंतित थी। उनकी कोई खबर नहीं थी। हमें कानून की जानकारी नहीं थी, इसलिए वकील करने के बारे में हमें कोई जानकारी नहीं थी। जेल में आनेवाले गैर-सरकारी संगठनों ने हमारी सहायता करनी चाही, लेकिन उनकी मुफ्त कानूनी सहायता का कोई नतीजा नहीं निकला। हम बराबर अदालत आते-जाते रहे, पर सारी काररवाई से अनभिज्ञ रहे।

कैदियों को काम सीखने और रोजी-रोटी कमाने के उद्‌देश्य से जेल में कई कार्यक्रम चलाए जा रहे थे। नवज्योति के कई कार्यक्रमों में मैंने अपना नाम लिखवा लिया। मैंने परदा बुनाई के साथ-साथ कई काम सीखे। इससे मेरी थोड़ी-बहुत आमदनी होने लगी। आय ज्यादा तो नहीं थी, लेकिन जेल के बाहर मेरे बच्चों और जेल में बंद मेरे पति की मूल जरूरतों के लिए काफी थी। अधिक आमदनी के लिए मैं जी-तोड़ मेहनत कर रही थी। इस कामकाज के बीच बहुत से लोगों और स्वयंसेवकों से मिलकर मुझे अपने अधिकारों की जानकारी हुई। मुझे यह भी पता चला कि जेल से छूटने के लिए हम अपना वकील कर सकते हैं। लेकिन अब तक चार वर्ष गुजर चुके थे—और इतने समय से हम अपने बच्चों से दूर थे।

हमारे वकील ने 5,000 रुपए लेकर हमारी रिहाई का इंतजाम कर दिया। हम अदालत से बरी हो गए। घर पहुँचकर गुजर-बसर के लिए हमारे पास कुछ भी नहीं था। तभी मुझे याद आया कि जेल में एक स्वयंसेविका मैक्स ने मुझे परिवार चलाने के लिए कुछ पैसे दिए थे। लेकिन अभी हमने अपनी नई जिंदगी शुरू ही की थी कि पुलिस ने हमें फिर से परेशान करना शुरू कर दिया। उन्होंने मेरे निर्दोष पति को इलाके का बी.सी. (बैड करेक्टर) घोषित कर दिया। नवज्योति एक बार फिर से मेरी मदद को आगे आई। उसने अपनी महिला विकास परियोजना में मुझे बुनाई अनुदेशक की नौकरी दे दी। नवज्योति के सलाहकारों ने स्थानीय पुलिस से इस बारे में बातचीत भी की। बहरहाल, उन्होंने अपना नजरिया नहीं बदला। हालात इतने विपरीत थे कि उनका सामना करने का माद्‌दा मुझमें नहीं था, इसलिए मैंने उस इलाके को छोड़ने का निश्चय कर लिया। हमने औने-पौने दाम पर अपना घर बेच दिया और बाहरी दिल्ली के एक इलाके में एक छोटा सा घर लेकर रहने लगे। यहाँ हम खुद को महफूज समझ रहे थे; पर ऐसा था नहीं।

जल्दी ही हमारे दुश्मन सूँघते-सूँघते हमारे नए घर तक आ पहुँचे और हमें यंत्रणा देने लगे। बहरहाल, इस बार उनका लहजा बदला हुआ था या वे नरम दिल बनने का दिखावा कर रहे थे। तकरीबन नौ महीने पहले वे हमारे घर आए और अपने किए की माफी माँगने लगे। उन्होंने समझौते की पेशकश की। उन्होंने मेरे पति से कहा कि वह चलकर अपने हिस्से की जमीन ले ले। मुझे दाल में कुछ काला नजर आया। मैंने अपने

पति को कहा कि उनकी बातों पर यकीन न करे। लेकिन मेरी चेतावनी के बावजूद मेरा सीधा-सादा पति उनके झाँसे में आ गया। वह बोला कि चिंता मत करो, आदमी ही आदमी के साथ जाता है।

लेकिन मेरा शक सच निकला। हमारे दुश्मनों ने उनके साथ बड़ा क्रूर व्यवहार किया। एक दिन बाद मेरे पति की लाश एक पेड़ से लटकी मिली। मैंने पुलिस को खबर की और आरोपियों के विरुद्ध नामजद रिपोर्ट दर्ज कराई। पाँच में से तीन आरोपी पकड़े गए और दो रिश्वत देकर छूट गए। वे आज भी छुट्टे घूम रहे हैं और जब-तब धमकाते रहते हैं कि मैंने जमीन माँगने की जुर्रत की तो मेरे बच्चों को मार देंगे।

मैं और मेरे बच्चे मौत के साए में जी रहे हैं। बच्चों को पालने के लिए मुझे घर से बाहर जाना पड़ता है। पीछे घर में मेरी बूढ़ी माँ और बच्चे अकेले रहते हैं। अब 'इंडिया विजन फाउंडेशन' ने मेरे बच्चों का दाखिला एक आवासीय स्कूल में करवा दिया है, जो उनकी सुरक्षा के लिहाज से अच्छा है; लेकिन मैं और मेरी माँ आज भी महफूज नहीं हैं।

जिम्मेदारी सबकी

- जमीन-जायदाद के झगड़ों को बुजुर्गों को अपने जीते-जी ही निबटा लेना चाहिए, वरना ऐसे झगड़े नरक की आग में धकेल देते हैं। गाँवों में पंचायतें सामंतवादी तरीके से कार्य करती हैं, जिससे निर्दोष लोग ताकतवर लोगों के लिए बलि के बकरे बन जाते हैं।
- ग्रामीण भारत में लड़कियों की शिक्षा को व्यर्थ समझा जाता है। और जो शिक्षा दी जाती है, उससे वे अपने अधिकारों की रक्षा नहीं कर पातीं।
- पिछड़े और गरीब इलाकों में, अधिकतर मामलों में, पुलिस इनसाफ से कोसों दूर है। ज्यादातर पुलिसवाले बेईमान और रिश्वतखोर हैं। वे स्थानीय माफिया से मिलकर कमजोरों का दमन करते हैं।
- कमजोर और निर्धन तबकों से न्यायिक प्रक्रिया आज भी कोसों दूर है। उनके प्रति असंवेदनशील और आँख मूँदे पड़ी है।

❑

इन बच्चों को बचाओ

यह कहानी 4 बरस के बिट्टू की है। दिल्ली की एक झुग्गी बस्ती में रहनेवाला बिट्टू एक शरमीला बालक है। लाख कोशिशों के बावजूद उसने मुँह नहीं खोला। उसकी कहानी नवज्योति के सलाहकारों और स्वयंसेवकों के अनुभवों को मिलाकर तैयार की गई है।

बिट्टू के परिवार में उसके माता-पिता के अलावा दो भाई और दो बहनें हैं। वह परिवार का सबसे छोटा सदस्य है। उसने बताया कि वह अपने परिवार के सभी सदस्यों के साथ मिलकर रोजाना शराब पीता है। साथ ही वह यह भी जोड़ता है कि जब से 'यादव सर' ने उसे शराब की बुराइयाँ बताईं और उसे छोड़ने की सलाह दी, उसने शराब पीना छोड़ दिया है। नवज्योति के सलाहकार आर.के. यादव ने बिट्टू के बारे में बताते हुए कहा कि इलाके में स्कूल खोलने के दौरान उसकी पहचान की गई थी। नवज्योति की कोशिश थी कि भीख माँगने, कूड़ा बीनने, नशीले पदार्थ बेचने जैसे कामों से बच्चों को रोका जाना चाहिए। बहरहाल, किसी बच्चे के शराब पीने का यह मामला कोई पहला उदाहरण नहीं था। स्कूल में कई बच्चे शराब के नशे में चूर होकर आते थे।

लेकिन बिट्टू ने तो उनके भी पर कतरने शुरू कर दिए थे। उसके पिता कच्ची शराब की थैलियाँ चोरी-छिपे बेचने के लिए घर में लाकर रखते। वह उनमें से कुछ थैलियाँ चुराकर मिट्टी के मोल अपने दोस्तों को बेच देता था। उसे थैलियों की असली कीमत मालूम ही नहीं थी। इन पैसों से वह खाने-पीने की चीजें या खिलौने आदि खरीदता था।

जब बिट्टू की हरकतों के बारे में उसके माता-पिता को बताया गया तो उन्होंने साफ इनकार कर दिया कि वे कभी परिवार के साथ बैठकर शराब पीते हैं। बहुत जोर देने पर उन्होंने इस बात को माना कि वे ऐसा करते थे। उनके अनुसार, यह तो एक परंपरा थी, जिसे वे आगे बढ़ा रहे थे। बच्चों को शराब देना वे कोई पाप नहीं मानते थे। बिट्टू के पिता शराब की तस्करी करते हैं। गिरफ्तारी से बचने के लिए वे अधिकारियों को महीना देते हैं। वे कहते हैं कि हमारे समाज में सब पीते हैं, फिर

इस रिवाज को तोड़नेवाला मैं कौन होता हूँ।

बहरहाल, बिट्टू के माँ-पिता को यह जानकारी नहीं थी कि वह शराब की थैलियाँ चुराकर अड़ोस-पड़ोस में बेच देता था। यादव ने बताया कि वे खुद ही इस कदर नशे में चूर होते हैं कि उन्हें अपना होश नहीं होता, तो वे दूसरों की खबर कैसे रख सकते हैं।

बिट्टू ने पूछने पर यह भी बताया कि माँ की बात न मानने पर उसकी बहनों की खूब पिटाई होती है। लेकिन वह यह नहीं बता सका कि उसकी माँ बहनों को क्या करने को कहती है। बाद में यादव को जानकारी मिली कि ये परिवार अपने बच्चों पर भीख माँगने के लिए दबाव डालते हैं। बात न मानने पर बच्चों की पिटाई की जाती है। उन्हें धमकी भी दी जाती है कि भीख में पैसे नहीं लाए तो रोटी नहीं मिलेगी। लेकिन बिट्टू के परिवार में बच्चों की पिटाई शराब पीने से इनकार करने पर होती है। प्राप्त जानकारी के अनुसार बिट्टू का पिता अवैध शराब के कारोबार से अपना घर चलाता है। वह बच्चों के प्रति नरम दिल है, जबकि उसकी बीवी उससे उलट है। घर में छोटा होने की वजह से बिट्टू को भीख माँगने नहीं भेजा जाता। यादव ने कहा कि अब वह उनका छात्र है, इसलिए उनकी कोशिश होगी कि उसे भीख न माँगनी पड़े।

गली स्कूल की इंचार्ज शकीरा ने बताया कि इन बच्चों ने कभी स्कूल का मुँह नहीं देखा। इनके माँ-बाप ने भी इनकी शिक्षा-दीक्षा के प्रति कोई रुचि नहीं दिखाई। इनका मानना है कि घर में जितने ज्यादा लोग होंगे उतनी ज्यादा कमाई होगी। शुरू में बच्चों को स्कूल तक लाने में हमें बहुत परेशानी हुई। उनका मानना था कि शिक्षा तो अच्छी बात है; लेकिन ये स्कूल चले जाएँगे तो उनके घर का गुजारा कैसे होगा। शकीरा ने आगे बताया कि उनकी समस्या सुनकर हमने कहा कि हमारा गली स्कूल तीन घंटे अलग-अलग समय पर चलता है। उन्हें जो समय ठीक लगे, उस समय बच्चों को पढ़ने भेज दें। वे अनमने ढंग से मान गए। लेकिन अपने बच्चों में सुधार देखकर उन्होंने शिकायत करना बंद कर दिया। हमारे स्कूल में आनेवाले करीब 80 फीसदी बच्चों ने भीख माँगना, कचरा बीनना और नशीले पदार्थ बेचना बंद कर दिया। लेकिन अभी बहुत काम बाकी है।

यादव ने देखा है कि इस समुदाय के लोग अपने किसी त्योहार के अवसर पर सामूहिक रूप से शराब पीते हैं। समाज में जब कोई मुद्दा उठता है और उसे हल करने की बात आती है तो समुदाय के कुछ सम्मानित लोग पंचायत करते हैं। मुद्दे पर फैसला देने से पहले पंच लोग शराब पीते हैं। इसके बाद ही मुद्दे पर चर्चा की जाती है। कभी-कभी दोषी लोगों पर भारी जुर्माना किया जाता है और वह पंच परिषद् के पास जमा किया जाता है। वे लोग इस पैसे का क्या करते हैं, इसकी पड़ताल बाकी है।

जिम्मेदारी सबकी

- बच्चों को शराब की लत की ओर धकेलनेवाली सामाजिक बुराई के खिलाफ सरकार के पास कोई योजना नहीं है।
- बुद्धिहीन, बेपरवाह और अनपढ़ माँ-बाप केवल बच्चे पैदा करते हैं। उनकी जिम्मेदारियों से उनका कोई लेना-देना नहीं होता।
- ऐसे माँ-बाप के उपेक्षित बच्चे समाज पर बोझ बनते हैं।

❑

मजबूरी का दर्द

मैं 16 बरस की हूँ, बिहार की रहनेवाली हूँ और नाम है रुखसाना। पिता का साया काफी बरस पहले सिर से उठ गया। घर-परिवार में सब निरक्षर हैं। माँ एक फैक्टरी में काम करती है, जिससे घर का मुश्किल से गुजर-बसर होता है। करीबन पाँच महीने पहले मेरी शादी कर दी गई। मेरे सास-ससुर दिल्ली के नजदीक एक गाँव में रहते हैं और बड़े किसान हैं। मेरा पति अख्तर उनका इकलौता लड़का है। इतने अमीर परिवार में शादी के बावजूद मुझे पल भर की खुशी या सुकून मयस्सर नहीं हुआ; बल्कि मैं हैरान हूँ कि जो कुछ मेरे साथ हुआ, क्या ऐसे परिवारों में ऐसा ही होता है।

हम पाँच भाई-बहन हैं। भाई सबसे बड़ा है और मैं सबसे छोटी। दो बहनों की शादी हो चुकी है। मुझसे बड़ी बहन के लिए रिश्ता आया तो उसने शादी करने से साफ इनकार कर दिया। तब मेरी माँ ने उसी लड़के से शादी करने के लिए मुझ पर दबाव बनाया। इससे पहले मेरी माँ और कुछ रिश्तेदारों ने मेरी बड़ी बहन को मनाने की खूब कोशिश की, पर वह अपनी जिद पर अड़ी रही। रिश्ता हाथ से निकलते देख मेरी माँ ने मुझे समझाया कि मैं अख्तर से शादी कर लूँ। उसका विचार था कि खाते-पीते घर का इकलौता लड़का हाथ से निकलना नहीं चाहिए। मेरी माँ ने मेरी शादी की बात लड़केवालों से की तो वे राजी हो गए।

दिल्ली में एक स्थानीय काजी ने मेरी इच्छा के विरुद्ध मेरा निकाह करा दिया। मैंने माँ की मरजी के आगे सिर झुका लिया। वह शायद मुझे बोझ समझती थी, इस प्रकार उसका कुछ बोझ मैंने हलका कर दिया। दरहकीकत मेरा भाई भी उस पर बोझ बना हुआ है। वह शादीशुदा है, एक बेटी का बाप भी है। वह ऑटोरिक्शा चलाता है और अपनी सारी कमाई शराब की लत में उड़ा देता है। घर- खर्च के लिए वह कुछ नहीं देता। सारा बोझ माँ पर डाल देता है।

यद्यपि मैं अनपढ़ थी, तो भी माँ का हाथ बँटाने के लिए औनी-पौनी तनख्वाह पर खिलौनों की एक फैक्टरी में काम करती थी। शादी के बाद मैंने सोचा कि अब वैसी मेहनत नहीं करनी पड़ेगी। दुःख के दिन बीत गए। लेकिन हुआ सोच के बिलकुल

उलट। मेरी हालत बद से बदतर हो गई।

मेरे सास-ससुर ने कभी मुझसे अच्छा बरताव नहीं किया। मैं उम्र में अबोध थी, इसलिए उन्होंने शादी से पहले मेरी माँ को वचन दिया था कि वे शादी के छह महीने बाद मुझे ससुराल लेकर जाएँगे, ताकि इस दौरान माँ मुझे घर-गृहस्थी के काम अच्छी तरह सिखा सके। लेकिन उन्होंने अपना वचन तोड़ दिया और शादी के फौरन बाद मुझे ससुराल ले गए। यही नहीं, महीनों तक मुझे मेरी माँ से नहीं मिलने दिया गया। एक दिन जब मेरे जीजाजी मुझसे मिलने आए तो मैंने अपनी पीड़ा उन्हें बताई। उन्होंने मेरे ससुरालवालों से प्रार्थना की कि मुझे मेरी माँ से मिलने दिया जाए। प्रतिक्रिया में मेरे ससुर ने न केवल उनका अपमान किया, बल्कि उन पर थप्पड़ भी बरसा दिए।

मुझे पूरे घर का चूल्हा-चौका और साफ-सफाई करनी पड़ती थी। घर में मेरे सास-ससुर और पति के अलावा पति का ममेरा भाई फहीम और उसकी बहन रजिया भी रहती थी। उनके माता-पिता बिहार में रहते थे। रजिया का तलाक हो चुका था। वह बड़ी जालिम औरत थी और मुझे पीटने के बहाने तलाश करती रहती थी। मेरा पति अख्तर अपने माँ-पिता से बहुत डरता था, इसलिए खामोश रहता था। मुँह खोलने पर मेरे सास-ससुर उसकी धुनाई कर देते थे और बचने के लिए उसे भागकर अपनी चाची के घर पनाह लेनी पड़ती थी। पति की दयनीय हालत को देखकर मैं और डर जाती थी। घर में किसी के आगे जुबान खोलने की मेरी हिम्मत नहीं होती थी—खासकर फहीम और रजिया के सामने। वे दोनों मेरी सास के दुलारे थे। वह अपने बेटे से ज्यादा उन्हें प्यार करती थी। पति की हालत देखकर मुझे बहुत दुःख होता था। मेरा पति अब दोहरा दुखी थी—न तो वह मुझे बचा सकता था, न अपनी हिफाजत कर सकता था।

दिन भर के कामकाज के बाद मैं थककर निढाल हो जाती थी। एक शाम की बात है। मेरा पति अख्तर अपनी चाची के यहाँ गया हुआ था। मैं थकी-हारी चारपाई पर सुस्ता रही थी। रजिया वहीं बैठी थी। थोड़ी देर बाद वह कमरे से चली गई। पासवाले कमरे से खुसफुसाहट की आवाजें आ रही थीं। मैं कान लगाकर सुनने की कोशिश करने लगी। जल्दी ही मुझे पता चल गया। फहीम कमरे में आया और बाहर से मेरी सास और रजिया ने दरवाजा बंद कर दिया। मैंने चिल्लाने की कोशिश की, तभी फहीम ने मुझे शिकारी की तरह दबोच लिया।

वह भूखे गिद्ध की तरह मेरे बदन का मुआयना कर रहा था। मैं ठंडी पड़ गई। उसने मेरा मुँह दबा लिया कि कहीं मैं चिल्ला न पड़ूँ। लेकिन मैं शांत बनी रही। वहाँ मेरी आवाज सुननेवाला वैसे भी कोई नहीं था। मेरी सास ने तेज आवाज में सी.डी. प्लेयर चला दिया।

फहीम ने मेरे साथ मुँह काला किया और मेरी इज्जत को तार-तार कर दिया।

जाते-जाते उसने चेतावनी दी कि मैंने जुबान खोली तो भयंकर परिणाम होंगे। मैंने किसी को भी नहीं बताया, अपने पति को भी नहीं।

अगली शाम भी उसने बलात्कार किया। मैं बहुत खौफजदा थी। दूसरे दिन मैंने हिम्मत करके सारी बात अपने पति को बता दी। मेरा पति गुस्से से फट पड़ा। उसने फहीम को ललकारा तो मेरा ससुर उलटे अपने बेटे को ही बुरा-भला कहने लगा। बात इतनी बिगड़ गई कि मेरे ससुरालवालों ने मेरे पति को रुई की तरह धुनकर रख दिया। यही नहीं, मेरे ससुर ने कुछ खाली कागजों पर उसके अँगूठे के निशान भी ले लिये।

अगले दिन मेरे ससुर ने मेरे पति पर उससे 40 हजार रुपए का कर्ज लेने का आरोप लगाया। ससुर ने कहा कि ये रुपए उसने हमारी शादी पर खर्च किए थे। ये पैसे उसे वापस चाहिए। मेरा पति बेचारा हैरान-परेशान था। माजरा समझ में न आया और पिटाई से बचने के लिए वह अपनी चाची के यहाँ जा छिपा।

मेरी माँ को किसी तरह मामले की भनक लग गई। वह मेरे ससुराल आई। काफी तू-तू, मैं-मैं के बाद वह मुझे ले जाने में सफल रही।

मैं अब माँ के साथ रहती हूँ। मेरा पति भी यहीं रहने आ गया है। हमने नवज्योति के सलाहकारों से मदद माँगी है। वे हमें इनसाफ दिलाने के लिए काम कर रहे हैं।

जिम्मेदारी सबकी

- कई बार औरतें ही औरतों की सबसे बड़ी दुश्मन बन जाती हैं।
- छोटी उम्र में शादी से लड़कियाँ अकसर शोषण की शिकार होती हैं और उन्हें घरेलू गुलामों जैसा जीवन जीना पड़ता है।
- निर्धन, निरक्षर व बुद्धिहीन औरतें खुद पर बोझ होती हैं और इस बोझ को ढोने को विवश होती हैं।

❑

प्यार, शोषण और धोखा

मैं 16 साल की हूँ और मेरा नाम है रानी। मैं दिल्ली की एक बस्ती में रहती हूँ। लंबी बीमारी के बाद पिता नहीं रहे। माँ और बड़ा भाई नौकरी करके किसी तरह परिवार पाल रहे हैं। मेरी दो छोटी बहनें और एक भाई तय नहीं कर पा रहे हैं कि पढ़ाई करें या नहीं। मैं 5वीं से आगे नहीं पढ़ सकी।

पिता की मौत के बाद हमारा परिवार कंगाली के कगार पर आ खड़ा हुआ। माँ ने मुझे भी कोई नौकरी पकड़ने के लिए कहा। मैं पास की ही एक फैक्टरी में ट्रेनिंग करने लगी और वहीं मेरी नौकरी लग गई। फैक्टरी में मेरी जैसी करीबन 200 लड़कियाँ काम करती थीं। फैक्टरी में ही 20 साल की सुनीता नाम की लड़की काम करती थी। वह मेरी पक्की सहेली बन गई। वह मेरे घर के पास ही रहती थी और हम अकसर साथ-साथ घर लौटते थे। एक दिन उसने मुझे अपने भाई प्रकाश से मिलवाया। वह रोजाना अपनी बहन को फैक्टरी तक छोड़ने जाता था और रास्ते में हम हँसी-दिल्लगी कर लेते थे।

एक दिन सुनीता ने मुझसे कहा कि प्रकाश मुझसे दोस्ती बढ़ाना चाहता है, मुझे भी उससे दोस्ती बढ़ानी चाहिए। उस वक्त मैं सुनीता की बात का मतलब नहीं समझी। तो क्या अभी हम दोस्त नहीं थे, मैं सोचने लगी। शायद कुछ लोगों के लिए दोस्ती के मायने कुछ और होते हैं; जैसा मैं सोचती थी, वह तो हरगिज नहीं। मैं भी प्रकाश को ज्यादा जानना चाहती थी। उसकी दोस्ती, जिसे मैं खुशी का जरिया समझ रही थी, दरहकीकत मेरा दर्द बनने वाली थी जिसे मैं उस वक्त नहीं समझ पाई थी।

मैं जल्दी ही प्रकाश और सुनीता के साथ बाहर घूमने लगी। बाद में मैं प्रकाश के साथ अकेली जाने लगी। मैं इस तरह की दोस्ती से अनजान थी और सोचती थी कि हर लड़की की जिंदगी में यह जरूर होता होगा। एक दिन उसने अपना प्यार जताया तो मैं डरकर उससे अलग हो गई। मैं इस तरह की बातों से पूरी तरह बेखबर थी।

बड़ी मुश्किल से मैंने फिर से काम पर जाने की हिम्मत जुटाई। सुनीता ने प्रकाश के प्यार के बारे में मुझे समझाया तो मैं शांत हो गई। मुद्दे को सुलटाने की गरज से सुनीता हमारे घर आने लगी। जल्दी ही प्रकाश भी हमारे घर आने-जाने लगा

और हमारे परिवार के करीब आ गया।

शाम को प्रकाश रोजाना मुझे कुछ पैसे देता और नौकरी के बजाय उसके साथ समय बिताने का आग्रह करता। वह भरोसा देता कि मुझे मेरी तनख्वाह के बराबर पैसे देगा, जिससे मेरी माँ को कोई शक न हो। इस प्रकार मैं आएदिन फैक्टरी न जाकर प्रकाश के साथ वक्त गुजारने लगी। मैं जितने दिन फैक्टरी नहीं जाती, मेरी उतनी तनख्वाह कट जाती और वह भरपाई प्रकाश कर देता। इस प्रकार माँ को पूरी तनख्वाह मिल जाती है। इस प्रकार किसी को भी नुकसान नहीं हो रहा था। मैं रोजाना उससे पैसे ले लेती थी।

बहरहाल, एक दिन अनहोनी हो गई। मेरे चाचा अचानक बीमार पड़ गए। उन्हें अस्पताल में भरती कराना पड़ गया। मेरी माँ उनकी देखभाल के लिए दिन भर अस्पताल में रही। प्रकाश ने रात में उन्हें घर भेज दिया और वह अस्पताल में रुक गया। माँ से आज्ञा लेकर सुनीता मुझे अपने घर सुलाने ले गई। सुनीता ने घर पर खाना बनाया। हम दोनों ने खाया। खाना खाते ही मुझे चक्कर आने लगे। सुनीता ने कहा कि मैं थकी हुई हूँ, मुझे आराम करना चाहिए। मैं कपड़े बदलकर बेहोशी की हालत में सो गई। मुझे ठीक-ठीक याद नहीं कि क्या हुआ था—मैंने कोई सपना देखा था या कोई मुझे बेआबरू कर रहा था।

सुबह मैं जब उठी तो प्रकाश मेरे बगल में सोया हुआ था। मेरा पूरा बदन दर्द कर रहा था। मेरे गुप्तांग से खून रिस रहा था। पूरी रात उसने बलात्कार किया और खाने में इसी के लिए कोई नशा मिला दिया गया था।

मैं तमतमाती हुई सुनीता के पास गई, जो सामान्य ढंग से रसोई में काम कर रही थी। मैंने अपनी पीड़ा उसे बताई तो उसने इसे मेरा भ्रम कहकर टाल दिया और बोली कि प्रकाश तो अभी-अभी लौटा था और कोई जगह न देखकर मेरे बगल में लेट गया था। उसने यह तक कहा कि गुप्तांग से खून अनियमित माहवारी की वजह से निकला होगा। इसी दौरान प्रकाश उठ गया और अपने दफ्तर जाने के लिए तैयार होने लगा। शर्म की वजह से मैंने उससे कुछ नहीं पूछा।

डर के मारे मैं माँ को भी इस बारे में कुछ बताने की हिम्मत नहीं जुटा पाई। हालाँकि मैं समझ रही थी कि मेरे साथ गलत हुआ था। कुछ दिनों बाद मैं नौकरी पर गई तो सुनीता ने पूछा कि मैं कई दिनों से प्रकाश से क्यों नहीं मिली। उसने जताया कि लड़कियों के साथ आजकल ऐसी घटनाएँ तो आम बात है। मैं उसे भूल जाऊँ। अनमने ढंग से मैं फिर प्रकाश से जुड़ गई। परंतु इस बार मैं उससे वचन लेना चाहती थी।

मैंने सोचा कि अगर मैं उसके साथ शादी कर लूँगी तो मेरा दाग धुल जाएगा। वह शादी के लिए राजी हो गया; लेकिन उसने कुछ शर्तें रख दीं। वह बोला कि मुझे मेरी माँ से दूरी बनाकर रहना होगा। वह मुझे मेरी माँ के खिलाफ भड़काता रहा और मैं उसकी हाँ में हाँ मिलाती रही। माँ से दूर रहने के कारण मैं हर चीज के लिए पूरी तरह

प्रकाश पर निर्भर हो गई। मैं उसके साथ ज्यादा वक्त बिताने लगी और वह बराबर मेरे शरीर से खेलता रहा। मैं सोचती कि अगर उसने शादी से इनकार कर दिया तो मेरी तो दुनिया ही खत्म हो जाएगी।

एक दिन उसने कहा कि घर जाने की बजाय मैं अपनी किसी सहेली के यहाँ चली जाऊँ। मैं समझी नहीं कि उसने ऐसा क्यों कहा, लेकिन मैंने कोई सवाल नहीं किया। उस रात मैं घर नहीं पहुँची तो मेरी माँ ने थाने में शिकायत की। उसके आवेदन पर प्रकाश को थाने में बुलाया गया। उसने मेरे बारे में किसी भी जानकारी से मना कर दिया। जबकि उसने वहाँ आकर मुझे लेने का वादा किया था, जहाँ मैं ठहरी हुई थी। अगले दिन मैं जब उससे मिली तो वह मुझे थाने ले गया। उसने मुझे गलत बयान देने के लिए कहा। उसकी सलाह पर मैंने अपनी माँ के विरुद्ध बयान दे दिया कि मैं माँ की डाँट-डपट की वजह से घर से भागी थी। बहरहाल, पड़ोसियों के मान-मनौवल के बाद मैं घर वापस आ गई। इसी बीच किसी ने सुझाव दिया कि मैं नवज्योति के परिवार सलाह केंद्र के सलाहकारों से मिलूँ।

मैंने अब तक अपने मन की बातें किसी से साझा नहीं की थीं, पर सलाहकार के सकारात्मक रवैए से मैंने सबकुछ उनके आगे खोलकर रख दिया। उन्होंने न केवल अपनापन दिखाया, पुलिस जाँच का भी भरोसा दिया। सलाहकार की कोशिशों के बाद मैं प्रकाश की असलियत जान सकी। उसे केंद्र में बुलाया. गया। मेरी मौजूदगी में ही उसने मुझसे किसी भी रिश्ते से इनकार कर दिया। उसने मुझे और मेरी माँ को काफी बुरा-भला कहा। मैं बरदाश्त नहीं कर सकी और उसे तमाचा जड़ दिया। मैं समझ गई कि मीठी-मीठी बातें बनाकर मुझे मूर्ख बनाया गया था।

मैं यह सोचकर दुखी थी कि मेरी जैसी असहाय लड़कियों को समाज में इस तरह शोषित किया जा रहा है।

जिम्मेदारी सबकी

- अशिक्षा के कारण ऐसी बहुत सी लड़कियाँ जोखिमपूर्ण जिंदगी जीने को मजबूर हैं।
- शारीरिक स्थिति से अनजान और भोलेपन के कारण लड़कियाँ दैहिक शोषण का शिकार बनती हैं।
- महिलाओं के अनैतिक सहयोग से पुरुष बुद्धू स्त्रियों का शारीरिक शोषण करते हैं।

❑

अनाथों से नाइनसाफी

नाम अनीता, उम्र 19 वर्ष। एक छोटी बहन कीर्ति, उम्र 14 वर्ष के आसपास। छोटी उम्र में ही सिर से माँ का साया छिन गया। तीन साल पहले दिल का दौरा पड़ने से पिता भी चल बसे। हम इतनी बड़ी बुरी दुनिया में बाबा अब्राहम जैसे लोगों के लिए बच गए। कहने को तो 70 साल का बाबा अब्राहम हमारे जैसे अनाथों का दादा जैसा है, लेकिन हमारा सबसे ज्यादा शोषण भी वही करता है। जो भी उसकी शरण में आ जाता है, उसकी गिद्ध दृष्टि का शिकार हो जाता है। मैं तो किसी तरह वहाँ से जान बचाकर भाग गई, लेकिन मेरी जैसी बहुत सी और लड़कियाँ वहाँ उसके रहमो-करम पर जीवित हैं।

मेरी माँ, बहन कीर्ति और मैं दिल्ली में किराए के एक मकन में रहते थे। पिता खाड़ी देश में काम करते थे। वहीं से हमारे खर्चे के लिए पैसे भेजा करते थे। हम दोनों बहनें रोजाना स्कूल जातीं और मन लगाकर पढ़ाई करतीं। अचानक मेरी माँ गंभीर रूप से बीमार पड़ गई। पिताजी को उसकी देखरेख के लिए दिल्ली आना पड़ा। लेकिन लंबी बीमारी के बाद माँ हमें छोड़कर चली गई। मुझे बखूबी याद है, हमारा कोई रिश्तेदार हमारी खैर-खबर लेने नहीं आया था। कारण तो मुझे पता नहीं, शायद उनसे हमारे रिश्ते अच्छे न रहे हों या शायद वे यह समझ रहे हों कि कहीं हम उन पर बोझ न बन जाएँ। मेरे पिताजी उनसे मिलने गए और हमारी देखरेख करने का आग्रह किया। लेकिन उन्होंने साफ इनकार कर दिया। तब मेरे पिताजी ने फैसला किया कि वे विदेश नहीं जाएँगे और उन्होंने वहीं एक फैक्टरी में नौकरी कर ली। तनख्वाह कोई खास नहीं थी, पर हम जैसे-तैसे गुजारा कर लेते थे और स्कूल भी जाते थे। पिताजी हमारा बहुत खयाल रखते थे। उन्होंने कभी हमें माँ की कमी नहीं खलने दी।

एक दिन काम से मेरे पिता बहुत थके-थके-से लौटे। वे निराश, हताश और परेशान लग रहे थे। तब मेरी उम्र करीबन 16 बरस थी। उन्होंने मेरे किसी सवाल का जवाब नहीं दिया और चुपचाप आकर बिस्तर पर पड़ गए और छत को घूरने लगे। धीरे-धीरे उनकी परेशानी और घबराहट बढ़ गई। मेरी चीख निकल पड़ी। पड़ोसी जानकारी

लेने दौड़े-दौड़े आए। हम उन्हें पास के अस्पताल में लेकर दौड़े। खराब केस कहकर उन्होंने भरती करने से इनकार कर दिया। तब हम उन्हें लेकर सरकारी अस्पताल पहुँचे। उन्हें तीन दिन तक आई.सी.यू. में रखा गया, लेकिन उनकी हालत में कोई सुधार नजर नहीं आया। इसी बीच डॉक्टरों ने मुझे बताया कि उनके बचने की कोई उम्मीद नहीं थी। मेरे सारे सपने बिखर गए। क्या करूँ, कुछ समझ में नहीं आया। हमारा अपना कोई नहीं था, कोई मददगार नहीं था। एक फैक्टरी मालिक ही था, जहाँ मेरे पिताजी काम करते थे। वह बहुत सज्जन व्यक्ति था। उसी ने मेरे पिता के अंतिम संस्कार में मेरी मदद की। उसने हमें अपने घर में रखने की पेशकश की। और कोई ठिकाना नहीं था, इसलिए हम उसके घर में रहने के लिए तैयार हो गईं।

जब हम उसके घर पर पहुँचे तो एक सादे कागज पर उसने यह लिखकर देने को कहा कि हम अपनी मरजी से उसके और उसके परिवार के साथ रह रही हैं। इसके लिए हम पर किसी प्रकार का दबाव नहीं है। उसने वचन दिया कि हमें पढ़ाई जारी रखने दी जाएगी और वक्त पर हमारी शादी कर दी जाएगी। बहरहाल, वह सब नहीं हुआ।

थोड़े दिनों बाद मेरा हितैषी और उसकी पत्नी मुझे लेकर अपने आध्यात्मिक गुरु के पास गए। उनका आश्रम महाराष्ट्र में कहीं था। मुझे वहाँ रहकर उन्होंने अपने समाज के सांस्कृतिक संस्कार, रीति-रिवाज सीखने को कहा। उन्होंने कहा कि मैं बुरे मानसिक दौर से गुजरी हूँ, मेरे लिए वहाँ रहना अच्छा होगा। मैं अनमने ढंग से मान गई। कीर्ति उनके साथ दिल्ली में ही थी। मुझे संतोष था कि कम-से-कम वह तो स्कूल जाती होगी; लेकिन बाद में पता चला कि उसे घर के काम-काज में खपा दिया गया।

मैं आश्रम के माहौल में ज्यादा समय तक नहीं चल पाई। जब मैंने उनके नियमों-अनुशासनों को धता बतानी शुरू कर दी तो उन्होंने मेरे अभिभावकों को बुलवा भेजा कि मुझे वापस ले जाएँ। जब मैं वापस दिल्ली लौटी तो सच्चाई ने मुझे डरा दिया। उन्होंने आश्रम की सारी कवायद मुझे अपने 45 बरस के भतीजे से ब्याहने के लिए की थी। मैंने मुखरता से उनके इस कदम का कड़ा विरोध किया और मौका पाते ही वहाँ से रफू चक्कर हो गई। इसी बीच मुझे पता चला कि जब मैं आश्रम में थी, तभी मेरी मौसी कीर्ति को उनके घर से ले गई। मौसी के एकाएक उमड़े प्यार का कारण तो मुझे पता नहीं चला, पर तब वही मुझे मेरी एकमात्र जीवनदात्री नजर आई। बहरहाल, जब मैं उसके घर पहुँची, उसने उलटे पाँव मुझे वापस लौटा दिया और कीर्ति को भी मेरे साथ कर दिया। कीर्ति के साथ मौसी के घर में जो-जो हुआ, वह सब उसने मुझे बताया। वह सब बहुत शर्मनाक था।

मौसी ने ठिठुराती सर्दी का भी लिहाज नहीं किया और हमें घर से जाने को कह दिया। अब कहाँ जाएँ, असमंजस की स्थिति थी। छोटी मासूम बहन बड़ी कमजोर लग

रही थी। मुझे अपने पिता के एक पुराने दोस्त की याद आई, लेकिन हम उनका घर ठीक-ठीक नहीं जानते थे। फिर भी, बड़ी मुश्किल से हम उन तक पहुँच गए। उन्होंने दया दिखाते हुए रात को हमें अपने यहाँ रुकने दिया। बहरहाल, सुबह जब उनकी पत्नी ने हमारे वहाँ रुकने पर आपत्ति की तो वे हमें बाबा अब्राहम के अनाथालय ले आए।

बाबा अब्राहम के अनाथालय में करीबन 30 लड़कियाँ थीं। मैं उन सबसे बड़ी थी, इसलिए मुझे उन सबकी मुखिया बना दिया गया। मुझे उन पर नजर रखनी थी। उन लड़कियों में सभी अनाथ नहीं थीं। असल में अनाथालय के लिए ज्यादा चंदा हासिल करने के लिए नजदीक की झुग्गी बस्ती से लड़कियाँ मँगाकर वहाँ रखी जाती थीं। वहाँ 18 लड़के भी थे, लेकिन वे सब छोटी उम्र के थे।

कुछ दिनों में ही मुझे अनाथालय में चलनेवाली काली-सफेद गतिविधियों की जानकारी हो गई। बाबा अब्राहम काम वासना का पुजारी था। अपनी अनैतिक तृप्ति के लिए वह 6 बरस या इससे कुछ बड़ी लड़कियों को निशाना बनाता था। मैं कड़वा सच कहनेवाली लड़की थी और अपने सामने लड़कियों का शोषण नहीं देख सकती थी, इसलिए मुझ पर बाबा का जोर नहीं चला। इसे लेकर हमारे बीच तनातनी होने लगी। वह क्रुद्ध होकर मुझे अनाथालय से बाहर करने पर तुल गया। मैंने कहा, वहाँ रहना मेरा अधिकार था। एक साल में हमारे बीच की तकरार चरमोत्कर्ष पर पहुँच गई। इस दौरान जब भी उसे मौका मिला, उसने जमकर लड़कियों का शोषण किया। मैं किससे शिकायत करती, मेरी छत भी तो वही थी और मुझे कीर्ति की देखभाल भी करनी थी। कुछ भी हो, हमें छत, खाना और कपड़े मिल ही रहे थे।

थोड़े दिन पहले अनाथालय में एक दंपती आए। उनकी एक लड़की एक दुर्घटना में चल बसी थी। उसकी उम्र मेरे बराबर ही थी। अपनी धार्मिक मान्यताओं के अनुसार उन्होंने कुछ लड़कियों को भोजन कराया—इस विश्वास से कि इससे मुक्त हुई आत्मा तृप्त होगी। वे अनाथालय के बाहर भी पूजा-पाठ करना चाहते थे। इसके लिए उन्होंने मुझे उनके साथ भेजने की प्रार्थना की। मुझे आज्ञा मिल गई। उन्होंने बाहर कर्मकांड किए। और न जाने क्यों उस प्यारे से दंपती की बाँहों में बड़ी देर तक मेरे अनवरत आँसू बहते रहे। वे बहुत भावनापूर्ण क्षण थे।

लंबे समय के बाद मुझे आशा की एक किरण नजर आई। अब मैं एक ममतामयी माँ समान महिला की छत्रच्छाया में हूँ। उन्होंने मुझे एक अच्छी नौकरी का प्रस्ताव दिया है और अपने साथ मेरे रहने की व्यवस्था भी की है। कीर्ति एक दूसरे परिवार में रह रही है। यद्यपि उसे कानूनन गोद नहीं लिया गया है, लेकिन वह वहाँ पूरी तरह सुरक्षित है।

अभी-अभी मैंने कुछ बुरी खबरें सुनी हैं, मैं जिस परिवार में रहती हूँ वे दंपती देश छोड़कर जा रहे हैं और कीर्ति भी बड़ी घबराई हुई है। वह जिस परिवार के साथ

रहती है, वह अब और उसे अपने साथ नहीं रखना चाहता। हमारी उलटी गिनती शुरू हो गई है। लेकिन इसके बाद क्या होगा?

जिम्मेदारी सबकी

- संस्थाओं को चंदा देते समय दानदाताओं को स्वयं तस्दीक करके देख लेना चाहिए कि वहाँ सबकुछ ठीक है।
- बिना जाँच-पड़ताल के दिए गए चंदे की बरबादी होने की आशंका बढ़ जाती है।
- समाज कल्याण विभाग को ऐसे संगठनों को चिह्नित करना चाहिए और समय-समय पर उनकी जाँच करनी चाहिए। उल्लंघन करनेवालों को दंडित किया जाना चाहिए।

❑

है हिम्मत

मेरा जन्म गोवा के एक छोटे से गाँव में हुआ और पूरी जिंदगी वहीं व्यतीत हुई। नाम है तारा केरकर। हम चार बहनें और तीन भाई थे। बचपन में ही दो भाई और एक बहन की मृत्यु हो गई। मेरे पिता एक सरकारी महकमे में ड्राइवर थे। वे भी बचपन में ही हमें माँ के भरोसे छोड़कर गुजर गए। उनके गुजरने के बाद माँ ने एक अस्पताल में आया की नौकरी कर ली। उसी से वह मुश्किल से हमारे परिवार का गुजारा चलाती रहीं। तमाम ठोकरों के बावजूद माँ ने धीरज नहीं खोया और पूरे परिवार को एकजुट रखा।

मैं सीनियर सेकंडरी तक पढ़ी, लेकिन दुर्भाग्य से परीक्षा के दिनों से बीमार हो गई और अनुत्तीर्ण हो गई। इसके बाद मेरा पढ़ने का मन नहीं हुआ और मैंने पढ़ाई छोड़ दी।

मैं 17 बरस की थी। इसी दौरान एक पारिवारिक समारोह में मेरा सामना अपने भावी पति से हुआ। वह पुलिस विभाग में नौकरी करता था। समारोह में मुझे देखकर वह मुझे पसंद करने लगा। उसने मुझसे विवाह करने की इच्छा जाहिर की। लेकिन मेरे परिवार में किसी को भी उसकी बात नहीं जमी, खासकर इसलिए क्योंकि वह पुलिस में था। हमने पुलिस के कारनामों की कई खौफनाक कहानियाँ सुन रखी थीं, इसलिए हम उनसे नफरत करते थे। खासकर मेरी माँ ने तो उसके प्रस्ताव को सिरे से खारिज कर दिया।

मेरा पूरा परिवार पुलिस से नफरत करता था, बावजूद इसके मैं उसके बारे में सोचने लगी। मेरा दिल उसके लिए गुदगुदाने लगा। यह सब जब मेरे घरवालों को पता चला तो उन्हें बहुत ठेस लगी। माँ ने बुरे नतीजों की धमकी देकर मुझे उससे दूर रखने की कोशिश की; लेकिन उनकी धमकियों का मुझ पर कोई असर नहीं हुआ। दो साल तक परिवार की बेरुखी और मेरी मोहब्बत दोनों चलते रहे। आखिर परिवार की मरजी के खिलाफ हमने एक छोटे से मंदिर में जाकर शादी कर ली। शादी में केवल मेरी एक दोस्त और मेरी छोटी बहन शामिल हुई। मेरी ससुराल से भी कोई नहीं आया, जबकि वहाँ मेरी सास और ननद मौजूद थे। बहरहाल, तब मुझे इन सब बातों की परवाह नहीं

थी। मेरा पति जब तक मेरे साथ था, मुझे किसी बात की फिक्र नहीं थी।

मैं बचपन से ही मुँहफट और आजाद खयालों की लड़की थी। मैं एक पारंपरिक ढर्रे से जीवन गुजारने में यकीन नहीं रखती थी। मैं जानती थी कि शादी के बाद सबकुछ बदल जाने वाला था और मुझे एक नए माहौल में स्वयं को ढालना था।

ससुराल में मेरा पहला ही दिन बड़ा विस्फोटक रहा। मेरी अपनी सास और ननद के साथ तीखी नोक-झोंक हुई जिससे हम पति-पत्नी दोनों बुरी तरह से उखड़ गए। मेरे पति ने बताया कि उसके घरवाले हमारी शादी के लिए राजी नहीं थे, इसलिए हमारे जाने पर वे भड़क गए थे। हम वहाँ से लौट गए और नए सिरे से जिंदगी शुरू करने की जुगत में लग गए।

मेरे मायके के पास ही एक नाइट स्कूल था। मुझे उसमें नौकरी मिल गई। सुविधा के लिहाज से हम पति-पत्नी दोनों माँ के घर में एक अलग कमरे में रहने लगे। हमने अपनी रसोई भी अलग कर ली। मेरा पति कभी-कभी अपनी माँ से मिलने जाता था और लौटने पर बहुत उखड़ा हुआ होता था। हमारे बीच छोटे-मोटे झगड़े होते ही रहते थे और कभी-कभी वह बड़ी गरमा-गरमी में बदल जाते थे।

समय अपनी रफ्तार से चलता रहा। मैं गर्भवती थी। आठवाँ महीना चल रहा था। मैं ठीक से बैठ नहीं पाती थी, इसलिए एक दिन अपने पति के कपड़े नहीं धो सकी। शाम को काम से लौटकर उसने अपने कपड़े तैयार नहीं देखे तो वह गुस्से से फट पड़ा। जब मैंने उसे समझाने की कोशिश की तो उसने मुझे तमाचा जड़ दिया। यह आगे के सभी फसादों की शुरुआत थी।

अब तो वह रोजाना ही बात-बेबात मुझ पर बरसने लगा। कामकाज की उलझनों, बढ़ते खर्च और माँ-बहन की तानाकशी की सारी खीझ वह मुझे पीटकर निकालने लगा। एकाएक मेरी आवाज चली गई। मैं उससे बुरी तरह भयभीत रहने लगी। वह मेरे चाल-चलन पर भी शक करने लगा। उसने मेरा लोगों से बात करना बंद करा दिया। कोई हमारे घर में नहीं आ सकता था और मैं कहीं बाहर नहीं जा सकती थी। मैं अपने ही घर में एक कैदी की तरह रह रही थी।

मुझे एक बेटा हुआ, लेकिन उसका अत्याचार चलता रहा। जिंदगी बद से बदतर हो गई। मन के भीतर कहीं हलचल मची हुई थी, चिनगारी सुलग रही थी; लेकिन कदम उठाने की हिम्मत नहीं जुटा पा रही थी। मैं जानती थी कि मैं स्वयं को उबार सकती थी; लेकिन जैसे ही मैं कोई कदम उठाने की सोचती, उसकी पशुवत् पिटाई मुझे खामोश कर देती। पुलिसवाला होने की वजह से उसे मालूम था कि बिना निशान छोड़े पिटाई कैसे की जाती है। मेरा पूरा बदन दर्द से छटपटाता था, लेकिन एक भी निशान नहीं दिखता था। वह मेरी चोटी खींचकर मुझे दीवार पर दे मारता था। इससे नरक की आग जैसी

पीड़ा होती थी। किसी तरह बरदाश्त करनी पड़ती थी।

मेरी सारी शारीरिक इच्छाएँ अब तक दम तोड़ चुकी थीं। बहरहाल, उसकी जब भी इच्छा होती, अपनी दैहिक प्यास बुझा लेता। जब कभी उसकी मार की पीड़ा की वजह से मेरा शरीर निस्तब्ध पड़ा रहता, उसका सहयोग नहीं करता तो वह बरसने लगता। मुझ पर बदचलनी का इलजाम लगाने लगता। उसकी मार-पीट की वजह से दो बार मेरा गर्भपात हो गया। बराबर उत्पीड़न से मैं टूट-सी गई। एक बार तो मृत भ्रूण लंबे समय तक पेट में रहने के कारण मैं मरते-मरते बची। लेकिन मेरा पति रत्ती भर भी नहीं बदला।

अब मैंने खुद ही कुछ करने का फैसला लिया। मेरी एक बेटी भी हो गई थी। मैंने अपने पति को बताए बगैर वोकेशनल ट्रेनिंग लेनी शुरू कर दी। ट्रेनिंग के बाद मैंने घरेलू जरूरत की छोटी-छोटी चीजें बनानी शुरू कर दीं और उन्हें घर-घर जाकर बेचने लगी। मैंने कपड़े सिलने शुरू कर दिए और मेरे ग्राहक बढ़ने लगे। आमदनी से बच्चों की परवरिश अच्छी तरह होने लगी। मुझे अपनी पहचान मिल गई और मेरी आवाज भी वापस आ गई। मैंने स्थानीय राजनीतिक सभाओं में भाग लेना शुरू कर दिया। राजनीति की ओर मेरा रुझान बढ़ता गया। काम करते-करते मुझे एक बड़े राजनीतिक दल में शामिल होने का मौका मिला। पर मेरे पति का व्यवहार अभी भी नहीं बदला था।

मेरी बेटी नौ साल की हो गई थी। एक दिन मैं काम से घर लौटी तो मेरी बेटी ने बताया कि उसने पापा को पड़ोसवाली औरत के साथ गलत काम करते हुए देखा है। यह सुनकर मेरा खून खौलने लगा। अब मैं साहसी थी और आत्मविश्वास से भरी थी। मैंने पति की खूब खबर ली और उसके खिलाफ विद्रोह कर दिया।

बड़ी मुश्किल भरे दौर से गुजरकर मैंने अपनी जिंदगी का पुनर्निर्माण किया। अपने पति के खिलाफ थाने में शिकायत भी दर्ज कराई, लेकिन उन्होंने उसके खिलाफ अभी तक कोई सख्त काररवाई नहीं की। मैंने उस ओर ध्यान देना छोड़ दिया। अब मेरी जिंदगी के मायने बदल गए हैं—समाज-सेवा और दूसरों के लिए जीना।

आज मैं नगर निगम की पार्षद और महिला सशक्तीकरण के कार्य में लगे एक गैर-सरकारी संगठन की अध्यक्ष हूँ। मुझे लगता है, मुझे अपने पति का उसी समय सामना करना चाहिए था, जब उसने मुझे पहला थप्पड़ मारा था। तब हालात कुछ और होते, इतनी मुसीबतें नहीं उठानी पड़तीं।

जिम्मेदारी सबकी

- अगर कोई आँख मूँदकर और विवेक को गिरवी रखकर शादी करता है तो यह ऐसा जुआ सिद्ध होती है, जिसमें अप्रिय पराजय हाथ लगती है।
- जो महिला घरेलू हिंसा को पहली ही बार में रोकने की हिम्मत नहीं करती, उसे रोजाना इसकी पीड़ा भोगनी पड़ती है।
- अगर पुलिसवालों को लोगों को अच्छी सेवा का दम भरना है तो उन्हें अपने ही लोगों की शिकायतों पर गंभीरतापूर्वक ध्यान देना पड़ेगा।

❑

पीड़ित मसीहा

नाम पीटर कैमस, उम्र 70 साल। जर्मनी का मूल निवासी। अब स्थायी रूप से भारतवासी। पहले, पहल मैं करीब 19 बरस की उम्र में पर्यटक की हैसियत से भारत आया। अपने देश में मेरे जीवन का एक मकसद था और किसी प्रकार की कमी नहीं थी; लेकिन मैंने भारत में ही रुककर जरूरतमंदों और पीड़ितों की सहायता करने का बीड़ा उठाया। मैं समाज-सेवक और एक स्वास्थ्य कार्यकर्ता हूँ, लेकिन जिन पीड़ितों की मैं मदद करता हूँ वे मुझे 'डॉक्टर' कहकर बुलाते हैं। मध्य दिल्ली के एक प्रमुख बाजार में सड़क के किनारे खुले आकाश के नीचे मेरा क्लिनिक है। क्लिनिक में एक कुरसी और दवाओं के दो बैग के अतिरिक्त कुछ नहीं है। मेरे मरीज सड़कों पर रहनेवाले भिखारी, कोढ़ी, नशेड़ी आदि होते हैं, इसलिए इलाज का मैं उनसे कोई पैसा नहीं लेता। बर्लिन से मुझे माहवार जो पेंशन मिलती है, उसी से मेरे क्लिनिक, दवाइयों और अन्य जरूरतों का खर्च निकलता है।

एक बड़े जर्मन राजनेता का बेटा होने के कारण मैंने दु:ख और तकलीफ को देखा तक नहीं था; लेकिन दिल्ली के एक प्रमुख बाजार में लोगों के बीच घिसटते-खुजलाते लोगों को देखकर मेरे रोंगटे खड़े हो गए। मैंने तभी भारत में ही रुककर ऐसे लोगों की मदद करने का फैसला कर लिया, जिनकी फिक्र किसी को नहीं थी। मेरे इस कार्य में मेरी पत्नी भी शरीक हो गई।

हमने होशियार बच्चों की मदद करने का फैसला किया। इस क्रम में मैं और मेरी पत्नी यहाँ एक लड़का और एक लड़की को गोद लेकर उनकी पढ़ाई का खर्च उठाने लगे। बाद में उन्हें उच्च शिक्षा के लिए जर्मनी भेजा। इसके बाद हमने रमेश और सुरेश नामक दो भाइयों की पहचान की। दोनों पढ़ने में बहुत तेज थे और आगे पढ़ना चाहते थे। उनकी माँ गुजर गई थी और पिता बीमार रहते थे। दरहकीकत हमने उस पूरे परिवार को गोद ले लिया और उनकी पढ़ाई व अन्य खर्चे उठाने लगे। थोड़े दिनों बाद सुरेश जर्मनी चला गया। रमेश और उसके पिता दिल्ली में एक मकान में रहने लगे, जो मैंने उनके लिए खरीद दिया था।

दिल्ली में मुझे दुःख-दर्द और पीड़ा का सैलाब देखने को मिला। मैंने रमेश के साथ रहने का फैसला किया। वहाँ रहकर मैं समाज-सेवा का कार्य करने लगा। इसी के साथ मेरे बुरे दिन शुरू हो गए। मैंने उसे एक अच्छा लड़का समझा था, लेकिन वह वैसा नहीं निकला। उसे अपना अच्छा दत्तक पुत्र समझकर मैं उसके व अपने खर्चे के लिए जर्मनी से जितना भी पैसा लेकर आया था, सब उसने हड़प लिया। मेरी जिंदगी भी खतरे में थी। मुझे उस घर से निकलना पड़ गया। मैं किसे दोष देता, उसे अपनी किस्मत समझकर चुप रहा। स्थानीय भाषा, कानून, रीति-रिवाज आदि से अनजान होने की वजह से किसी से शिकायत भी नहीं कर सका। मैं यह सब वैसे करना भी नहीं चाहता था।

मैंने काम जारी रखने का फैसला लिया और निराश्रितों व अनाथों की मदद करने लगा। धीरे-धीरे सड़क के बाशिंदे मुझ पर यकीन करने लगे और अपनी जरूरतों के लिए उम्मीद से मुझे घेरने लगे। शुरू-शुरू में बातचीत करने में बहुत मुश्किल आई, क्योंकि मुझे अंग्रेजी भी ठीक से नहीं आती थी; लेकिन इसके बावजूद हमारे बीच संवाद कायम हो गया।

बाद में मैं दिल्ली के एक बाहरी इलाके में रहकर काम करने लगा। मैंने जर्मनी में अपने परिवार से और पैसे भेजने की गुजारिश की। अब तक कुछ बच्चे मेरे साथ रहने लगे थे। उनमें से कृष्ण नाम का 14 साल का एक बच्चा बड़ा प्यारा था। वह मुझसे बहुत हिल-मिल गया। वहीं सुंदर नाम का एक लड़का भी था, जिसे चोरी की बुरी आदत थी। वह घर में ताक-झाँक करता रहता था और पैसे, शराब आदि चुरा लेता था। मैं उसे सुधारने की कोशिश में लगा था। कृष्ण को वह फूटी आँख नहीं सुहाता था। लेकिन मेरे समझाने पर वह चुप हो जाता था।

मैंने गरीबों और निराश्रितों के इलाज के लिए क्लिनिक खोल लिया। इलाज बड़ा साधारण था। इसमें प्रेम और भाईचारे का मिश्रण होने के कारण इलाज बड़ा कारगर रहता था। लेकिन कई बार मरीजों की लापरवाही के कारण स्थिति जटिल हो जाती थी। जैसा कि मैंने पहले ही बताया, मेरे अधिकतर मरीज नशेड़ी, नशीले पदार्थ बेचनेवाले, छुटपुट अपराधी आदि होते थे; पुलिस भी उनके पीछे लगी होती। लेकिन मेरा काम उनका इलाज करना और उन्हें गलत आदतों के प्रति सावधान करना था। कुछ लोग मेरी बात सुनते थे और कुछ एक कान से सुनकर दूसरे से निकाल देते थे।

एक शाम मैं क्लिनिक से घर लौटा तो कृष्ण की हालत देखकर सन्न रह गया। वह खून में डूबा मृत पड़ा था। मैं समझ गया, यह सब किसका किया-धरा था। मैंने पुलिस को खबर की। उन्हें सुंदर के बारे में सब बताया, उसका पता भी दिया। लेकिन पुलिस ने सुंदर के विरुद्ध कोई कारवाई नहीं की। पुलिस ने मुझे और बच्चों को ही धमकाना शुरू कर दिया। घर से कई कीमती चीजें पुलिसवाले ले गए और घर का बाकी सामान

सड़क पर फेंक दिया। मेरे एक डॉक्टर मित्र को यह सब पता चला तो उसने भी मेरे मकान मालिक पर दबाव बनाया कि मुझे अपने घर से निकाल दे। उस डॉक्टर मित्र के कई अस्पताल चलते हैं। उसने मुझसे पैसा उधार ले रखा है और इसी वजह से उसने और उसके बेटे ने कई बार चोट पहुँचाने की कोशिश की है।

आखिरकार हम मध्य दिल्ली के एक इलाके में ग्रुप हाउसिंग सोसाइटी का एक फ्लैट लेकर रहने लगे। गरीब बच्चों के प्रति मेरी हमदर्दी पड़ोसियों को रास नहीं आई। वे हमें शक की नजरों से देखने लगे। गुस्से में भरकर उन्होंने हमारे खिलाफ थाने में शिकायत कर दी। मुझे कई बार थाने बुलाया गया। छह बार मेरी पिटाई की गई और एक बार तो पूरे कपड़े उतरवा दिए गए। पुलिस ने जासूस, बच्चा चोर और न जाने क्या-क्या कहकर मुझ पर आरोप लगाए। मेरे बिजली-पानी काट दिए गए, घरेलू मदद बंद कर दी गई, सफाईवाली को घर में आने से रोक दिया गया। जब मैं दिन भर कई इलाकों में लोगों को दवाइयाँ बाँटकर शाम को घर लौटता तो मेरा दरवाजा टूटा और खुला मिलता। मेरे अच्छी नस्ल के 14 कुत्ते किसी ने चुरा लिये। उन्हें पालने-पोसने पर मैंने बड़ी रकम खर्च की थी। निश्चित ही चोर की अच्छी कमाई हुई होगी।

इन सब विसंगतियों के बावजूद मेरे इरादे मजबूत थे। मेरा मैदान में डटे रहने का मजबूत इरादा था। स्थानीय पुलिस के सौजन्य से मैं जिंदगी के कठिन दौर से गुजर रहा था और आखिर मुझे उस सोसाइटी को भी अलविदा कहना पड़ा और मैंने जाकर एक छोटे होटल में शरण ली।

मैंने सरकार के मुखिया, देश के प्रधानमंत्री से मिलने का फैसला किया। लेकिन प्रधानमंत्री कार्यालय के कर्मचारियों ने मुझे उनसे नहीं मिलने दिया। मेरे जोर देने पर एक अधिकारी ने कहा कि प्रधानमंत्री मुझसे कल मिलेंगे। बहरहाल, उसी शाम पुलिस ने मुझे होटल से उठा लिया और थाने ले गई। मुझे 7 दिन थाने में रोके रखा। देश की सभी जाँच एजेंसियों ने मुझ पर सवालों की झड़ी लगा दी। पूछताछ के दौरान सबका व्यवहार सामान्य रहा। हाँ, एक अधिकारी ने मुझसे मार-पीट की। लेकिन अब तक मैं ऐसे व्यवहार का आदी हो गया था, अतः मुझे बुरा नहीं लगा।

थाने से छूटकर मैं होटल पहुँचा तो पता चला कि मेरे सारे पैसे और कीमती सामान चोरी हो गए थे। होटल स्टाफ ने मेरी एक नहीं सुनी। वह मार-पीट की धमकी देने लगे। मैंने पुलिस में जाने की बात की तो उन्होंने मेरी मार-पिटाई शुरू कर दी। मैं ऐसे ही व्यवहार से बचने के लिए यहाँ आया था और यहाँ भी मेरे साथ वही सब हुआ।

इस घटना के बाद मैं कनॉट प्लेस के हनुमान मंदिर के बाहर फुटपाथ पर रहने लगा। मेरे गोद लिये बच्चे और मरीज भी वहीं आ गए। मैं वहाँ 7-8 महीने रहा। अनेक दिक्कतों के बावजूद मेरा क्लिनिक चलता रहा।

पुलिस ने मेरे एक मरीज को स्मैक बेचने के आरोप में पकड़ लिया था। एक दिन मैं उसके बारे में जानने के लिए थाने गया। जब मैंने पुलिस से कहा कि वह निर्दोष है तो उन्होंने मुझे वापस मेरे देश भेज देने की धमकी दी।

उसी रात कुछ पुलिसवाले फुटपाथ पर मेरे ठिकाने पर आए। एक सिपाही को मैं अच्छी तरह जानता हूँ। उसने एक बाँस मेरे मुँह में और एक मेरे गुदा द्वार में घुसेड़ दिया। लाठी से उसने मेरा घुटना भी तोड़ दिया। मेरी हालत का अंदाजा लगाया जा सकता है। जब जर्मनी से मेरे घरवालों ने फोन किया तो मैं बड़ी मुश्किल से बोल पाया। उन्होंने सोचा, मैंने पी रखी थी।

थोड़े दिनों बाद इलाके का थानेदार मुझसे आकर मिला। उसने मुझसे मीठी-मीठी बातें कीं और मुझे आश्वासन दिया कि वह मेरे क्लिनिक के लिए सरकार से 10,000 रुपए मासिक की मदद दिला देगा। इस प्रकार उसने कुछ कागजों पर दस्तखत कराए। लेकिन इसके फौरन बाद मुझे फँसाकर तिहाड़ जेल भेज दिया गया। मैं तीन महीने जेल में रहा। कोई सुबूत न होने की वजह से अदालत ने मुझे रिहा कर दिया। जेल में भी मुझे यंत्रणा मिली। मेरा वजन काफी घट गया। जर्मनी के कुछ पर्यटकों ने मेरी हालत के बारे में मेरे घरवालों को बताया कि मुझे वापस ले आएँ, वरना वहाँ मैं मर जाऊँगा। लेकिन मैं जमा रहना चाहता था।

मैंने फिर से अपनी वही दैनिक चर्या आरंभ कर दी। लेकिन खाकी और पुलिस सायरन की आवाज सुनकर मैं काँप उठता था। मेरे परिवारवालों ने घर लौट आने के लिए टिकट भेजी, लेकिन लड़कों की आँखों में सूनापन देखकर मैंने लौटने का इरादा स्थगित कर दिया।

एक ठग ने मुझसे 5,000 रुपए ठग लिये। मैंने पुलिस के पास जाने की हिम्मत नहीं की। इसके बजाय मैंने केंद्रीय गृह मंत्री के आवास पर फोन मिलाया। मेरी किस्मत ने साथ दिया। स्वयं मंत्री ने फोन उठाया। उन्होंने मेरी बात बड़े धैर्य से सुनी और मुझे एक घंटे के भीतर सहायता देने का आश्वासन दिया। पुलिस 14 मिनट के भीतर मेरे पैसे वापस कर गई।

मुझे पैसों की जरूरत थी। मैंने अपने डॉक्टर मित्र से तकाजा करने का इरादा किया। मैं अपने दत्तक पुत्र सुनील के साथ डॉक्टर से मिलने पहुँचा। वहाँ डॉक्टर और उसके बेटे ने मेरी बुरी तरह पिटाई कर दी। सुनील ने बीच-बचाव किया तो उन्होंने उसे भी नहीं बख्शा। हम किसी तरह उनके चंगुल से बचकर भाग खड़े हुए। सुनील बहुत संवेदनशील लड़का था। इस घटना से वह बुरी तरह टूट गया। दो दिन बाद रेल की पटरियों पर उसकी लाश मिली। यह खुदकुशी थी या हत्या, आज तक अज्ञात है।

मेरी मुसीबतों की कहानी बहुत लंबी है। पुलिस के साथ मेरे अनुभव बहुत

यंत्रणापूर्ण और उत्पीड़क रहे हैं—यह तो उनकी बानगी भर है। शहर के कई थाने से मेरा करीब का साबका पड़ा है। बहुत से पुलिसवालों को मैंने नशे में चूर, गैर-जिम्मेदार, असंवेदनशील, भ्रष्ट और अनैतिक कामों में लिप्त देखा है।

मेरे साथ बहुत बुरी बीती है, लेकिन मैंने डटे रहने का फैसला किया। मैं भारत को छोड़कर नहीं जा सकता। इस देश से मुझे बहुत प्रेम है। लेकिन यह देखकर मुझे धक्का लगता है कि कानून लागू करनेवाली पुलिस ही दोषियों को सजा दिलवाने की बजाय पीड़ितों को धमकाती है। जनता भी पुलिसवालों का सामना नहीं कर सकती। उससे सब डरते हैं।

जिम्मेदारी सबकी

- स्थानीय कानून और रीति-रिवाजों को जाने बिना किसी अनजान पर भरोसा करना खतरनाक हो सकता है।
- पुलिस बल के दबंग बरताव के आगे जनता की आवाज भी बौनी पड़ जाती है।
- नौकरशाह शिकायतों के प्रति अकसर असंवेदनशील होते हैं और मदद के बजाय शिकायतकर्ता से ही सवाल करने लगते हैं।
- अगर पुलिस अपना काम जिम्मेदारी और पेशेवराना ढंग से करे तो लोगों की बहुत सी समस्याएँ खत्म हो जाएँ।

❑

लौटी जिंदगी

मेरे पिता अमीर प्रवासी भारतीय हैं और यूरोप में रहते हैं। मैं एक शादी-शुदा पुरुष हूँ और 6 बरस की एक लड़की का पिता। बुरी तरह नशे का आदी होने के बावजूद मेरी पत्नी ने मेरा साथ नहीं छोड़ा और अच्छी तरह मेरी देखभाल की। उसने बताया कि जब मैं नशा-मुक्ति केंद्र में था तो मेरी बेटी बराबर मेरे बारे में पूछती रही। दिल्ली पुलिस फाउंडेशन के नवज्योति नशा-मुक्ति केंद्र में आने से पहले तक मेरी हालत बहुत खराब थी। अपने इलाज पर विदेशों में मैंने करीब 3,50,000 लाख रुपए खर्च किए, लेकिन कोई फायदा नहीं हुआ, क्योंकि उनका इलाज औपचारिक था और टेलीफोन पर बताया जाता था। जब मैं नवज्योति में आया तो विदेशी इलाज मुझे बीमारी लगने लगा। मेरे घरवालों को भी भरोसा हुआ। मुझे भी मेरी गलती का अहसास हुआ। यहाँ का इलाज मुझ पर कारगर रहा। अब मुझे पीछे मुड़कर नहीं देखना है।

मेरी कहानी बड़ी दुःखद और वेदनापूर्ण है। मुझे उम्मीद है कि युवक और युवतियाँ मेरे अनुभव से कुछ सीखेंगे।

मेरा कौतूहल ही मुझे नशीले पदार्थों (ड्रग्स) की ओर घसीट ले गया। मेरे दोस्त सिगरेट, चरस, स्मैक आदि पीते थे। अनुभव करने के लिए मैंने भी उनका साथ देना आरंभ कर दिया। मैं भी उनमें शामिल होकर मौज-मस्ती करना चाहता था। धीरे-धीरे यही आदत लत में बदल गई। बराबर नींद की गोलियाँ लेने से मुझे उनकी भी लत लग गई। गुजरते वक्त के साथ नशे की मेरी आदत प्रचंड होती चली गई। मैंने इंजेक्शन से ड्रग लेनी शुरू कर दी। यह नशे की पराकाष्ठा की स्थिति थी। मैं पैसों के लिए मोहताज रहने लगा। मैंने लूट और डकैती शुरू कर दी। अंडरवर्ल्ड के माल पर भी मैं हाथ साफ करने लगा। उन्हें मेरे परिवार की हैसियत का पता था, इसलिए वे मेरा कुछ नहीं बिगाड़ पाए। मैं दलालों और नशे के व्यापारियों के साथ उठने-बैठने लगा। मेरी जिंदगी तेजी से गर्त में समा रही थी।

नशे की लत की वजह से मैंने अपने माता, पिता और पत्नी को बहुत चोट पहुँचाई। मैं अपनी बेटी पर भी पूरा ध्यान नहीं दे सका। परिवार को अँधेरे में रखकर मैं

झूठ-पर-झूठ बोलता रहा। मेरे माता-पिता को मेरी सारी कारगुजारियों के बारे में पता था, लेकिन वे असहाय थे। मेरी गलत सोहबत की वजह से उन्होंने बहुत कष्ट झेले। मेरी माँ हमेशा रोती रहती थीं और सोने के लिए उन्हें भी नींद की गोलियाँ लेनी पड़ती थीं। करोड़ों की दौलत भी मेरे पिता के लिए बेकार थी। वे अपने बेटे को तिल-तिल मौत की ओर बढ़ते देख रहे थे। ऐसे में दौलत का वे क्या करते?

पत्नी से भी मानसिक और शारीरिक तौर पर मेरे रिश्ते खराब हो गए थे। मेरी मदहोशी धीरे-धीरे उसे भी क्षीण कर रही थी। लेकिन हमारी चाहत इतनी गहरी थी कि वह मुझे छोड़ने के बारे में तो सोच भी नहीं सकती थी। मेरी हालत ऐसी थी कि मुझे नशे के सिवा कुछ सूझता ही नहीं था। ऐसी स्थिति में महीनों मैं अपनी पत्नी से बात करने की स्थिति में भी नहीं होता था।

अब मैं बुरी आदतों से पूरी तरह मुक्त हो गया हूँ और अपने दोस्तों को भी इसके लिए निश्चित ही प्रेरित करूँगा। मैंने अपने निकट संबंधियों को भी बहुत दुःख दिए हैं। मुझे उनसे फिर से जुड़ना है—नवज्योति ने मुझे इसका मौका दिया है और मुझे उम्मीद है कि मैं अपने इरादे में जरूर कामयाब होऊँगा।

मेरी भावी योजना बिलकुल स्पष्ट है। परिवार के साथ सीधा और सरल जीवनयापन बेटी के लिए सुबह का नाश्ता बनाना, उसके स्कूल का लंच पैक करना, बेटी और अपने डॉगी को अपनी पत्नी सहित पार्क में घुमाने ले जाना—जिन्हें मैंने लंबे समय से अनदेखा किया है। संगीत मेरा जुनून है। मैं वापस उस पर ध्यान दूँगा। मेरे घर में छोटा रिकॉर्डिंग स्टूडियो है, उसका पूरा इस्तेमाल करूँगा। शारीरिक रूप से मैं बहुत कमजोर हो गया हूँ। व्यायाम से सुधार की ओर ध्यान दूँगा। बहुत पहले मैं राष्ट्रीय स्तर पर क्रिकेट और रग्बी खेला करता था। अब मैं उस मुकाम को तो नहीं छू सकता, लेकिन इन खेलों का गंभीरतापूर्वक अभ्यास आरंभ करूँगा।

जहाँ तक काम की बात है, मैं जल्दी ही पिताजी की फैक्टरी में काम आरंभ करूँगा। मैं स्वयं को व्यस्त रखने की ओर ध्यान दे रहा हूँ, ताकि नशे के बारे में सोचने का मुझे मौका न मिले।

जिम्मेदारी सबकी

- जवानी और पैसे की मस्ती में बड़ी गलतियाँ भी तब तक नजर नहीं आतीं, जब तक कि सबकुछ तबाह नहीं हो जाता।
- नशे की लत जवानी के साथ-साथ इससे जुड़ी सब चीजों को तबाह कर देती है।

- नशे की लत के सबसे पहले शिकार माता-पिता, पत्नी, बच्चे और काम-धंधा बनते हैं।
- केवल पैसा ही सही उपचार को सुनिश्चित नहीं कर देता है। इसके लिए कुछ और बातों पर भी ध्यान देना पड़ता है।

❑

सपनों की हकीकत

नाम है पंकज कुमार तिवारी, उम्र 13 बरस। मैं बिहार के बक्सर जिले का बाशिंदा हूँ। मेरे तीन छोटे भाई और एक बहन है। पिता एक सरकारी महकमे में चतुर्थ श्रेणी कर्मचारी हैं। माँ गृहिणी हैं। हमारा अपना मकान है और सब आराम से रहते हैं। मैं अपने माता-पिता का कहना नहीं मानता था और भाई-बहनों से भी झगड़ता रहता था। झगड़ा करके मैं घर से भी भाग जाता था। मुझे सुधारने की गरज से मेरी माँ ने मुझे पास ही के एक आवासीय स्कूल में दाखिल करवा दिया। स्कूल से अब मैं माँ-पिताजी के बुलाने या स्कूल अधिकारियों की अनुमति से ही अपने घर आ सकता था।

मेरी जरा सी गलती पर मेरी माँ मुझे बुरी तरह पीटती थी। 12 साल की उम्र में मेरी माँ ने एक दिन मुझे बुरी तरह पीटा तो मैं घर से भाग गया। मैं जब दर्द से रोता तो पीटने के बाद मेरी माँ भी रोने लगती। वह चाहती थी कि मैं खूब पढ़ूँ और कक्षा में हमेशा प्रथम आऊँ। वह मुझे दूसरे बच्चों की तरह खेलने भी नहीं देती थी। अगर मैं उसका कहना नहीं मानता तो वह मुझे धुनकर रख देती। बहरहाल, मेरे पिताजी मुझे बहुत प्रेम करते थे। माँ की पिटाई पर वे अकसर टोका-टाकी करते रहते, लेकिन माँ उनकी कभी नहीं सुनती थी। घर में उसी की चलती थी, पिताजी चुप रह जाते थे। इतना सब होने के बावजूद मैंने छठी कक्षा के बाद पढ़ाई छोड़ दी।

मैंने अपने यार-दोस्तों से दिल्ली की बहुत तारीफ सुनी थी। सुना था कि वहाँ खूबसूरत इमारतें हैं। वहाँ रहने में बहुत आनंद आता है। मैं दिल्ली में कमाने के सपने देखा करता था और उसे कमाई के लिए अपने घर के मुकाबले बेहतर स्थान समझता था। एक दिन माँ ने पिटाई की तो मैं घर से भाग गया। मैं गुस्से में था और माँ को सबक सिखाना चाहता था, इसलिए झट से दिल्ली जानेवाली ट्रेन में सवार हो गया, जहाँ जाने का सपना मैं अकसर देखा करता था।

बिना टिकट और भूख से बेहाल। मैंने पास बैठे लोगों से माँगकर पेट भरा। दिल्ली पहुँचकर मैं चकरा गया। कोई ठौर-ठिकाना नहीं था, भूख-प्यास से उलटे बुरा हाल था। रेलवे स्टेशन से बाहर आकर मैं रोने लगा। एक लड़के ने पास आकर रोने की

वजह पूछी। मैंने उसे अपनी आपबीती सुनाई। उसने मुझे खिलाया-पिलाया और अपना नाम मनीष बताया। वह मुझे यमुना पुश्ते की अपनी झुग्गी में ले गया। वह वहीं रहता था। उसकी उम्र 16 साल थी और वह जेब काटता था। इसके अलावा स्मैक और शराब उसके शौक थे। मैंने भी शराब और भाँग का स्वाद एक साल की उम्र में ही चख लिया था। घर में त्योहारों के मौके पर बच्चों को प्रसाद के तौर पर शराब दी जाती है। घर के बाकी लोग भी भाँग और शराब साथ बैठकर पीते हैं। मैं भी उनके स्वाद और तासीर से अच्छी तरह वाकिफ था। स्कूल में मैं दोस्तों के साथ बीड़ी भी पीता था।

मैं मनीष के साथ ही रहने लगा। एक दिन उसने मुझे एक अजीब सी सिगरेट पीने को दी। उसे पीकर मैं नींद में झूमने लगा और फिर मुझे होश नहीं रहा। अगले दिन भी यही सब हुआ। यह सिलसिला चलता रहा और धीरे-धीरे मैं बिना सिगरेट के ही स्मैक पीने लगा। करीब एक महीने बाद की बात है। सुबह मैं सोकर उठा तो देखा कि मनीष दर्द से छटपटा रहा था। एक दिन वैसा ही दर्द और छटपटाहट मुझे भी हुई। मेरी समझ में इसकी वजह नहीं आई। मैंने मनीष से पूछा। उसने बताया कि हम स्मैक के आदी हैं। नियमित खुराक न मलने पर अकसर ऐसा दर्द उठता है। कुछ दिनों से मनीष कोई जेब नहीं काट पाया था, इसलिए स्मैक के लिए उसके पास पैसे कहाँ से आते। उस दिन मुझे पता चला कि नशे के दलदल में मैं कितना गहरा धँस गया था।

एक दिन की बात है, मनीष नींद में झूमता हुआ झुग्गी में लौटा और आते ही सो गया। उसकी जेबें पैसों से भरी थीं। हमारी झुग्गी में दरवाजा नहीं था। सुबह जब वह सोकर उठा तो उसकी जेबें खाली थीं। उसने मुझ पर चोरी का इलजाम लगाते हुए मुझे झुग्गी से चले जाने के लिए कहा। उसने मेरी एक नहीं सुनी। मजबूरन मुझे जाना पड़ा। वह रात मैंने पास की एक पटरी पर बिताई। वहाँ मेरी मुलाकात वीरू नाम के एक लड़के से हुई। उसकी उम्र 20 बरस के करीब थी। वह मुझे देखते ही पहचान गया कि मैं स्मैकिया था। वह बोला कि हम दोनों तो भाई निकले। वह भी स्मैक का आदी था और सड़कों से पन्नी आदि बीनता था। मैंने भी प्लास्टिक अखबार आदि बीनने शुरू कर दिए। मैं फैक्टरियों से गत्ते के डिब्बे भी चुराने लगा। मैं करीब 80 रुपए रोजाना कमाने लगा, जिससे आधा ग्राम स्मैक आ जाती थी। भूख मिटाने के लिए मैं पास के मंदिर में चला जाता था।

रोजाना की तरह एक दिन मैं यमुना पुश्ते पर बैठा स्मैक पी रहा था, तभी एकाएक एक कार वहाँ आकर रुकी। एक भला सा दिखनेवाला आदमी बाहर निकला और मुझसे बात करने लगा। वह मुझे नशे की बुराइयाँ बताने लगा कि मुझ जैसे छोटे बच्चे के लिए वह कितना नुकसानदेह था। उसने मुझे भरोसा दिलाया कि मैं नशा छोड़कर आम लोगों की तरह सामान्य जिंदगी बिता सकता था। उसने मुझे वापस अपने माँ-पिता के पास

भेजने में मदद का भी वादा किया। मैं भी नशा छोड़ना चाहता था, लेकिन छटपटाहट मुझसे बरदाश्त नहीं होती थी। उसने अपना कार्ड दिया और अगले दिन मिलने के लिए कहा।

बहरहाल, जब मैंने अपने दोस्त वीरू को सारी बात बताई तो उसने फौरन मेरा मनोबल तोड़ते हुए कहा कि मुझे उस आदमी की किसी सहायता की जरूरत नहीं थी। उसकी बात मानकर मैं फिर स्मैक में डूब गया। अगले दिन मैं उसी जगह बैठकर स्मैक पी रहा था कि तभी हैरानी से भर उठा—वही आदमी फिर वहाँ मुझसे मिलने आ गया। उसने मदद और इलाज की बात की। मैंने मना कर दिया। मेरे विरोध के बावजूद उसने अपने एक सहयोगी की मदद से मुझे अपनी कार में बिठा लिया और नवज्योति के नशा-मुक्ति केंद्र पर ले गया। वे भले आदमी केंद्र प्रभारी डॉ. भारत भूषण थे। केंद्र में स्नान के बाद मुझे नए कपड़े और खाना दिया गया। मेरा इलाज शुरू हो गया और धीरे-धीरे मैं ठीक होने लगा। मैं वैसा ही हो गया जैसा मैं नशा शुरू करने से पहले था। मेरी पढ़ाई-लिखाई की ओर भी ध्यान दिया जाने लगा। अब मैं घर जाने के लिए तैयार हूँ और बड़ा होकर पुलिस अधिकारी बनना चाहता हूँ। नवज्योति ने मेरे बारे में घरवालों को भी लिख दिया है। मैं वापस बक्सर जाऊँगा और माँ की पिटाई के बावजूद घर छोड़कर नहीं भागूँगा। अब मुझे अपनी माँ की पिटाई की कीमत समझ में आई। वह मुझे बड़ा और भला आदमी बनाने के लिए वह सब करती थीं।

जिम्मेदारी सबकी

- पिटाई करने से बच्चे नहीं सुधरते। इससे गहरे जख्म बन जाते हैं, जो कभी नहीं भरते।
- नशा और अपराध एक ही सिक्के के दो पहलू हैं। अतएव नशाखोरी के मुद्दे को ध्यान में रखकर अपराध की रोकथाम की योजना बनानी चाहिए।

❑

आ, अब लौट चलें

मेरी उम्र 21 बरस है और मैं एक किसान परिवार से आता हूँ। हमारा घर बाहरी दिल्ली के एक गाँव में है। मैं बुरी तरह नशे की गिरफ्त में था। अब धीरे-धीरे मेरी हालत में सुधार हो रहा है। मैं जब 7 बरस का था, तभी मेरे पिताजी बीमार पड़ गए और मेरी तरफ से उनका ध्यान हट गया। इस दौरान मैंने बीड़ी-सिगरेट पीना शुरू कर दिया। स्कूल से गोत लगाकर मैं यार-दोस्तों के साथ धुआँ उड़ाने में मशगूल हो जाता। एक दिन मैं पकड़ा गया और मेरी जबरदस्त पिटाई हुई। मैं बेहोश हो गया।

मेरा भाई और माँ मुझे गाँव के हकीम के पास ले गए। मुझे साँस लेने में दिक्कत हो रही थी। हकीम ने मुझे बीड़ी के सुट्टे लेने की सलाह दी। यह तरकीब कामयाब रही। अब मैं अकसर साँस लेने में दिक्कत की शिकायत करने लगा और मेरा भाई या चाचा मुझे अपनी बीड़ी से सुट्टे दे देते। धीरे-धीरे मुझे बीड़ी पीने की लत लग गई और मेरे कई दोस्त बन गए। मेरे चाचा के एक दोस्त ने मुझे एक दिन अफीम खाने को दी और जल्दी ही मैं उसका भी आदी हो गया। मेरे एक पड़ोसी ने मुझे अफीम खाते देख लिया। उसने मेरे घरवालों को बता दिया। मेरी खूब पिटाई हुई और कमरे में बंद कर दिया गया। उसके बाद मेरे अकेले रहने पर पाबंदी लग गई। घर का कोई-न-कोई सदस्य हमेशा मेरे साथ रहता। इस तरह मेरी अफीम की आदत एक महीने के भीतर छूट गई। लेकिन बीड़ी चलती रही और मौका मिलता तो मैं चरस के सुट्टे भी लगा लेता। एक साल तक यह सिलसिला चलता रहा। इसके बाद मुझे घर से अकेले बाहर जाने की इजाजत मिल गई। मेरा मन फिर मचलने लगा। मैं मंदिर के एक बाबा के संपर्क में आया। स्कूल के बाद मैं उसके साथ हशीश के कश लगाने लगा। जल्दी ही मैं हशीश का आदी बन गया।

धीरे-धीरे मैं स्कूल से नागा करने लगा। जब मेरे घरवालों को मेरी हरकत के बारे में पता चला तो डरकर मैं घर से भाग गया। मैं आजाद जीवन बिताने और बाबा बनने की सोचने लगा। उसी बाबा के साथ मैं घर से 100 किलोमीटर दूर जाकर रहने लगा। भूख मिटाने के लिए मैंने घर-घर भीख माँगनी शुरू कर दी। मुझे जो भी मिलता,

मैं सब बाबा को सौंप देता और बदले में मुझे हशीश के सुट्टे मिलते। यह सिलसिला लगभग 7 महीने चला। इसके बाद मेरे घरवाले मुझे ढूँढ़ते हुए वहाँ पहुँच गए और मुझे वहाँ से ले गए।

गाँव पहुँचकर मैं अपने पुराने दोस्तों से मिला, जो अब पक्के स्मैकिए बन गए थे। खर्चा चलाने के लिए वे हर तरह के अपराध करने लगे थे। स्मैक पीने में मुझे बहुत आनंद आता था, इसलिए मैं भी उनके गिरोह में शामिल हो गया। लेकिन स्मैक न मिलने पर मेरी हालत बहुत खराब हो जाती थी। पूरे बदन में दर्द से मैं छटपटाने लगता था। फिर, स्मैक ज्यादा महँगी भी थी हशीश से। मैंने भी छोटी-मोटी चोरियाँ और जेब काटनी शुरू कर दीं। घर से पैसे और जेवर आदि भी उड़ाए। कई बार पुलिस ने पकड़कर जेल भिजवा दिया, लेकिन दोस्तों ने जमानत देकर मुझे निकलवा लिया। इस बीच मैं बहुत कमजोर हो गया। मेरे घरवालों को मेरी बहुत चिंता थी।

मेरे इस दुर्व्यसन के चलते समाज में मेरे परिवार की नाक कट गई थी। मैं इससे बहुत चिंतित था। मैं नशे की लत नहीं छोड़ सकता था, लेकिन बार-बार इससे बाहर निकलने के विचार मन में आते रहते थे। मेरे बड़े भाइयों और माँ ने मुझे इस लत को छोड़ने के लिए कई बार कहा, इलाज की भी सलाह दी। एक बार मैं नशे में चूर जुआ खेल रहा था, तभी पुलिस का छापा पड़ गया। मुझे गिरफ्तार कर लिया गया। अदालत ने मुझे पाँच महीने के लिए जेल भेज दिया। जेल में एक महीने मेरा इलाज चला और अगले चार महीने मैं इस व्यसन से दूर रहा। लेकिन मैं जैसे ही जेल से छूटा, उसी दिन स्मैक के बिना मुझसे नहीं रहा गया। लत छुड़ाने के लिए मैं रेडक्रॉस के नशा-मुक्ति केंद्र में भी भरती रहा; लेकिन एक हफ्ते बाद ही मेरा सब्र टूट गया। मैं जब भी नशा छोड़ने की कोशिश करता, नशा करने की तीव्र इच्छा मुझे वापस लूट, चोरी और जेबतराशी की ओर धकेल देती।

मेरे घरवाले मेरे गलत कामों से आजिज आ गए थे और हर जानकार से सहायता की गुहार लगा रहे थे। एक दिन मेरे भाई के एक दोस्त ने उन्हें नवज्योति नशा-मुक्ति केंद्र के बारे में बताया। मेरे घरवालों ने वहाँ जाकर इलाज की जानकारी ली और मुझे वहाँ ले गए। मुझे वहाँ का माहौल बहुत अच्छा लगा। पहले महीने मुझे प्राकृतिक उपचार दिया गया, जिससे मेरी कमजोरी काफी हद तक दूर हो गई। मेरा होम्योपैथी का इलाज भी साथ-साथ चला। इसके बाद मुझे क्रोध, कुंठा, अकेलापन, अवसाद आदि से निबटने के तरीके बताए गए। छह महीने के सघन उपचार के बाद विपश्यना ध्यान केंद्र में इलाज के लिए भेजा गया। यहाँ मैंने गुस्से और तनाव पर नियंत्रण करना सीखा और मुझे अपने आपको पहचानने में मदद मिली। अब मैं खुद को ज्यादा शांत और हलका महसूस करता हूँ। मेरे धीरज और सहनशीलता में भी इजाफा हुआ है। अब मुझे जल्दी

गुस्सा नहीं आता। मेरी बीड़ी की आदत भी छूट गई है। इलाज के बाद मुझे छुट्टी मिल गई और वहीं रहकर तीन महीने तक स्वयंसेवक के रूप में काम करने का मौका मिला। इस दौरान अगर मुझे कोई परेशानी होती तो मैं केंद्र प्रभारी डॉ. अजय ग्रोवर या किसी अन्य सलाहकार की मदद ले सकता था। नवज्योति ने मुझे नई जिंदगी दी। लेकिन यह सबक मुझे अपना पूरा बचपन और किशोरावस्था बरबाद करने के बाद हासिल हुआ।

जिम्मेदारी सबकी

- बचपन में बच्चों की अनदेखी से वे गलत संगत में पड़ जाते हैं और जिंदगी की मूल शिक्षा से भी वंचित रह जाते हैं।
- देखभाल और सलाह की बजाय केवल सजा देने से बच्चों में अपेक्षित सुधार नहीं आता, बल्कि परिणाम और खतरनाक हो जाते हैं।

❑

आँख खुलने के बाद

मैं कानपुर के पास एक गाँव का रहनेवाला 14 वर्षीय लड़का रफीक हूँ। मेरे पिताजी ताँगा चलाते हैं। वे रोजाना काम पर जाने से पहले और लौटकर शराब पीते हैं। मेरे छह भाई-बहन हैं। मेरा एक छोटा भाई एक भुनी छिपकली को खाकर मर गया, दरअसल उसे उसने मछली समझा था। मैं सब भाई-बहनों के साथ पास के मदरसे में पवित्र कुरान पढ़ना सीखने जाते थे। मुझे मदरसा जाना अच्छा नहीं लगता था, इसलिए मैं कोई-न-कोई बहाना बनाकर वहाँ से भाग जाता था। मौलवी बात-बात पर मुझे फटकारता रहता था, इसलिए मुझे वह अच्छा नहीं लगता था। मेरी शिक्षा न के बराबर हुई। मुझे हिसाब-किताब और अक्षर ज्ञान तक नहीं आता।

मेरे पिताजी ने हमारी जिंदगी दुश्वार कर रखी थी। काम से घर लौटकर खूब शराब पीते और किसी-न-किसी बात पर मेरी माँ की पिटाई कर देते। जिस दिन माँ की पिटाई होती, घर में खाना नहीं बनता और हम भूखे रह जाते। कभी-कभी माँ मुझे पास में नाना के घर से पैसे उधार लेने भेज देती। उन पैसों से ढाबे से खाना मँगवा लेती थी।

मामा की सोहबत में रहकर मैंने गाँजा पीना शुरू किया और फिर मुझे उसकी लत लग गई।

हमारा गाँव गंगा नदी के किनारे बसा है। अधिकतर गाँववाले मछुआरे और अच्छे तैराक हैं। हम नदी में फेंके सिक्के निकालते, कभी-कभी डूबतों को भी बचाते।

एक बार खुदकुशी के लिए एक जवान लड़की ने गंगा में छलाँग लगाई। पर हमने उसकी जान बचा ली। उसके पिता ने उसके पुरुष मित्र से शादी करने की इजाजत नहीं दी, इसलिए वह उनसे नाराज थी। मैं और मेरा एक दोस्त लकड़ी के एक टुकड़े पर तैर रहे थे, जब वह लड़की नदी में कूदी। हमने फौरन छलाँग लगाई और उसे निकालकर किनारे ले आए। उसका शरीर फूल गया था। हमने उसे पेट के बल लिटाकर पानी बाहर निकाला। उस लड़की को बचाने के लिए उसके पिता ने हमें 1,000 रुपए इनाम दिया। हम दोनों दोस्तों ने रुपए आधे-आधे बाँट लिये। अपने पैसे मैंने माँ को दे दिए। माँ ने उन पैसों से साहूकार के पास गिरवी रखी अपनी पायल छुड़वा ली।

एक दिन मैं मछलियाँ पकड़ते हुए गाँजा पी रहा था। मेरे पिताजी ने मुझे देख लिया और मेरी धुनाई कर दी। लेकिन मैं अपने मामा और दोस्तों के साथ बदस्तूर गाँजा पीता रहा। मेरे दोस्त मुझे दिल्ली और मुंबई जैसे महानगरों की चकाचौंध की कहानियाँ सुनाते रहते थे। मैं भी वहाँ रहने के सपने देखने लगा था। आखिर एक दिन मैंने घर छोड़ने का इरादा कर लिया। मैंने नशे में सोए पड़े पिता की जेब से 500 रुपए चुराए और दिल्ली जानेवाली गाड़ी में सवार हो गया। मैं एक डिब्बे के शौचालय को भीतर से बंद करके बैठ गया और उसी में दिल्ली तक की यात्रा की।

दिल्ली रेलवे स्टेशन के बाहर मुझे एक रिक्शेवाला मिला। वह धुआँ उड़ा रहा था। मैंने सोचा, इसके पास गाँजा होगा। लेकिन उसके पास स्मैक निकली। उसने स्मैक को गाँजे से अच्छा नशा बताया और मुझे वह लेने की सलाह दी। मेरा कोई ठौर-ठिकाना नहीं था। वह मुझे अपनी झुग्गी में ले गया और मेरे सारे पैसे अपने पास रख लिये। मैं जब स्मैक माँगता तो वह चोरी करके पैसा लाने को कहता।

मैंने गली-मुहल्ले में छोटी-मोटी चीजें उठाकर बेचनी शुरू कर दीं और उससे रिक्शा चालक से स्मैक खरीदने लगा। उसने मुझे जेब काटना भी सिखाया। कई बार हम बसों में मुसाफिरों की जेबें साथ-साथ काटते थे। वह शिकार ढूँढ़कर उसके पास खड़ा हो जाता। इसके बाद वह उसे धक्का देता। शिकार जैसे ही असंतुलित होता, मैं उसकी जेब काट लेता। पकड़े जाने पर मैं अपने चेहरे पर ब्लेड मार लेता। खून निकलते देख पचड़े में पड़ने से बचने के लिए लोग मुझे छोड़ देते। मैं ब्लेड मारने की धमकी भी देता। मेरे चेहरे पर इसी तरह ब्लेड मारने के पाँच निशान बने हैं।

स्मैक न मिलने के कारण एक दिन मैं सड़क किनारे पड़ा छटपटा रहा था, तभी नवज्योति के डॉ. भारत भूषण वहाँ से गुजरे। वे मुझे अपनी कार में यमुना पुश्ते पर बने नवज्योति नशा-मुक्ति केंद्र में ले गए। मुझे इलाज नहीं कराना था, इसलिए मैं वहाँ से भाग गया। डॉक्टर ने मेरा पीछा किया और मुझे वापस केंद्र में ले आए। मैं मौका मिलते ही फिर भाग गया। गली स्कूल की प्रभारी मैडम शकीरा ने मुझे ढूँढ़ लिया और मुझे सराय रोहिल्ला पुलिस स्टेशन में बने नवज्योति के बड़े नशा-मुक्ति केंद्र में भिजवा दिया।

वहाँ डॉ. अजय ग्रोवर ने एक महीने मेरा इलाज किया। अब मुझे उठनेवाले दर्द से राहत है। मेरे साथ 8 लड़कों और 72 आदमियों का भी इलाज चल रहा है। लेकिन अब मेरा यहाँ रुकने का मन नहीं है। मैं घर जाकर अपनी दोस्त सबीना से मिलना चाहता हूँ, जिससे मेरी शादी होने वाली थी। मैं जानता हूँ कि अगर उसके घरवालों को मेरे नशे की आदत के बारे में पता चल गया तो वे उसकी शादी मुझसे नहीं करेंगे।

जिम्मेदारी सबकी

- एक राष्ट्र के रूप में हम बच्चों की उपेक्षा के गंभीर परिणाम को नहीं समझ पा रहे हैं।

❑

फिर सुबह होगी

नाम कृष्ण, उम्र 32 बरस। मेरी छह बड़ी बहनें हैं और तीन बड़े भाई। मेरी शादी हो चुकी है और मेरी दो बेटियाँ हैं।

मेरे पिताजी रेलवे की नौकरी से सेवानिवृत्त हैं। माँ भी सेवानिवृत्त हैं। वे एक सरकारी अस्पताल में नर्स थीं। दिल्ली के सबसे बड़े थोक बाजार में हमारी एक दुकान भी थी। घर में किसी चीज की कमी नहीं थी और जिंदगी मजे से चल रही थी। अब मेरी स्थिति बहुत खराब है, यहाँ तक कि मेरे माँ-पिता और भाई भी मुझसे विमुख हो गए। अब जिंदगी में संघर्ष और अनिश्चितता के सिवा कुछ नहीं है। मुझे अपना परिवार पालना है और संघर्ष करके एक मुकाम हासिल करना है।

मेरे स्कूली दिनों की बात है, परिवार में सबसे छोटा होने के कारण मैं सबका दुलारा था। मैं जो चीज माँगता, मिल जाती। हाँ, पैसे नहीं मिलते। मेरे माँ-पिता का मानना था कि पैसे देने से बच्चे बिगड़ जाते हैं।

जब मैं नौवीं कक्षा में आया तो दोस्तों के बरगलाने पर पहली बार स्कूल से गोत लगाई। फिर तो स्कूल से गैर-हाजिर रहना रोज की बात हो गई। सब दोस्त मिलकर फिल्म देखने जाते, रेस्टोरेंट में खाते-पीते। लेकिन दोस्तों को दिखाने के लिए कभी मेरे पास ज्यादा पैसे नहीं रहे। मेरे दोस्त मुझे खिलाते-पिलाते, मैं भी वैसा ही करना चाहता, लेकिन मेरे माँ-पिता सोचते कि मैं छोटा हूँ, पैसे नहीं सँभाल पाऊँगा।

मैं पिता के बटुए से पैसे चुराने लगा। धीरे-धीरे पैसे चुराना मेरी आदत बन गई। हालाँकि अपनी इस हरकत से मेरा मन भारी हो जाता था। शुरू में मेरे पिता को पैसे चुराए जाने का बिलकुल पता नहीं चला; लेकिन बाद में वे ध्यान देने लगे कि उनके पैसे कम हो जाते हैं। फिर भी, उन्होंने मुझ पर शक नहीं किया।

दसवीं कक्षा तक मेरी पढ़ाई अच्छी चली। मैं पढ़ने में भी अच्छा था, इसलिए अच्छे नंबरों से उत्तीर्ण भी हुआ। लेकिन इसके बाद मेरी जिंदगी तबाही की ओर बढ़ चली। ग्यारहवीं कक्षा में पढ़ाई के साथ ही मुझे सिगरेट और नशीले पदार्थों का चस्का लग गया। मैं अपने दोस्तों के साथ अकसर स्कूल से गायब रहने लगा। दोस्तों और

नशीली दवाइयों के साथ में मुझे चरम आनंद मिलता था। यह साथ ही मेरी जिंदगी के लिए शाप बन गया।

मैं बुरी तरह नशे का आदी हो गया; लेकिन मन पर एक बोझ हमेशा बना रहता, जिसे मैं दबाए रखता। मैं ज्यादातर एकांत में रहने की कोशिश करता। जब कभी कोई गलत काम करता तो भागकर किसी कोने में दुबक जाता और सिसकता। उस वक्त मेरी आँखों के सामने मेरे माता-पिता, भाई-बहन, मेरे अध्यापक आदि के चेहरे घूमने लगते, जो मेरी हरकतों के बारे में जान गए थे और मुझे सही रास्ते पर लाना चाहते थे, लेकिन मैंने उनकी बातों को अनसुना कर दिया था। मैंने किसी चीज को अहमियत नहीं दी। मैं बस, अपनी नशे की विकृत दुनिया में सिमटा बैठा था, जिसका मैं आदी हो गया था।

मेरी हालत को देखकर मेरे घरवाले बहुत चिंतित थे। उन्होंने मुझे सुधारने की हरसंभव कोशिश की। लेकिन मैंने उनकी हर कोशिश ठुकरा दी, फलत: उनसे मेरे संबंध में कड़वाहट बढ़ती चली गई। केवल मेरे पिता ने मेरे साथ एक हद से ज्यादा सख्ती नहीं की और माँ भी मुझे पहले की तरह प्यार करती रही।

मेरे दोस्तों ने मेरी आर्थिक मदद करना बंद कर दिया और मुझे दूसरी आय के स्रोत तलाश करने पड़े। चोरी सबसे सरल उपाय था—कभी घर से और कभी किसी दुकान से।

जब भी घरवालों ने मेरा इलाज कराने के लिए मुझ पर दबाव डाला, मैं कई-कई दिनों के लिए घर से भाग गया। माँ से पैसे माँग-माँगकर मैंने घर की सारी बचत खत्म कर दी। जैसे-तैसे मेरी बहनों की शादी हो गई। भाई मुझसे खिंच गए थे। मेरे पिता बेबसी से मेरी ओर देखकर आँसू बहाते थे, तब मैं उन्हें डपट देता था। एक बार उन्हें दिल का दौरा पड़ा और उनकी मृत्यु हो गई। मेरी माँ ने मेरा साथ नहीं छोड़ा था। वह अपने जेवर आदि बेचकर घर का गुजारा चला रही थी।

एक बार की बात है, मेरी हरकतों के बारे में भनक पाकर पुलिस मुझे पकड़ने आ गई, तब मेरी माँ ने घूस देकर मुझे बचाया। उसने इलाज के लिए मुझे 38 से ज्यादा बार दाखिल कराया; लेकिन हर बार मैं भाग गया। आखिर माँ के लिए मैं बोझ बन गया तो उसने पैसे देकर पुलिस से मुझे गिरफ्तार करवा दिया। मुझे जेल भेज दिया गया। माँ का कलेजा फिर पसीजा और उसने अपनी जमानत देकर मुझे जेल से निकलवाया। लेकिन मैं अभी भी अपनी आदत बदलने को तैयार नहीं था और पहले की तरह नशा करता रहा।

दो साल मैं मुंबई में रहा और सरकारी अनाज की कालाबाजारी करता रहा। इसके बाद दिल्ली लौटा तो यहाँ पुलिस मेरी तलाश में थी। तब भी मेरी माँ ने मुझे सहारा दिया, यद्यपि मेरे नशे के लिए उसके पास पैसे नहीं थे।

मैं ठगों से मिलकर रेलवे स्टेशन के पास भोले-भाले लोगों को ठगने लगा। मैंने अपने सगे-संबंधियों, बहनों और बहनोइयों तक को नहीं छोड़ा। माँ ने सुनीता नाम की एक लड़की से मेरी शादी करा दी। उसे उम्मीद थी कि शादी के बाद मैं सुधर जाऊँगा। लेकिन मैं नहीं सुधरा। मेरी आदत के बारे में जानकर सुनीता को भी धक्का लगा। घर में दोनों ही मेरी आदत से दुखी थीं। दु:खों और मुसीबतों के बीच जिंदगी लुढ़क रही थी।

अब मैं शारीरिक रूप से टूटने लगा था। इसी बीच मैं एक बेटी का बाप बन गया। तब मुझे लगा कि मुझे सुधरना चाहिए। मैं इलाज के लिए नवज्योति पारिवारिक परामर्श केंद्र जाने को तैयार हो गया। वहाँ सलाहकारों और सहयोगियों को मेरे इलाज के लिए कड़ी मेहनत करनी पड़ी। लेकिन सुधार दिखना आरंभ हुआ। पिछले सात साल से मैं नशा-मुक्त जीवन-यापन कर रहा हूँ। इसका पूरा श्रेय नवज्योति को ही जाता है।

बहरहाल, इसका मुझे बड़ा खामियाजा भी चुकाना पड़ा। मेरी माँ की मृत्यु हो गई। हमारा मकान छिन गया। मेरे भाइयों ने मुझे और मेरे परिवार को घर से बेदखल कर दिया; लेकिन अब तक मैं अपनी जिंदगी के टुकड़ों को जोड़कर पुनर्निर्माण करने योग्य हो गया था। मुझे नवज्योति ने स्वयं अपने यहाँ सलाहकार के रूप में रख लिया। मैं भुक्तभोगी था, इसलिए औरों को बेहतर सलाह दे सकता था। मैं उस नरक की आग में गिरकर जिंदा निकल आया।

मैंने सैकड़ों किशोरों से संपर्क कर उन्हें नशे से दूर रहने के लिए प्रेरित किया है। इस प्रकार मैं समाज के प्रति अपना ऋण चुका रहा हूँ।

जिम्मेदारी सबकी

- किशोरावस्था बच्चों की बनने-सँवरने की उम्र होती है। अगर इस दौरान माँ-बाप सावधान रहें तो उन्हें गलत सोहबत से रोका जा सकता है। इस दौरान अनदेखी के परिणाम घातक होते हैं।
- स्कूली अध्यापक भी सचेत रहकर किशोरों को गुमराह होने से बचा सकते हैं।
- पुलिस की प्रभावी गश्त और रोकथाम प्रणाली द्वारा युवाओं को नशे के जहर से बचाया जा सकता है।

❑

दलदल में तिल-तिल

मेरी उम्र 42 बरस है और नाम दीपक। लेकिन नाम के अनुसार मेरे जीवन में रोशनी जैसी कोई चीज नहीं है। दरहकीकत यही हाल मैंने अपने परिवार का कर दिया है। मैं दो बेटों और तीन बेटियों का पिता हूँ और बाहरी दिल्ली के एक इलाके में रहता हूँ। मेरे पिता राजमिस्त्री थे और दिहाड़ी पर काम करते थे। जब उनको काम मिलता था, तभी घर में पैसे आते थे। इस प्रकार घर-खर्च मुश्किल से चल पाता था।

हम पाँच भाई थे और हमारी तीन बहनें थीं। मैं सबसे बड़ा लड़का था। परिवार में खाने के लाले पड़े थे तो सोचा जा सकता है कि हमारी पढ़ाई कैसे होती। थोड़ी-बहुत पढ़ाई हुई थी तो मैंने उसमें रुचि नहीं ली। मैं हाजिरी भरवाकर अपने दोस्तों के साथ स्कूल से भाग जाता था। मेरी इस हरकत का मेरे माता-पिता को कभी पता नहीं चला। मास्टरों को भी हमारी पढ़ाई से कोई मतलब नहीं था। इस तरह मैं छठी कक्षा से आगे नहीं बढ़ सका।

गरीबी के शाप और आधी-अधूरी शिक्षा ने मुझे जबरन बाल मजदूरी की ओर धकेल दिया और 12 बरस की उम्र में मैं अपने पिताजी के साथ मजदूरी करने जाने लगा। मैं थोड़ा बड़ा हुआ तो माता-पिता मुझे आत्मनिर्भर बनने पर जोर देने लगे। मेरे पिता मुझे राजमिस्त्रियों के साथ काम सिखाने लगे और सीख जाने पर मैं रोजाना काम पर जाने लगा। लेकिन आमदनी ज्यादा नहीं थी। जिंदगी वैसी ही चलती रही, जब तक कि मैंने काम में बदलाव करने का फैसला नहीं किया।

मैंने पुराना काम छोड़ दिया और ब्रीफकेस के हैंडल बनानेवाली एक फैक्टरी में नौकरी करने लगा। तब मेरी उम्र 15 साल थी। वहाँ मैंने पहली सिगरेट कब पी, यह तो मुझे याद नहीं, लेकिन जल्दी ही मैं इसका आदी हो गया। और जब तक मुझे पता चला, बहुत देर हो चुकी थी। मैंने दोस्तों के साथ शराबखोरी भी शुरू कर दी थी। नशे के सुरूर में लोगों से मेरा झगड़ा भी हो जाता और मैं मार-पीट पर उतर आता। मुझे जल्दी गुस्सा आ जाता था, इसलिए हमेशा मुसीबत में फँस जाता था। मेरे घरवालों ने बार-बार मुझे समझाने की कोशिश की, पर मैं नहीं सुधरा।

एक दिन छोटी सी बात पर मेरी माँ ने मुझे खूब डाँट पिलाई। वैसे वह मुझे बहुत प्यार करती थी। उसकी बात से मैं इतना गुस्से से भर गया कि पास की झुग्गी बस्ती से स्मैक लाकर सिगरेट में उसी के सामने बैठकर पीने लगा। मेरे लिए चाहे यह मर्दानगी भरा काम था, लेकिन इसने मेरी माँ की सारी उम्मीदों को चकनाचूर करके रख दिया। स्मैक पीने का मेरा यही जुनून लत में बदल गया।

गुजरते वक्त के साथ मेरी आदतों में कोई बदलाव नहीं आया। मैं काम से भी नागा करने लगा। बहरहाल, भगवान् की मुझ पर कृपा थी। मैं दूसरे कामगारों से अच्छा व साफ काम करता था। इसलिए जब भी काम करता था, उनसे ज्यादा कमा लेता था।

शादी के लायक उम्र होने पर मेरे माँ-बाप को मेरी शादी की चिंता सताने लगी। पीछे मेरे और भाई-बहन भी बैठे थे। कई प्रस्तावों में से मुझे सीमा नाम की लड़की भा गई। मेरी बुरी आदतों के बारे में जानने के बावजूद सीमा के माता-पिता ने उसकी शादी मेरे साथ कर दी। उसे मैंने मुसीबतों के सिवा कुछ नहीं दिया, लेकिन उसने मेरी जिंदगी बचा ली। आज भी उसी की वजह से जीवित हूँ। उसने शराब और स्मैक छोड़ने के लिए मुझे हर तरह से समझाया, लेकिन मैंने उसकी एक नहीं सुनी।

मेरी आमदनी मेरा परिवार चलाने के लिए ठीक-ठाक हो सकती थी, लेकिन मैं उसे अपने नशे के शौक पर उड़ा देता। मेरे 'दोस्तों' के गिरोह ने जल्दी ही मुझे स्मैक बेचने के धंधे में धकेल दिया। पुलिस को मेरे धंधे की खबर हो गई और उसने मुझे तंग करना शुरू कर दिया। पैसों की माँग के साथ उनका उत्पीड़न बढ़ गया तो मजबूरन मुझे स्मैक बेचने का धंधा छोड़ना पड़ा।

'दोस्तों' ने फिर मेरी मदद की और मुझे जेबतराशी के धंधे में धकेल दिया। मैंने कई बार जेब काटने की कोशिश की, लेकिन हर बार पकड़ा गया। बार-बार पुलिस और लोगों की मार खाकर मैंने यह धंधा भी छोड़ दिया और दूसरा काम ढूँढ़ने लगा। मैंने ऑटोरिक्शा चलाना शुरू कर दिया। लेकिन यह काम भी जल्दी ही छोड़ दिया। इसी बीच मैं कई बार पुलिस के हत्थे चढ़ा और कई-कई दिन तक थाने में और कई बार जेल भेजा गया। हर बार जेल से मेरी माँ ने जमानत देकर मुझे बाहर निकलवाया।

मैं जब भी नशे और अपराध की दुनिया छोड़ने की कोशिश करता, पुलिस एक-न-एक मामले में मुझे फँसा देती। मैं आठ बार जेल गया। एक नशा बेचने के मामले में सबसे ज्यादा तीन साल मुझे तिहाड़ जेल में काटने पड़े।

जेल में भी मुझे किसी चीज की कमी नहीं रही। वहाँ भी मेरे दोस्त बन गए। जेल में स्मैक धड़ल्ले से मिलती थी। खरीदने के लिए पैसे मैं अपनी माँ से जबरन ले लेता था। मैं जानता था कि मेरी बीवी और बच्चे कठिनाइयाँ झेल रहे थे, लेकिन मुझे उनसे कोई लेना-देना नहीं था। सीमा घर बैठे ही छोटा-मोटा काम करने लगी थी, जिससे वह

किसी तरह अपने परिवार का पेट भर रही थी। मेरी जेल की सजा ने मेरी माँ की जिंदगी लील ली। इस घटना ने मुझे भीतर तक झकझोरकर रख दिया। मुझे तब अपनी माँ की बहुत याद आई, उसकी अहमियत पता चली।

जेल से छूटने के बाद भी नशे की मेरी आदत नहीं छूटी। मैं दोस्तों, सगे-संबंधियों और जिससे मौका पड़ता, उधार लेकर अपना शौक पूरा करने लगा। धीरे-धीरे घरवालों से लेकर सभी लोगों ने मुझसे दूरी बना ली। मेरी बीवी ने भी मुझे रुपए देना बंद कर दिया। मैं बिलकुल अकेला पड़ गया।

घिसटती जिंदगी के बीच एक दिन 'नारकोटिक्स अनामियस' का एक सलाहकार मुझसे आकर मिला। वह मुझे ऐसे लोगों की बैठक में ले गया, जो नशा छोड़ चुके थे और लोगों के साथ अपने अनुभव बाँटते थे। मुझे अच्छा लगा और मैं रोज वहाँ जाने लगा। रोज गुजरते दिन के साथ मेरे अंदर भी नशा छोड़ने की इच्छा बलवती होती गई। मैंने इलाज कराने का फैसला कर लिया। वह सलाहकार मुझे उपचार एवं पुनर्वास केंद्र में ले गया।

नवज्योति के उपचार के बाद पिछले दो महीने से मैं पूरी तरह नशा-मुक्त जिंदगी गुजार रहा हूँ। मैं नवज्योति में ही स्वयंसेवक का काम भी कर रहा हूँ और उज्ज्वल तथा नशे-रहित भविष्य की ओर देख रहा हूँ।

जिम्मेदारी सबकी

- निर्धनता, अशिक्षा, बुरी संगत, उपेक्षित शिक्षा, भ्रष्ट पुलिस तंत्र और जेल-तंत्र की भ्रष्टता—ये घटक मुसीबतें बढ़ाने के साथ-साथ पैदा भी करते हैं।

❑

मकड़जाल

नाम प्रकाश, उम्र 27 साल। मेरे पिता सेना में नौकरी करते थे। मेरे एक छोटा भाई और दो छोटी बहनें हैं। मेरे पिता सेना की नौकरी की वजह से अकसर घर से बाहर रहते थे, इसलिए परिवार की देखभाल माँ करती थी। मैं चूँकि घर में सबसे बड़ा था, इसलिए मुझे घर की देखभाल में आगे रहना चाहिए था; लेकिन किसी प्रकार की रोक-टोक न होने के कारण मैं गुमराह होता चला गया।

हमने घर में पाँच-छह भैंसें पाल रखी थीं, जिनसे घर से ही इनकी डेयरी चलाते थे। डेयरी माँ चलाती थी। मैं भी उसका हाथ बँटा दिया करता था। हाई स्कूल तक मेरी पढ़ाई साधारण ढंग से चली। इसके आगे की पढ़ाई के साथ ही मैं व्यक्तिगत और सामाजिक तौर पर नीचे गिरता चला गया। हम दिल्ली के एक गाँव के रहनेवाले थे, अत: वहाँ मेरे बहुत से दोस्त थे। उनमें रमेश पहलवान मेरा सबसे ज्यादा दोस्त था। हम दोनों को लोगों के साथ झगड़ा करना पसंद था। आने-जाने वालों को छकाकर उनसे लड़ाई करने में हमें आनंद आता था। इस प्रकार हम लोगों के लिए आतंक का पर्याय बन गए और लोग हमें इलाके के हीरो कहने लगे। जो लोग हम लोगों से डर गए थे, वे हमारे इशारों पर नाचने लगे थे।

पढ़ाई चलती रही। मैं नकल करके परीक्षा में उत्तीर्ण होता रहा। अध्यापक हमारे प्रति उदासीन थे और हमारी गतिविधियों से हमारा परिवार अनजान रहा, क्योंकि मैं दूध निकालने के वक्त घर पहुँच जाता था।

मैं 17 साल का हुआ तो आवारा दोस्तों की सोहबत में पड़ गया। इसी दौरान मैंने पहली बार शराब का स्वाद चखा। उसके सुरूर में मुझे बड़ा आनंद आया और धीरे-धीरे मैं रोजाना शराब पीने लगा। शराब के लिए पैसे जुटाने के लिए मैं घर के हिसाब में हेर-फेर करने लगा। रमेश को मेरी शराबखोरी रास नहीं आई और उसने मुझसे दोस्ती तोड़ ली। मैंने उसकी परवाह नहीं की।

मैं कॉलेज में पढ़ने लगा था। इसी बीच मेरे पिता सेवानिवृत्त हो गए। अब डेयरी और उनकी छोटी सी पेंशन से हम छह लोगों का पेट पल रहा था। लेकिन मुझे दिखाने के लिए और पैसा चाहिए था। एक बार दोस्तों ने मुझे चरस से भरी सिगरेट पिलाई।

शुरू में मेरा सिर भारी हो गया, लेकिन बाद में उसने ऐसा असर किया कि मेरा सारा तनाव हवा हो गया।

धीरे-धीरे कॉलेज की फीस भी मैंने अपने शौक पर खर्च करनी शुरू कर दी। कॉलेज जाना मेरी सबसे आखिरी प्राथमिकता थी। मेरी हाजिरी जरूरत से कम पड़ जाती; लेकिन सब मेरी दादागीरी से डरते थे, इसलिए मैं मजे से परीक्षा में बैठ जाता था। मेरी हरकतें जब पिताजी तक पहुँचतीं तो वे बहुत नाराज होते, लेकिन किसी तरह माँ उन्हें शांत कर देती।

इसी बीच मेरे चाचा के साथ मेरी नजदीकी बढ़ गई। वे ट्रांसपोर्टर थे। मैं उनके ट्रकों में दूर-दूर तक जाने लगा। ड्राइवर मुझे मुफ्त में शराब और अफीम देते थे। मुझे मजा आने लगा। मैंने ड्राइविंग सीखनी शुरू कर दी, जिसमें पैसा, घूमना-फिरना, शराब का नशा—सबकुछ था। मैं अपने पिता की टोका-टाकी से भी बचना चाहता था।

मेरे पिताजी एक अच्छी नौकरी द्वारा मेरी स्थायित्वपूर्ण जिंदगी चाहते थे। उसी दौरान दिल्ली पुलिस की नौकरी निकली। मैंने आवेदन कर दिया। शारीरिक परीक्षा उत्तीर्ण करके मैं लिखित परीक्षा में बैठा, जो प्रश्न-पत्र लीक हो जाने की वजह से रद्द हो गई। दुबारा परीक्षा होने तक मुझे इंतजार करना था।

इंतजार का यह वक्त मैं दोस्तों के साथ जुआ खेलकर, स्मैक व शराब पीकर, फिल्में देखकर और यहाँ-वहाँ भटककर गुजारने लगा। मेरे कई अमीर दोस्त थे, जो हमारी महफिलों का खर्च उठाते थे। मैं भी उनकी तरह खर्च करना चाहता, लेकिन मन मसोसकर रह जाता। ज्यादा पैसा कमाने की चाह में मैं दलाली करने लगा। लोगों के जो काम नहीं हो पाते थे, अपनी तिकड़में भिड़ाकर उन्हें करवा देता। ऐसे ही अपने एक दोस्त की कार मैंने ट्रांसपोर्ट विभाग के कर्मचारियों के हाथ गरम करके, उनसे नकली कागजात तैयार करवाकर बिकवाई। उस कार ने एक दुर्घटना की थी और सुबूत के तौर पर उसे अदालत में पेश किया जाना था। मैं घूस खाकर लोगों के राशन कार्ड और ड्राइविंग लाइसेंस बनवा देता। इस तरह इलाके में मेरी साख बन गई। मैं लोगों के पंचायती फैसले भी कराने लगा। मैं संबंधित लोगों से काम कराने के लिए उनके हाथ-पाँव जोड़ने में कोर-कसर नहीं छोड़ता था, साथ ही यह भी सुनिश्चित कर लेता था, कुछ लोग मेरे आगे भी हाथ-पैर जोड़नेवाले हैं।

मैं हिचकिचाते हुए और बड़े कच्चे मन से पुलिस प्रवेश परीक्षा में दुबारा बैठा और किसी तरह उत्तीर्ण हो गया। मेरे घरवालों से कहा गया था कि मुझे उत्तीर्ण कराने के लिए रिश्वत पहुँचा दें; लेकिन वह रकम इतनी बड़ी थी कि उनकी हैसियत से बाहर थी। भाग्य मेरा साथ दे रहा था और अब आखिरी बाधा के रूप में निजी साक्षात्कार बाकी था। भाग्य ने फिर साथ दिया और मेरा चयन हो गया। मैं सतर्कता जाँच कराने में भी कामयाब रहा, क्योंकि मेरा कोई आपराधिक रिकॉर्ड पुलिस में नहीं था और कॉलेज के

प्रिंसिपल ने स्वयं मेरे चरित्र प्रमाण-पत्र को प्रमाणित किया था, इसलिए नौकरी मिलने में कोई मुश्किल नहीं थी।

मैं किंग्सवे कैंप, दिल्ली में नौ महीने के प्रशिक्षण में रहा। वहाँ भी इंचार्ज की घूरती निगाहों से बचकर मैं शराब का सेवन करता रहा। वहाँ मैंने अनुदेशक से मिली-भगत कर ली। वह खुद भी मेरी तरह शराबखोर था। बोतल का इंतजाम एक स्थानीय धोबी करता था। इतना ही नहीं, प्रशिक्षण काल में मैंने चरस का इंतजाम भी कर लिया। इन सब हरकतों के बावजूद मैंने अपना प्रशिक्षण सफलतापूर्वक पूरा कर लिया।

प्रशिक्षण के बाद सक्रिय पुलिसिंग के लिए मुझे कमांडो ट्रेनिंग में भेज दिया गया। वहाँ मेरे नए-नए साथी बने और हमारे अनुदेशक से मेरी अच्छी दोस्ती हो गई। वहाँ का माहौल आरंभिक प्रशिक्षण काल से बिलकुल अलग था। अनुदेशक रोजाना ही पीता था और करीब 50 फीसदी प्रशिक्षु भी। मैं वहाँ भी प्रशिक्षुओं और अनुदेशक के बीच मध्यस्थ का काम करने लगा। मैं एक बोतल के बदले अनुदेशक से उनके काम करवा देता। वहीं बलदेव नाम का एक ग्रामीण प्रशिक्षु था। हम दोनों में बहुत घनिष्ठता थी। वह रोजाना मुझे चरस पिलाता था। अनुदेशक से मेरी अच्छी करीबी थी, इसलिए घर जाने में कोई मुश्किल नहीं थी। अलिखित छुट्टी में कोई समस्या नहीं थी।

पर वे अच्छे दिन जल्दी ही खत्म हो गए। अनुदेशक और मेरे बीच मतभेद पैदा हो गए। उसने मुझे गैर-हाजिर दिखाना और सजा देना शुरू कर दिया। उसकी सजा काफी कड़ी होती गई। बहरहाल, मैंने प्रशिक्षण पूरा कर लिया और मेरी तैनाती प्रधानमंत्री आवास पर हो गई।

अब मैं अपना अच्छा-बुरा समझने लगा था। मैंने अपने परिवार और अन्य लोगों से अपने संबंध सुधारने शुरू कर दिए। इसी बीच एक स्थानीय लड़की से मेरी शादी हो गई। मेरी शादी में भी खासा बवाल हुआ। मेरे पिताजी ने मेरी और माँ की इच्छा को दरकिनार करके मेरे चाचा को न्योत दिया था। इस पर काफी हो-हल्ला हुआ।

मैंने घरवालों को धंधा बदलने की सलाह दी। उन्होंने सारी भैंसें बेच दीं और कर्ज लेकर हमने एक मिनी ट्रक खरीद लिया। सामान देने मैं दूर-दूर जाता और इस तरह घर से अकसर बाहर रहने लगा। इस प्रकार नौकरी से मेरा मन हट गया। मेरी पत्नी ने मुझे समझदारी से काम लेने की नसीहत दी; लेकिन मुझ पर ज्यादा दबाव नहीं डाल सकी। नौकरी से अकसर गैर-हाजिर रहने से मेरी नौकरी खतरे में पड़ गई। पुलिस विभाग से बार-बार नोटिस आने लगे। आखिर मैं दुबारा नौकरी पर जाने लगा। बहरहाल, घूमने का शौक मुझे फिर ललचाने लगा। मैं फिर गैर-हाजिर रहने लगा और ट्रक में माल ढोकर अपनी स्मैक, शराब आदि की लत बुझाने लगा।

मेरे फिर उलट जाने पर मेरे घरवाले परेशान हो गए। मेरे पिता बाहैसियत पूर्व सैनिक चाहते थे कि मैं अपनी नौकरी पूरी ईमानदारी और समर्पण से करूँ। मैंने उनकी

बातों को अनदेखा कर दिया। मेरी स्मैक और शराब की लत मेरे पैरों में शनीचर लगाए मुझे घुमाती रही।

जल्दी ही दुर्भाग्य ने दस्तक दी। मेरा धंधा तबाह हो गया। ट्रक का एक्सीडेंट हो गया और मैं भी बुरी तरह जख्मी हो गया। जब मुझे सहायता की सबसे ज्यादा दरकार थी, तब मेरा एक भी दोस्त मेरे साथ नहीं था। साहूकार अपना कर्ज वापस माँगने लगे। ट्रक बेकार खड़ा था और मेरी नौकरी भी खतरे में थी। मुझे शराब चाहिए थी और मेरे पास पैसे नहीं थे। जीवन में यह पहला मौका था, जब मैं घर का सामान चुराकर बेचने लगा।

अब मैं ज्यादा दिखावा करने की स्थिति में नहीं था। पुलिस की नौकरी से भी मुझे नफरत हो गई थी। इसी ऊहापोह में सात महीने निकल गए। जब मेरे ससुरालवालों ने धमकी दी कि वे मेरी पत्नी को ले जाएँगे, तो मैं अपनी पुलिस की नौकरी पर चला गया। अधिकारियों ने मेरे खिलाफ विभागीय जाँच बैठा दी, जिसमें मैं दोषी करार दिया गया। मुझे नौकरी से बरखास्त कर दिया गया। इस सदमे ने मेरे परिवार को बिखेरकर रख दिया।

गुजर-बसर के लिए अब तो भैंसें भी नहीं थीं। एक नकारा बेटा था, जो परिवार पर बोझ बन गया था। परिवार भुखमरी की कगार पर आ खड़ा हुआ। पिताजी की छोटी सी पेंशन ही एकमात्र सहारा थी। मेरे जितने भी जानकार थे, सब मुझसे दूर छिटक गए। मेरा कोई ठिकाना नहीं था। इसी बीच किसी ने मेरे घरवालों को एक नशा-मुक्ति केंद्र के बारे में बताया। मुझे वहाँ ले जाया गया। धीरे-धीरे मेरी स्थिति में सुधार होने लगा और नशे के फंदे से निकलकर मैं एक नई जिंदगी की उम्मीद करने लगा।

जिम्मेदारी सबकी

- बच्चों पर समुचित ध्यान न दिया जाए तो वे जिंदगी की खतरों से भरी गलत राह चुन लेते हैं और बरबाद हो जाते हैं।
- जो माता-पिता अपने बच्चों के अनैतिक आचरण पर आरंभ में रोक नहीं लगा पाते, वे उन्हें घोर मुसीबतें उठानी पड़ती हैं।
- जो अध्यापक न तो विद्यार्थियों को बुराई की ओर बढ़ने से रोकते हैं, न उनके अभिभावकों को इसके प्रति बाखबर करते हैं, वे विद्यार्थियों को बुराई की ओर उकसानेवाले बन जाते हैं।
- व्यक्तित्व-विकास के बिना पुलिस प्रशिक्षण देना अव्यावहारिक और अधूरा है। ऐसे व्यक्ति से आदर्श पुलिसिंग की उम्मीद बेमानी है।

❑

उजाले की किरण

मैं पिछले 10 साल से शरणार्थी के रूप में दिल्ली में रह रहा हूँ। मूल रूप से मैं ईरान का निवासी हूँ और जान बचाने के लिए वहाँ से भाग आया। मेरी उम्र 38 साल है और नाम मुस्तफा है।

हम पाँच भाई और एक बहन हैं। मैं अपने माता-पिता की चौथी संतान हूँ। मेरे पिता मत्स्य विभाग में एक उच्चाधिकारी थे। हमारा परिवार हमारे शहर के सबसे अमीर परिवारों में शामिल था। हमारे पास काफी चल-अचल संपत्ति थी, इसलिए हमारा बचपन बड़े मजे से बीता। आरामदायक जिंदगी के बीच ही मैंने अपनी स्कूल की पढ़ाई पूरी की और जिंदगी में कुछ बनने के सपने देखने लगा।

मेरे बहुत से दोस्त थे। कुछ दोस्त शराब पीते थे। उनकी देखा-देखी 15 साल की उम्र में मैंने भी शराब पीनी शुरू कर दी। शराब के मामले में हमारा समाज खुला हुआ था। वहाँ शराब का सेवन आम बात थी। इसी दौरान कुछ लोग सरकार और उसकी कुछ नीतियों के विरुद्ध आंदोलन कर रहे थे। इसमें युवा वर्ग सबसे ज्यादा सक्रिय था। मैं भी उस आंदोलन में शामिल होकर सरकार का विरोध करने लगा।

जब आंदोलन ने गरमी पकड़ी तो सरकार ने उसे सख्ती से कुचलना शुरू कर दिया। अधिकारियों ने आंदोलनकारियों को पकड़कर जेल में ठूँसना आरंभ कर दिया। मुझे भी गिरफ्तार कर लिया गया। बहरहाल, मुझ पर गंभीर आरोप नहीं लगाए गए। देशद्रोह के आरोप में गिरफ्तार लोगों के लिए मौत की सजा के अलावा और कोई विकल्प नहीं था। ऐसे ही 60 आरोपियों को या तो फाँसी दे दी गई या गोली से उड़ा दिया गया। सब अपना हश्र जानते थे, लेकिन विरोध नहीं कर सकते थे। मैं भी मुँह सिए डरा पड़ा था कि कहीं मुझे भी सूली पर न चढ़ा दिया जाए।

जेल में मुझ पर बहुत अत्याचार हुए और छह महीने बाद मुझे रिहा कर दिया गया। घर पहुँचने पर पता चला कि मेरे बहुत से संगी-साथी लापता थे। उनमें से बहुत से मार दिए गए थे और कुछ देश छोड़कर भाग गए थे। सैन्य अधिकारी मेरे पीछे भी लगे हुए थे। मेरी जिंदगी पर खतरा मँडरा रहा था। मैं भूमिगत हो गया और देश छोड़कर

भागने का मौका देखने लगा। हालात बहुत खराब थे।

सरकार में मेरे परिवार की भीतर तक पहुँच थी। यह संबंध एक बार फिर काम आया और मेरा बचाव हो गया। किसी तरह मुझे सीमा तक पहुँचाया गया और वहाँ से मैं पड़ोसी देश पाकिस्तान भाग गया। यह मेरे लिए एक सीख भरा अनुभव था। मैं समझ गया कि अगर आपके पास सत्ता या पैसा हो तो आप हालात को अपने अनुकूल बना सकते हैं। अब तक मेरे पास दोनों थे। आगे की यात्रा बहुत कठिन थी। मेरी मंजिल की मुझे जानकारी नहीं थी। ईरानी सरकार के पिट्ठू हर जगह थे, पाकिस्तान में भी।

कराची में मेरे कुछ जानकार रहते थे, जो थोड़े समय पहले हमारे देश से पलायन करके वहाँ आ बसे थे। कराची पहुँचकर मैंने उनसे संपर्क किया। उन्होंने मेरी बहुत मदद की। उन्होंने मुझे रहने की जगह और पेट भरने को रोटी दी। मेरी शराबखोरी की आदत और भड़क गई थी। मेरे परिवारवालों और खाड़ी देशों में रहनेवाले संबंधियों ने मेरी आर्थिक मदद जारी रखी, जिससे मैं अपने खर्च का इंतजाम कर लेता था।

इसी बीच मैंने एक जहाज से मुंबई जाने का इंतजाम कर लिया—पैसा एक बार फिर बड़ा माध्यम बना। सफर बड़ा आरामदेह रहा। मुझे मालूम था, भारत में घूमना-फिरना बड़ा आसान था। बंदरगाह के नजदीक से मुझे एक छोटी नाव से किनारे उतार दिया गया। मेरे पास कोई दस्तावेज नहीं था, इसलिए मैं वहाँ से फौरन दिल्ली की एक ट्रेन में सवार हो गया। मुझे पता था कि वहाँ कुछ ईरानी शरणार्थी वर्षों से रह रहे थे। दिल्ली पहुँचकर मैंने उनसे मुलाकात की। वे बहुत मददगार साबित हुए। उन्होंने न केवल मुझे अपने यहाँ जगह दी, मुझे संयुक्त राष्ट्र शरणार्थी उच्चायोग भी ले गए, ताकि मैं शरणार्थी के रूप में अपना पंजीकरण करा सकूँ। कागजी काररवाई पूरी करने के बाद मुझे शरणार्थी के तौर पर मान्यता मिल गई और मैंने चैन की साँस ली। बहरहाल, इस भागमभाग और अनजान शहर में रहने का खामियाजा भी भुगतना पड़ा। मैं बहुत ज्यादा शराब पीने लगा। दिल्ली में मेरे परिवार के दबदबे ने मेरी बहुत मदद की और यहाँ मेरे कई अच्छे मददगार साथी बन गए; अलबत्ता उन्होंने मुझे नशे का आदी बनाने में कोई कोर-कसर नहीं छोड़ी। शराब के साथ-साथ मैं चरस और गाँजा भी पीने लगा। मेरे घरवाले और अन्य रिश्तेदार अभी भी बदस्तूर मेरी आर्थिक सहायता करते रहे। शरणार्थी उच्चायोग से मिलनेवाला भत्ता मेरे नशे की जरूरतों के लिए पर्याप्त था।

स्वयं को नशे से दूर रखने के लिए मेरे पास कोई काम नहीं था। बढ़ती लत ने मेरा शरीर सुखाना शुरू कर दिया। मैं सूखकर छुहारा हो गया। मैं भूखा रह सकता था, लेकिन बिना स्मैक के नहीं। मेरा दिमागी संतुलन गड़बड़ाने लगा और स्वास्थ्य तेजी से गिरने लगा। मुझे चलने में बहुत कठिनाई होने लगी। मैं स्मैकियों के गिरोह के बीच उनके जैसा ही एक स्मैकिया था।

किराया न चुका पाने की वजह से मुझे वह जगह छोड़नी पड़ी। मैं पटरी या रैन बसेरों में सोकर दिन काटने लगा। शरणार्थी आयोग के अधिकारियों को जब मेरी लत के बारे में पता चला तो उन्होंने मुझसे कहा कि या तो मैं नशा-मुक्ति का इलाज कराऊँ, वरना वे मेरा भत्ता रोक देंगे। मैंने उनकी बातों पर तवज्जो नहीं दी तो उन्होंने मेरा भत्ता रोक दिया।

खबर मेरे परिवार तक पहुँची तो मेरा भाई मेरी खबर लेने भारत आ गया। शरणार्थी आयोग ने मेरे इलाज के लिए कई नशा-मुक्ति केंद्र सुझाए। मेरा भाई जबरन मुझे उन केंद्रों पर ले जाता और मैं किसी तरह वहाँ से रफू चक्कर हो जाता। आखिर में उसने मुझे एक प्राइवेट अस्पताल में दाखिल करवा दिया। मेरी हालत में सुधार होता देख मेरा भाई वापस ईरान चला गया। लेकिन उसके जाते ही मैं फिर ललचा गया और फिर से नशे की दुनिया में लौट आया।

एक स्थिति ऐसी आ गई कि नशे से मुझे ऊब होने लगी और मैं इसे कम करने लगा। शरणार्थी आयोग ने मुझे नवज्योति नशा-मुक्ति केंद्र भिजवा दिया। वहाँ मरीजों और सलाहकारों से मिलकर मैंने तय कर लिया कि इस बार मैं पूरा इलाज कराऊँगा।

इलाज के बाद मैं पूरी तरह ठीक हो गया। मैं संगठन के स्वयंसेवक के रूप में कार्यरत हूँ। मुझे संयुक्त राष्ट्र अंतरराष्ट्रीय नशा-मुक्ति कार्यक्रम के तहत भी बहुत कुछ सीखने का अवसर मिला। मैं नवज्योति की 'आउटरीच टीम' के साथ नशा-मुक्ति और इस लत के प्रति जागरूकता हेतु कार्यरत हूँ, क्योंकि मैं इसका जीता-जागता उदाहरण हूँ।

जिम्मेदारी सबकी

- चरस और गाँजे जैसे नशीले पदार्थों के साथ शराबखोरी की आदत व्यक्तिगत पतन की गारंटी है।
- स्मैक का नशा शरीर के मांस को नोच खाता है। इसका आदी भूख सह सकता है, लेकिन स्मैक की तलब नहीं। पहले लोग ड्रग्स खाते हैं, बाद में ड्रग्स उन्हें खा जाती है।
- घर से बाहर रहनेवाले बच्चों पर अभिभावकों को निगाह रखनी चाहिए। केवल माँगने पर पैसा भेज देना ही कर्तव्य नहीं है। घर से बाहर रहने वाले बच्चों को दोस्त व साथी बनाने में सावधानी बरतनी चाहिए।

❑

सपनों से दूर हकीकत

नाम विजय, उम्र 14 बरस। 7 वर्ष की कच्ची उम्र में मुझे एक लड़की से प्यार हुआ और इसी उम्र में अपने सगे-संबंधियों की प्रताड़ना ने मुझे अपराध व नशे की दुनिया में धकेल दिया और मैं घर से भाग गया।

मैं गया (बिहार) का रहनेवाला हूँ। एक गरीब परिवार में मेरा जन्म हुआ। पढ़ाई में मेरी कतई दिलचस्पी नहीं थी, इसलिए दूसरी कक्षा के बाद मैंने पढ़ाई छोड़ दी और फिर कभी स्कूल नहीं गया।

मेरे परिवार में माँ-पिता के अलावा मेरे तीन भाई और दो बहनें हैं। परिवार पालने के लिए मेरे पिता को कड़ी मेहनत करनी पड़ती है। मेरे पिता बताते थे कि उन्होंने उनके बड़े भाई को पढ़ाने के लिए कड़ी मेहनत की थी और उन्हें काम दिलाने के लिए भी उन्हें काफी मुसीबतों का सामना करना पड़ा था।

वक्त बदला, उसी के साथ मेरे पिता के बड़े भाई, यानी मेरे ताऊजी, भी बदल गए। ताऊजी अपने परिवार के साथ अलग रहने लगे और मेरे पिताजी पटरी पर एक खोमचे में चाय बेचकर हमें पालने के लिए पीछे रह गए। मैं पिताजी की चाय की दुकान में उनकी मदद करता था, जबकि मेरे भाई स्कूल जाते थे। बहनें घर पर ही माँ का हाथ बँटाती थीं। परिवार का खर्च छोटी सी आमदनी से बड़ी मुश्किल से चल पाता था।

मेरे ताऊजी के घर में टेलीविजन था और मैं रोजाना कार्यक्रम देखने उनके घर जाता था। लेकिन उन्हें मेरा वहाँ आना अच्छा नहीं लगता था। वे मुझे वहाँ आने से रोकते और मखौल उड़ाते हुए कहते कि पापा से कहकर अपने घर में टी.वी. क्यों नहीं लगवा लेता। लेकिन मुझे टी.वी. देखने का ऐसा चस्का लगा था कि मैं उनकी बात का बुरा नहीं मानता। धीरे-धीरे मेरे ताऊजी के बच्चे मुझसे गाली-गलौज करने लगे और उन्होंने मेरा घर में घुसना बंद कर दिया। वे बातें आज भी मेरे दिल के किसी कोने को टीसती रहती हैं।

इसी बीच पानीपत की एक फैक्टरी में मेरे पिताजी की नौकरी लग गई और हम

सब पानीपत चले गए। तब मैं 7 बरस का था। मुझे टी.वी. देखना पसंद था और मेरे पिता की उसे खरीदने की औकात नहीं थी। मैं जब भी टी.वी. लेने की जिद करता, पिताजी गुस्सा हो जाते और कभी-कभी मुझे धुन डालते।

मुझे स्कूल जाना पसंद नहीं था। मैं सारा दिन यहाँ-वहाँ भटकते हुए दिन बिताता था। मुझसे पाँच साल बड़ा रघु मेरे पड़ोस में रहता था और रोजाना स्कूल जाता था। वह मुझे सलाह देता था कि मुझे घर छोड़कर दिल्ली भाग जाना चाहिए। दिल्ली 'सपनों का शहर' है। एक दिन जब मेरे पिताजी ने मेरी पिटाई की तो मैं रघु के साथ घर से भाग गया और हम नई दिल्ली रेलवे स्टेशन पर उतर गए। हम दोनों की ही जेबें खाली थीं। मुझे भूख सताने लगी। रघु मुझे एक जगह बिठाकर खाने का इंतजाम करने चला गया। लेकिन काफी देर बाद वह खाली हाथ लौटा। भूख मुझसे बरदाश्त नहीं हुई तो मैं एक अमीर-से दिखते आदमी के पास इस उम्मीद से गया कि शायद वह मेरे लिए कुछ खाने-पीने को खरीद देगा।

लेकिन मेरे अनुमान से उलट जिंदगी उतनी सरल नहीं थी। उस आदमी ने 'जेबतराश' कहकर मेरी पिटाई कर दी। वह मुझे और रघु को घसीटते हुए पास के एक थाने में ले गया और हम दोनों को हवालात में बंद कर दिया गया। वहाँ मौजूद पुलिसवाले मुझे गाली देने और मार-पीट करने लगे। मैं पहली बार इतना असहाय था कि कुछ नहीं कर सकता था। खाना माँगने पर मुझे मार खाने को मिली। रघु ने अंग्रेजी में बात करके पुलिसवालों पर रोब चला दिया और हम छूट गए। उस दिन मुझे पढ़ाई की अहमियत पता चली।

मुझे चेतावनी देकर छोड़ा गया, तभी से मेरी जिंदगी बदल गई। मैं मुड़कर वापस जाने के पक्ष में नहीं था। लेकिन रघु वापस जा चुका था। मैं अपनी जिंदगी की नई राह पर आगे बढ़ गया।

मैं नई दिल्ली रेलवे स्टेशन पर अपने हमउम्र कचरा बीननेवालों से जाकर मिला। उन्होंने मेरी मदद का वादा किया; लेकिन मेरी कमाई मुझे आप करनी थी। उन्होंने मुझे चाय की एक दुकान पर काम दिला दिलवा दिया। वहाँ मुझे खाना तो मिलता था, लेकिन तनख्वाह नहीं मिलती थी। जब कभी मैं पैसों की माँग करता, दुकान मालिक मुझे गंभीर परिणामों की धमकी देकर चुप करा देता।

मैंने कचरा बीननेवाले दोस्तों को अपनी समस्या बताई तो उन्होंने हनुमान मंदिर के आसपास रहनेवाले लड़कों के बारे में बताया। मैं वहाँ पहुँचा। कुछ स्थानीय लड़के मेरे दोस्त बन गए। उन्होंने भी मुझे ले जाकर चाय की एक दुकान पर काम दिलवा दिया; लेकिन वहाँ भी खाना मिलता था, तनख्वाह नहीं। मैं चाय की दुकान के पास ही रहता था। इन कटु अनुभवों ने मुझे बहुत कष्ट पहुँचाया। मैं पैसा इकट्ठा करके घर भेजना

चाहता था, ताकि मेरे पिताजी एक टेलीविजन खरीद सकें।

वहाँ मैं जिन लड़कों की सोहबत में रहता था, उसका खामियाजा भी मुझे उठाना पड़ा। जल्दी ही मेरा सामना इलाके के शैतान लड़कों से हुआ। उन्होंने मुझसे कहा, यदि मैं कुछ पाना चाहता हूँ तो मुझे उसे लड़कर छीनना पड़ेगा। उन्होंने मुझे लड़ना, गाली देना, छीनना और चोरी करना सिखा दिया। उन्होंने पुलिसवालों को अपने पक्ष में करने के लिए घूस देने की तरकीब भी समझा दी। इस पहली-पहल शिक्षा के नतीजे भी जल्दी ही सामने आने लगे। मैं उनके काले कारनामों में उनका साथ देने लगा और जल्दी ही अकेला वारदातें करने लगा।

मेरे पड़ोस में गीता नाम की एक लड़की रहती थी। मुझे उससे लगाव-सा हो गया। मैं अपनी बचत से उसके लिए तोहफे खरीदकर लाता और उसे देता। वह भी मेरे साथ प्यार से पेश आती। उस कच्ची उम्र में वह प्यार था या मेरा बचपना, तब मैं नहीं समझ सकता था। आज समझा हूँ। मैं सचमुच उसे प्यार करता था।

मैं, जब भी मौका लगता, अमीरों से प्रतिशोध लेता। वह एक अमीर ही था, जिससे मैंने रोटी माँगी थी और उसने मुझे थाने में बंद करवा दिया। मैं रात के वक्त अमीरों को अपना शिकार बनाता था। दारू के नशे में चूर लोग मेरे आसान शिकार होते थे। कभी-कभी मैं अमीर घरों में चोरी भी करता।

पुलिस को मेरी हरकतों की जानकारी थी, लेकिन मैंने घूस खिलाकर उनका मुँह बंद कर रखा था। हमें स्थानीय 'दादा' लड़कों से भी सावधान रहना पड़ता था। कई बार उनसे उलझने पर चाकू-छुरे चलाने की नौबत आ जाती थी। इसी तरह की एक लड़ाई के दौरान एक लड़के ने मेरे हाथ में चाकू भोंक दिया था। मैं एक महीने तक घर में पड़ा रहा था। इस दौरान मुझे एक बहुत अहम सबक सीखने को मिला। कोई मुझसे मिलने या धीरज बँधाने नहीं आया, गीता भी नहीं। उसकी अनदेखी ने मेरा मन मसोसकर रख दिया।

चोट से उबरने के बाद मैंने मुड़कर किसी को नहीं देखा, गीता को भी नहीं। अब मैं आजाद था। मैं जो भी पैसा कमाता, अपने नए 'प्रेम'—स्मैक और शराब—पर लुटा सकता था। ये दोनों मेरे इलाके में खुलेआम मिलते थे और इलाके में हर कोई खाता-पीता था। धीरे-धीरे मैं स्मैक और शराब का इतना आदी हो गया कि वे मेरे लिए रोटी से ज्यादा जरूरी हो गए। स्मैक और शराब का नशा मेरे टूटे दिल पर मरहम का काम करता था; लेकिन इसकी मुझे कितनी बड़ी कीमत चुकानी पड़ रही थी, इससे मैं अनजान था।

अब मैं 14 वर्ष का हूँ और 7 वर्ष की उम्र से नशा कर रहा हूँ। मैं अपराध की दुनिया में जब से सक्रिय हूँ, पुलिस एक बार भी मुझे नहीं पकड़ पाई है और जब मैं निर्दोष था, मुझे सजा मिली।

मुझे सद्बुद्धि तब आई जब कुछ समाज-सेवकों ने मुझसे संपर्क किया और मुझे नवज्योति नशा-मुक्ति केंद्र पर ले आए। यहाँ मेरा इलाज चल रहा है और मुझे टी.वी. देखने को भी मिलता है। मैं फिर से अपने परिवारवालों के साथ रहना चाहता हूँ। मैं पढ़ना चाहता हूँ और जिंदगी में कुछ बनना चाहता हूँ।

जिम्मेदारी सबकी

- गरीबी और असुरक्षा में सामाजिक शोषण बढ़ता है।
- गरीबों की गरीबी को बड़े परिवार और बढ़ा देते हैं।
- अभिभावक बातचीत और सलाह की बजाय अकसर बच्चों के साथ मार-पीट पर उतर आते हैं।
- अध्यापक अगर बच्चों को ठीक से पढ़ाएँ तो बच्चे स्कूल से कभी न भागें।
- असंवेदनशील और बेईमान पुलिस बल अपराध को बढ़ावा देता है।
- पुलिस केवल अमीरों और प्रभावशाली लोगों की ही सुनती है और गरीबों व कमजोरों का दमन करती है।

❑

रंग बदलती जिंदगी

मैं एक गैर-सरकारी संगठन में कार्यरत हूँ। यहाँ रहकर मैं नशा करनेवालों को सही राह पर लाने के लिए काम करता हूँ। मैं जानता हूँ, नशा आदमी को कहाँ से कहाँ पहुँचा देता है; क्योंकि मैं स्वयं उस बुरे दौर से गुजरा हूँ। मैं 32 बरस का एक विवाहित पुरुष हूँ। मेरे पाँच बच्चे हैं—चार बेटियाँ और एक बेटा। नाम है पप्पू।

अपने माता-पिता की मैं इकलौती संतान हूँ। मेरा जन्म दिल्ली में हुआ। पिता थोक में कबाड़ व्यापारी थे। छोटा परिवार था और परिवार में किसी प्रकार की कमी नहीं थी। एक बाधा जरूर थी—शराब। मेरे माँ-पिता दोनों ही खूब शराब पीते थे। पीकर वे घर में और घर के बाहर खूब झगड़ते भी थे। उनकी पीने की इस आदत ने मेरा बचपन चौपट कर दिया। मैं तीसरी कक्षा से आगे नहीं पढ़ पाया।

मैं सारा दिन आवारागर्दी करता, फिल्में देखता, पर स्कूल नहीं जाता। कभी-कभी दुकान से पैसे भी चुरा लेता। मेरी माँ मुझे बहुत प्यार करती थी। जब वह नशे में नहीं होती तो मुझ पर अपना प्यार लुटाती थी। उसे खुश देख मैं उससे जेब-खर्च के लिए पैसे झटक लेता था।

हमारी दुकान दिल्ली के एक जमे-जमाए बाजार में थी और घर भी एक अच्छी विकसित कॉलोनी में था। लेकिन जल्दी ही दोनों हमसे छिन गए।

एक रात नशे में चूर मेरे पिताजी दुकान से घर लौट रहे थे, तभी किसी बदमाश ने एक महिला के गले से सोने की चैन छीन ली। चारों ओर शोर मच गया। पुलिस आ गई। इस आरोप में मेरे पिताजी धर लिये गए। यह हमारी मुसीबतों की शुरुआत थी। बहरहाल, पिताजी जमानत पर जेल से बाहर आ गए, लेकिन पुलिस की आँख की किरकिरी बने रहे। पुलिस जब-तब दुकान पर आ धमकती और पैसे की माँग करती। झूठे मामलों से बचने के लिए पिताजी उनकी माँग पूरी कर देते। धंधा डूबने लगा और इसी गम में पिताजी ने और ज्यादा पीनी शुरू कर दी। घर लौटने पर वे माँ के साथ-साथ पड़ोसियों से भी झगड़ने लगे। घर की इस रोज-रोज की कलह से आजिज आकर मैं अपना ज्यादा-से-ज्यादा समय घर के बाहर ही गुजारने लगा।

हालत इतनी बिगड़ गई कि पुलिस ने हमारा जीना हराम कर दिया और हमें अपना मकान बेचकर रातोरात कलकत्ता भागना पड़ा। हमने वहाँ एक होटल में शरण ली और पिताजी काम की तलाश करने लगे। पिताजी को पुराना धंधा रास आया और उन्होंने कबाड़ खरीद-फरोख्त शुरू कर दिया। वहीं रहने के लिए हमें एक छोटा सा घर भी मिल गया। हम पाँच साल कलकत्ता में रहे, लेकिन पिताजी का धंधा नहीं जम पाया, उलटे घाटा होने लगा। तब उन्होंने हम माँ-बेटे से दिल्ली लौट जाने के लिए कहा। पहले तो हमने अकेले जाने का विरोध किया, लेकिन जब उन्होंने सख्ती की तो हमें जाना पड़ा।

दिल्ली में हम एक पुनर्वास बस्ती में रहने लगे। पेट पालने के लिए मैं सब्जी बेचने लगा। मेरी माँ अभी भी दारूखोर थी। उसकी दारू के लिए भी मुझे पैसे देने पड़ते। लेकिन मैं माँ को मना नहीं करता। वह एक अच्छी और प्यारी माँ थी। धीरे-धीरे पिता से हमारा संपर्क कट गया। वे न तो हमारे फोन उठाते, न हमारी चिट्ठियों के जवाब देते। हम बहुत हताश थे, तभी एक दिन अचानक घर पर आकर उन्होंने हमें हैरान कर दिया। बहरहाल, मेरे माँ-पिता के बीच के संबंधों में खटास आ गई। अब हम बाप और बेटे दोनों सड़कों-गलियों से पन्नियाँ व रद्दी आदि बीनने लगे। यह सामान हम उन्हीं लोगों को बेचते, जो कभी हमारी दुकान पर नौकर थे। जिंदगी घिसटती रही और शराब के साथ-साथ मेरे माँ-पिता के बीच की दरार और चौड़ी होती गई।

और रहा-सहा रिश्ता भी तब टूट गया जब मेरी माँ एक पड़ोसी के साथ घर से भाग गई। मुझे आज भी नहीं मालूम कि उन दोनों ने शादी की है या नहीं। पीछे कुछ दिन मैं अपने पिता के साथ रहा। एक दिन पिताजी को मेरी माँ रास्ते में मिली तो उन्होंने उसे घर लौटने को कहा; पर उसने इनकार कर दिया। तब मेरे पिताजी ने मुझसे पूछा कि मैं उनके साथ रहना चाहता हूँ या अपनी माँ के साथ? मेरा सुझाव माँ की तरफ ज्यादा था, इसलिए मैं माँ के पास चला गया। उस दिन के बाद से मैंने अपने पिता को दुबारा नहीं देखा। वे कहाँ हैं, किस हाल में हैं—18 साल गुजर गए।

हालात ने फिर करवट बदली, मेरी माँ ने अपने 'नए पति' को भी छोड़ दिया। कारण मेरी समझ में नहीं आया। हम एक झुग्गी बस्ती में आकर रहने लगे। वहाँ कचरा बीनकर कमाने के ज्यादा मौके थे। मैंने जी-तोड़ मेहनत शुरू कर दी और माँ को खुशियाँ व आराम देने की कोशिश करने लगा। लेकिन यहाँ मैं एक बड़ी विपत्ति में फँस गया। मैं ऐसे लड़कों की सोहबत में पड़ गया, जो स्मैक पीने के आदी थे। मुझे भी स्मैक की लत लग गई। मैं शराब भी पीने लगा और अब मेरी समझ में आ गया कि क्यों मेरे माँ-पिता इसके बिना नहीं रह पाते थे। इसी बीच मेरी माँ ने उसी बस्ती की एक लड़की सुनीता के साथ मेरी शादी कर दी।

सुनीता को माँ ने ही पसंद किया था; लेकिन दोनों की ज्यादा दिनों तक नहीं

पटी। दोनों अकसर झगड़ा करती रहती थीं। घर में तना-तनी रहने लगी। मैं अपनी ज्यादातर आमदनी सुकून की तलाश में शराब और स्मैक पर उड़ा देता था; पर हासिल कुछ नहीं होता।

मैं पाँच बच्चों का बाप बन गया। मुझे नहीं मालूम, उनका खर्चा कैसे चलता था, स्कूल भेजना तो दूर की बात थी। किसी भी तरह नशे के लिए पैसे जुटाने थे—मैं ठगों के एक गिरोह में शामिल हो गया। हम पीतल के जेवरों को सोने का बताकर लोगों को ठगने लगे। इस पर मैंने अपराध की दुनिया में कदम रखे। एक दिन पुलिस ने मुझे एक ब्रीफकेस चुराने के आरोप में पकड़ लिया। मैं अपने निर्दोष होने की दुहाई देने लगा; लेकिन उन्होंने मेरी एक नहीं सुनी और मुझे बुरी तरह धुनकर रख दिया। उन्होंने धमकी दी कि अगर मैंने अपना गुनाह नहीं कबूला तो उसके गंभीर नतीजे होंगे। बाद में मुझे छोड़ने के लिए उन्होंने रुपयों की माँग की। मेरी जेब खाली थी। आखिर में उन्होंने मुझे छोड़ दिया।

एक दिन काम पर जाते समय पुलिस ने मुझे फिर से पकड़ लिया और मुझ पर एक गुनाह कबूलने के लिए दबाव डालने लगी—वह गुनाह मैंने किया ही नहीं था। मुझे छोड़ने के लिए उसने फिर से पैसे की माँग की। मेरे कहने पर कि मेरे पास देने के लिए पैसे नहीं हैं, उन्होंने फिर मेरी बुरी तरह पिटाई की। इन घटनाओं ने मुझे बुरी तरह हिलाकर रख दिया। घर की दुर्दशा के लिए भी मेरी दीदी मुझी को दोषी ठहराने लगी। सबकुछ मेरे नशे पर बरबाद हो चुका था। घर में बीवी-बच्चों और माँ को खिलाने के लिए कुछ नहीं था।

उपजे हालात से माँ की तबीयत खराब रहने लगी। उसे अच्छा नहीं लग रहा था। वह कुछ तब्दीली चाहती थी। उसने अहमदाबाद में अपने माता-पिता के पास जाने की इच्छा जताई। जैसे-तैसे पैसों का इंतजाम करके मैंने उसे ट्रेन में बिठा दिया।

कुछ दिनों बाद मेरे दादा ने फोन करके बताया कि मेरी माँ का इंतकाल हो गया। उसके अंतिम संस्कार के लिए मैं भागा-भागा अहमदाबाद पहुँचा और वहाँ से हताशा से भरा वापस लौटा। अब घर में देखभाल के लिए कोई नहीं बचा था। मेरे बीवी-बच्चों की मुझे कोई परवाह नहीं थी। अपनी माँ को ही मैं अपना सबकुछ मानता था। माँ की मौत और परिवार की बदहाली के लिए मैं अपने आपको कोसने लगा। मन कहने लगा—इन सब बुराइयों से दूर हो जा।

इसी दौरान मेरी मुलाकात नवज्योति के दो कार्यकर्ताओं से हुई। उन्होंने मुझे नवज्योति नशा-मुक्ति केंद्र में इलाज कराने की सलाह दी। पत्नी और पड़ोसियों के समझाने पर मैंने उनके सात महीने लंबे इलाज की हामी भर दी। इस इलाज ने मेरी जिंदगी को पूरी तरह बदलकर रख दिया। आजकल मैं नवज्योति के नशा-मुक्ति केंद्र

कार्यक्रम के एक कार्यकर्ता की हैसियत से झुग्गी बस्ती के केंद्रों में कार्यरत हूँ और अपने जैसे लोगों को सही मार्ग पर लाने के लिए प्रयासरत हूँ। मेरे सभी बच्चे स्कूल जाते हैं। दो तो नवज्योति द्वारा संचालित स्कूलों में पाठ्यरत हैं।

मैं उज्ज्वल भविष्य की तलाश में हूँ और अँधेरे में फँसे लोगों को ज्योति की किरण दिखाना चाहता हूँ।

जिम्मेदारी सबकी

- नशाखोरी किसी भी रूप में विनाशकारी है—शराब और स्मैक तो तबाही के शैतान हैं।
- शराबी और स्मैकिए तो वैसे ही गरीब होते हैं, पुलिस उनसे वसूली करके उन्हें और गरीब बना देती है।
- गरीब, कमजोर और अशिक्षित लोग गंदी बस्ती के प्रतिकूल असर से सबसे ज्यादा पीड़ित होते हैं।
- परिवार में तना-तनी सुकून खोजने के लिए शराब और स्मैक की ओर धकेलती है; लेकिन इससे पैसे की बरबादी और पारिवारिक बदहाली के अलावा कुछ हासिल नहीं होता।

❑

कतरा-कतरा जिंदगी

मेरा नाम लियाकत अली है। मेरा जन्म पाकिस्तान में हुआ। अब मैं दिल्ली में रहता हूँ। मेरे पिताजी मजदूरी करते थे। जब पाकिस्तान के बँटवारे के बाद पूर्वी पाकिस्तान बँगलादेश बन गया तो वहाँ से भागकर हम हिंदुस्तान आ गए। हमारे परिवार में हम पाँच भाई और तीन बहनें हैं। मेरा सबसे बड़ा भाई बँगलादेश में और उससे छोटा पाकिस्तान में दर्जी का काम करता है। बाकी हम तीन भाई हिंदुस्तान में रहते हैं। हमारी कबाड़ी की अलग-अलग दुकानें हैं।

मगर सन् 1971 में हमारे मुल्क को बाँटा न गया होता तो हमारा परिवार भी नहीं बँटता। हम सब एक साथ रह रहे होते। पाकिस्तान से जैसे-तैसे बचते-बचाते हम बँगलादेश पहुँचे। हमारी बसी-बसाई गृहस्थी के साथ-साथ सबकुछ छिन गया था। ले-देकर केवल जिंदगी बची थी। बँगलादेश कम-से-कम मेरे और मेरे भाई-बहनों के लिए तो बिलकुल नई जगह थी। यहाँ जिंदगी घसीटना दुश्वार हो गया। कई-कई दिनों तक हमें भूखे रहना पड़ता था। तब हमने सरहद पार करके हिंदुस्तान जाने का फैसला किया। मेरे पिताजी को उम्मीद थी कि वहाँ वे दो जून की रोटी कमा सकेंगे। हम छिपते-छिपाते, अनेक मुसीबतें उठाते सरहद पार करके हिंदुस्तान पहुँच गए और वहाँ से किसी तरह दिल्ली आ गए। अभी तक भूख और कंगाली साए की तरह हमारे पीछे लगी थीं।

जी-तोड़ मेहनत, मुसीबतों और अशिक्षा के बीच मेरा बचपन बीता और मैं जवान हो गया। लेकिन बेरोजगारी अब भी मुँह बाए खड़ी थी। मेरे पिताजी हाड़- तोड़ मेहनत के बावजूद मुश्किल से हमारी साँसें चला पा रहे थे।

मैं 30 साल का हुआ तो बेरोजगारी में ही माँ ने मेरी शादी करा दी। दो बेटों और एक बेटी को जन्म देकर मेरी यह बीवी लंबी बीमारी के बाद अल्लाह को प्यारी हो गई। 28 साल की उम्र में मैंने एक तलाकशुदा औरत से दूसरी शादी कर ली। वह एक बेटी की माँ थी। इस बीवी से मेरे कुनबे में एक लड़का तथा एक लड़की और जुड़ गए। मैं सदर बाजार में कचरा बीनकर अपने परिवार का पेट पाल रहा था। दस साल तक मैं यही धंधा करता रहा। बाद में अपने एक दोस्त की मदद से मैंने अपनी खुद की कबाड़ी

की दुकान खोल ली। दुकान के लिए जमीन का टुकड़ा भी उसने मुफ्त में दे दिया था। धीरे-धीरे मेरी आमदनी बढ़ गई और जिंदगी मजे से चलने लगी। वे मेरी जिंदगी के सुनहरे दिन थे।

लेकिन भाग्य में कुछ और भी लिखा था। मेरे दोस्त ने जमीन खाली करने के लिए कह दिया। मेरे पास उस जगह का कानूनी पट्टा तो था नहीं, मुझे जगह खाली करनी पड़ी। मैंने दुकान को दूसरे इलाके में जमा लिया और किसी तरह जद्दोजहद करने लगा। अभी तक धंधा मंदा ही था।

धीरे-धीरे किस्मत ने पलटी खाई, मेरी कड़ी मेहनत रंग लाई। पैसा आया तो आस-पड़ोस में मान-सम्मान भी मिलने लगा। सफलता का नशा मेरे सिर चढ़ गया। मैं समाज में ज्यादा उठने-बैठने लगा। मेरे कई जाने-अनजाने दोस्त बन गए। मैं जानता था, मेरे पैसों की वजह से वे मेरे चारों ओर डेरा डाले थे। उन्होंने मेरे सामने शराब और स्मैक पेश की, जिनसे मैं अब तक अनजान था। मैं जल्दी ही हेरोइन, चरस और शराब का आदी हो गया। इन्होंने मुझे ऐसा जकड़ा कि मैं अपनी सुध-बुध खो बैठा। दुकान के कामकाज में मेरी दिलचस्पी कम हो गई। जबकि उस पर बराबर ध्यान दिए जाने की जरूरत थी। नशे ने पूरे वक्त मुझे अपने आगोश में ले लिया। मैंने अपने धंधे से ध्यान पूरी तरह हटा लिया और वह बरबाद हो गया। मेरा परिवार मुसीबतें उठाने लगा। मैं अपनी भड़ास अपने बीवी-बच्चों पर निकालने लगा। बाद में मुझे अहसास हुआ कि वह मेरी बड़ी बेजा हरकत थी। उन्हें मुझसे क्या चाहिए था—देखभाल, खाना और आश्रय।

मुझे दिमागी सुकून की तलाश थी। मैं अपने गाँव बँगलादेश गया। यहाँ नशीले पदार्थ आसानी से नहीं मिलते थे। यह मेरे लिए अच्छा ही रहा। लेकिन मेरी हुड़क मुझे वापस दिल्ली खींच लाई। यहाँ मैं बैठे-बिठाए अपने साथियों, पड़ोसियों, सरकारी अधिकारियों और इलाकाई पुलिसवालों से झगड़े लेने लगा। मैं पुलिस का मुखबिर भी रहा। कुल मिलाकर मेरा यह व्यवहार मेरे लिए मुसीबत का सबब बनने वाला था, मैं यह जानता था। और वही हुआ भी।

पड़ोसी कब तक चुप रहते, उन्होंने मेरे खिलाफ शिकायत कर दी। हालात इतने खराब हो चुके थे कि वे किसी भी तरह मुझसे पीछा छुड़ाना चाहते थे। इसी बीच पड़ोस की एक औरत से मेरे अनैतिक संबंध बन गए। ये किसी का किया-धरा था, यह तो मुझे नहीं मालूम; लेकिन उसने मेरे खिलाफ थाने में बलात्कार का केस दर्ज करा दिया। मुझे गिरफ्तार करके जेल में डाल दिया गया। मैं ढाई साल बंद रहा। पीछे से मेरे परिवार को चलाने के लिए मेरी बीवी ने महरी के रूप में काम किया। मेरे भाइयों ने भी थोड़ी-बहुत मदद की। मेरा धंधा चौपट हो गया था। मेरी गुजारिश पर अदालत ने मुझे 2 घंटे की मोहलत दी। अस्पताल जाकर उससे मिल उसकी हालत ने मुझे मर्माहत कर दिया।

नई जेल महानिदेशक ने जेल में ड्रग्स पहुँचाने के सारे रास्ते बंद कर दिए थे। अब कोई चुनाव नहीं बचा था, इसलिए मैंने जेल के नशा-मुक्ति केंद्र में इलाज कराने का मन बना लिया। मैं वाकई सुधरना चाहता था। जेल का माहौल एकदम बदल गया था। कैदियों के पुनर्वास पर जोर दिया जा रहा था। कैदियों की जिंदगी में आमूल-चूल बदलाव के लिए ध्यान, सलाह, वोकेशनल ट्रेनिंग और कई अन्य कार्यक्रम चलाए जा रहे थे। कई गैर-सरकारी संगठन भी जेल में कार्यरत थे। अपनत्व भरे माहौल में वहाँ आश्रम जैसा माहौल बन गया था। मैं भी सुधार की राह पर आगे बढ़ने लगा था।

जेल में मेरा संपर्क 'इंडिया विजन फाउंडेशन' नाम के गैर-सरकारी संगठन से हुआ। मैंने इसके कार्य-कलापों से अपने परिवार की मदद की गुजारिश की। उन्होंने मदद का भरोसा दिया। वे समय-समय पर मेरे घर जाकर मदद करने लगे। मेरे बच्चों को स्कूल में भरती करवा दिया गया और शालिग्राम नाम के स्थानीय अभिभावक ने बराबर मेरे बच्चों का ध्यान रखा। 'इंडिया विजन फाउंडेशन' की मदद से मेरा परिवार फिर पटरी पर आ गया।

जेल से छूटकर मैं घर आ गया, लेकिन अतीत की कालिख मेरे ऊपर लगी रही। जैसा मैंने पहले बताया, मैं पुलिस का मुखबिर था; लेकिन अब मैं यह काम नहीं करता, इससे पुलिस मुझसे नाखुश है। कई बार उनका गुस्सा मुझ पर उतर चुका है। जिंदगी में शांति और सुकून बनाए रखने के लिए मुझे बार-बार घर बदलना पड़ता है। अभी भी मैं कबाड़ी की दुकान चलाता हूँ; लेकिन डरता हूँ, पता नहीं कब किसी जुर्म में फँसाकर पुलिस मुझे जेल भिजवा दे।

मेरा जीवन गलतियों और बुराइयों से भरा है। इसके लिए मैं किसी और को नहीं, अपने आपको दोषी ठहराता हूँ। लेकिन अब मैं समाज से अपने लिए केवल एक अवसर की माँग करता हूँ, ताकि मैं अपने आपको बेहतर और समाजोपयोगी सिद्ध कर सकूँ।

जिम्मेदारी सबकी

- बार-बार छूट जाने पर लोगों की जिंदगी में बवंडर आ जाता है। कई बार जान देकर इसकी कीमत चुकानी पड़ती है।
- गरीबी, अशिक्षा और बेरोजगारी मिलकर व्यक्तियों के शोषण का इंतजाम कर देते हैं।
- स्मैक का नशा निश्चित तबाही की ओर ले जाता है।
- किसी कैदी के जेल में हुए सुधार को पुलिस संगठन शक की दृष्टि से देखते हैं, इसलिए जब ऐसे कैदी जेल से छूटकर अच्छा जीवन जीने की कोशिश करते हैं तो भी ये संगठन उनके पीछे पड़े रहते हैं।

❑

कुसूरवार कौन?

माँ-बाप जब कोई अपराध करते हैं तो उसका सबसे ज्यादा खामियाजा उनके बच्चों को उठाना पड़ता है—तिहाड़ जेल में महानिरीक्षक बनकर इसे मैंने नजदीक से जाना और समझा। अपराधी माँ-बाप तो जेल चले जाते हैं और पीछे उनके बच्चे सड़कों पर धक्के खाने के लिए छूट जाते हैं। इन बच्चों को रिश्तेदारों, पड़ोसियों, दोस्तों और बाहरवालों के रहमो-करम पर छोड़ दिया जाता है। कई बच्चे शोषण के शिकार होते हैं और धीरे-धीरे कुछ बच्चे खुद शोषक बन जाते हैं।

हमारी सुधार प्रणाली के इस खालीपन को भरने के लिए हम कुछ लोग इंडिया विजन फाउंडेशन के परचम तले बैठे और एक शोषित बच्चों को शिक्षा व सुरक्षा उपलब्ध कराने के लिए हमने एक कार्यक्रम बनाया। इस कार्यक्रम के ही एक सलाहकार शालिग्राम की जुबानी यह घटना सुनकर इस मुद्दे की गंभीरता का पता चल जाता है।

मैं 150 बच्चों का स्थानीय अभिभावक हूँ। मेरे जैसे और भी अनेक अभिभावक हैं। इन बच्चों के माँ-बाप में से कई अभी भी जेल में हैं और कई जमानत पर हैं। ये बच्चे दिल्ली के आस-पास बने हमारे स्कूलों में पढ़ते हैं। मैं और मेरे साथी नियमित बच्चों से मिलते रहते हैं, ताकि हमारे स्कूल के अधिकारियों से भी संपर्क बना रहे। आवासीय स्कूलों में पढ़नेवाले ज्यादातर बच्चों के माता-पिता जेल में बंद हैं। सलाहकार होने के कारण केवल हम ही बच्चों और जेल में बंद उनके माता-पिता के बीच की कड़ी हैं। बीच-बीच में बच्चों को जेल में उनके माता-पिता से मिलाया जाता है। इसमें स्कूल, इंडिया विजन फाउंडेशन और जेल अधिकारी मिलकर सहयोग करते हैं। हालाँकि सभी स्कूल जेल में बच्चों को उनके माँ-बाप से मिलने की इजाजत नहीं देते। बच्चों की जरूरतें हम पूरी करते हैं; जैसे—भोजन, कपड़े, दवाइयाँ, इलाज और स्कूल की फीस आदि। जब बच्चों के माता-पिता जेल से बाहर आ जाते हैं तो उनकी जिम्मेदारी उठाने के लिए हम उन्हें प्रोत्साहित करते हैं। लेकिन बहुत से लोग खर्च नहीं उठा सकते। जो लोग अपने बच्चों को अपने साथ ले जाते हैं, उन पर नजर रखी जाती है कि पता नहीं कब वे वापस जेल चले जाएँ या बच्चों को छोड़कर भाग जाएँ। कुछ

स्कूल कठिन हालात से जूझते ऐसे बच्चों की फीस में छूट दे देते हैं। ऐसे स्कूलों का हम धन्यवाद करते हैं। इससे हमें अपनी संस्था को चलाने में मदद मिलती है। एक और स्कूल के हम शुक्रगुजार हैं, जिसने जेल में अपनी माँ के साथ रहनेवाले बच्चों को शिक्षा उपलब्ध कराने में उल्लेखनीय पहल की। इस स्कूल ने सभी सुविधाओं से युक्त एक हॉस्टल का निर्माण ऐसे ही बच्चों, खासकर लड़कियों के लिए कराया। यहाँ ऐसी 25 लड़कियों को अच्छी शिक्षा मिल रही है। ये लड़कियाँ अलग रहती हैं, लेकिन अच्छे परिवारों के हजारों बच्चों के साथ एक साथ पढ़ती हैं। पढ़ाई और अन्य स्कूली गतिविधियों में ये लड़कियाँ अच्छा प्रदर्शन कर रही हैं। स्वच्छ वातावरण का प्रभाव यहाँ बच्चों पर स्पष्ट देखा जा सकता है।

कुछ दिनों पहले इसी स्कूल की वार्डन ने मुझे फोन किया कि गार्ड ने 9, 10 और 11 साल की तीन लड़कियों को स्कूल से भागते हुए पकड़ा है। ये लड़कियाँ तीन साल से स्कूल में पढ़ रही थीं। इनके माता-पिता कत्ल, स्मैक के धंधे और अन्य भयंकर अपराधों की वजह से अभी भी जेल में थे। संयोगवश तीनों लड़कियाँ झुग्गी बस्ती में रहनेवाले अपने रिश्तेदारों के पास जमी थीं और लंबी छुट्टियाँ बिताकर अभी लौटी ही थीं। वार्डन ने बताया कि वे लड़कियाँ स्कूल के बस्तों और बच्चों की मदद से स्कूल की चारदीवारी फाँदकर भागने की कोशिश कर रही थीं, तभी गार्ड ने उन्हें पकड़ लिया। लड़कियों ने स्वयं को गार्ड के कब्जे से छुड़ाने की भरसक कोशिश की थी। जब मैं उन लड़कियों से मिला तो उन्होंने बताया कि उन्होंने योजना बना रखी थी कि अगर गार्ड ने रोका तो वे उसे जला देंगी या सरिए से पीटेंगी। उनकी दिमागी उपज सुनकर मैं हैरान रह गई। और जब मैंने उनसे पूछा कि उन्होंने अपनी छुट्टियाँ कहाँ और कैसे बिताईं, तो सारी बात मेरी समझ में आ गई। उन नन्हीं लड़कियों ने बताया, "वहाँ हमारे ढेर सारे दोस्त थे। कोई स्कूल नहीं था। हम मनचाही जगह पर बेरोक-टोक जा सकते थे। गली, सड़क, पार्क सब जगह हम सारा दिन खेल सकते थे। हमें कोई रोकनेवाला नहीं था। हम मंदिर के बाहर या यातायात चौराहों पर खड़े होकर पैसा कमा सकते थे। ताश या जुआ खेल सकते थे। कुछ भी खा-पी सकते थे। सारे दोस्तों के साथ फिल्म देखने जा सकते थे। घर लौटने की कोई जल्दी नहीं थी। हम कहीं भी रुकते थे, किसी भी दोस्त की झुग्गी में। होमवर्क करने को नहीं था। हम दोस्तों के साथ बीड़ी-सिगरेट का स्वाद भी ले लेते थे। हम गलियों में कचरा बीनने और चाय की दुकानों में अपने दोस्तों के साथ काम करते थे।"

दो महीने में ही स्कूल और फाउंडेशन की अनथक मेहनत मिट्टी में मिल गई। अध्यापकों ने लड़कियों को घर इसलिए भेजा था कि वे अपने रिश्तेदारों के साथ वक्त बिता सकें। आखिर एक दिन उन्हें वहीं तो जाना था। लेकिन अध्यापकों ने इस बात

पर जरा भी गौर नहीं किया कि वहाँ का उन्मुक्त माहौल, मंदिरों-गुरुद्वारों में आसानी से मिलनेवाला भोजन और पैसे, फिल्मों व टेलीविजन तक आसान पहुँच से ये बच्चे अपनी अच्छी शिक्षा-देखभाल और अच्छे प्रदर्शन—सबको एक झटके में ठुकरा देंगे।

ऐसे बच्चों से पहली बार साबका पड़ने पर अध्यापकों को उनके व्यवहार, भाषा, बोलचाल और हाव-भावों को बदलने में वैसे ही काफी दिक्कतों का सामना करना पड़ता है। महिला कैदी चूँकि छह साल तक अपने बच्चों के अपने साथ रख सकती हैं, इसलिए ऐसे बच्चों को एक अलग प्रकार के अनुशासनात्मक माहौल में ढालने के लिए पहले ही काफी देर हो चुकी होती है। बच्चों को माँ के साथ जेल में बहुत लंबे समय तक साथ रहने की छूट मिली है, यह एक बड़ी गलती है। मेरा मानना यह है कि बच्चों की के.जी. में जाने लायक उम्र होने पर ही उन्हें आवासीय स्कूल में भेज देना चाहिए और उन्हें ऐसे असुरक्षित माहौल में लंबे समय तक रहने की अनुमति नहीं दी जानी चाहिए, जहाँ उनके बिगड़ने का खतरा हो। जेल से रिहा होने के बाद माता-पिता एक निश्चित समय-अंतराल में अपने बच्चों से मिलते रहें। इसी प्रकार जिन बच्चों के माता-पिता जेल में बंद हों वे भी उनसे मिलते रहें। लेकिन यह मामला ऐसे आपराधिक माहौल में पले-बढ़े नन्हे लड़के-लड़कियों की खतरनाक मानसिक स्थिति को दरशाता है। ये बच्चे अनुशासन के बजाय मौज-मस्ती को, स्कूलों की बजाय गलियों को, गृहकार्य के बजाय भीख को, घर में खाने के बजाय मंदिरों और गुरुद्वारों के चटपटे खाने को, स्कूली गीत की बजाय वयस्कों की फिल्में और टेलीविजन कार्यक्रमों को तथा अध्यापिकाओं की बजाय दोस्तों को अहमियत देते हैं। दोषी कौन है ?

जिम्मेदारी सबकी

- गैर-जिम्मेदाराना शारीरिक संबंध से उत्पन्न बच्चे आपराधिक माहौल में पलकर जेल जाने का रास्ता सुनिश्चित कर लेते हैं।
- भारतीय सुधार प्रणाली आज भी कैदियों के बच्चों के मुद्दे को गंभीर समस्या के तौर पर नहीं लेती। इसलिए उनकी विशिष्ट जरूरतों के लिए वैसा कोई कार्यक्रम नहीं दिखाई देता।
- विचारशील और खुले समाजों के पास अपराध-प्रभावित परिवारों के बच्चों को शहरों के सबसे असुरक्षित माहौल से बचाने की कोई योजना नहीं है।

❑

सिगरेट से हेरोइन तक

मेरा नाम मूलचंद है। 8 भाई-बहनों में मैं चौथे नंबर का हूँ। मेरे पिता दिल्ली में एक किराना दुकान चलाते हैं। मैं 11 बरस का था और एक सरकारी स्कूल में पढ़ता था, जब पहली बार मेरे एक सहपाठी ने मुझे सिगरेट पीने को दी। तब तक मैं पढ़ाई में एक अच्छा विद्यार्थी था। धीरे-धीरे मेरे दोस्त मुझे स्कूल से गैर-हाजिर रहकर फिल्में दिखाने ले जाने के लिए उकसाने लगे। फिर तो यह रोजाना का शगल बन गया और इसी तरह मेरी सिगरेट पीने की आदत भी परवान चढ़ती चली गई।

पिताजी से मेरी नहीं पटती थी, पर मेरी माँ मुझे बहुत प्यार करती थी। जब मेरे खर्चे बढ़ने लगे तो मैं स्कूल की चीजों का बहाना कर-करके माँ से पैसे माँगने लगा। मेरे पिताजी सवाल करते थे, पर माँ आँख मूँदकर मुझ पर भरोसा करती थी, इसलिए पैसे मिलने में कोई दिक्कत नहीं थी।

स्कूल में मेरी गैर-हाजिरी जब हद से ज्यादा बढ़ गई तो अध्यापकों ने इसकी जानकारी मेरे घरवालों को दे दी और इस बाबत एक खत भिजवा दिया। माँ ने सवाल किया तो उसकी निरक्षरता का फायदा उठाते हुए मैंने उसे बुद्धू बना दिया कि यह तो एक सामान्य खत है, सबको भेजा जाता है। जबकि मेरे पिता दुकान सँभालने में व्यस्त थे। मैंने उन्हें पता ही नहीं चलने दिया।

मैं पूरे आत्मविश्वास के साथ झूठ बोलता था और जीवन में मुझे सबकुछ बढ़िया चाहिए था—आधुनिक कपड़े, जूते, नए-नए मोबाइल फोन, घड़ियाँ आदि। मुझे दोस्तों के सामने दिखावे का शौक था। कई बार मैं घर से भाग भी गया और माँ के मिन्नतें करने के बाद ही लौटा। मेरे पिताजी मुझ पर कभी नहीं रीझे और माँ को भी वे ऐसा करने से रोकते थे।

जब मैं बड़ा हुआ तो पैसा मिलना कठिन हो गया। मैंने चोरी और लोगों से उधार लेना शुरू कर दिया। इसी बीच मैं जैसे-तैसे 8वीं कक्षा में पहुँच गया था और इस दौरान मुझे रोजाना शराब पीने का चस्का लग गया। मेरे कई दोस्त इस शगल में मेरा साथ देते। जल्दी ही पढ़ाई से मेरा मन उचट गया और मैंने स्कूल छोड़ दिया। अब तक मेरे दिल से मेरे पिता का डर निकल चुका था। मैं उन्हें झिड़क देता था। मेरी माँ अब भी मेरा पक्ष लेती थी।

दिल्ली में शराब खरीदने की न्यूनतम उम्र नियमानुसार 25 वर्ष तय है। चूँकि मैं कम उम्र का था, इसलिए मैं बहाना बनाकर शराब खरीदता था कि यह बोतल मैं अपने

पिता के लिए ले जा रहा हूँ। अगर शराब नहीं ले गया तो वे मेरी पिटाई करेंगे।

16 साल की उम्र में मैं चरस पीने में पारंगत हो गया। पैसे मिलने में अब कोई दुश्वारी नहीं थी। मैं दुकान से चुरा लेता—वहाँ कोई लिखा-पढ़ी तो थी नहीं। माँ ने मुझे दुकान पर बैठने को कहा—इस उम्मीद से कि मैं सुधर जाऊँगा। लेकिन दुकान से पैसे चुराकर मैं अपने शौक मजे से पूरे करने लगा। कुछ ट्रक ड्राइवर भी मेरे दोस्त बन गए। वे मुझे अफीम खाने को देते और मुझे हर बुरे अड्डे पर ले जाने लगे।

मैं जल्दी ही शराब, स्मैक और चोरी में गले तक डूब गया। मैं अकसर घर से भागने लगा और लौटने पर माँ मुझे पिता के विरोध के बावजूद वापस घर में रख लेती। मेरे 21 साल का होने तक यह सब चलता रहा।

इसके बाद हालात और बिगड़ गए। मैं जेबकतरा बन गया। मेरे दोस्तों ने मुझे जेब काटने के गुर सिखा दिए। पुलिस को मेरी हरकतों की जानकारी हो गई और वह आए दिन मेरे घर दबिश देने लगी। मैं घर से लापता रहने लगा। इसी बीच मैं हेरोइन भी पीने लगा। यह सबसे अच्छा नशा था और आस-पड़ोस में बड़ी आसानी से मिल जाता था। इसी बीच मुझे पता चला कि मुझे पुलिस के उत्पीड़न से बचाने के लिए मेरी माँ ने उन्हें घूस खिलाई थी। इसके बाद मैं सुरक्षित वापस अपने घर अपनी माँ के आँचल में पहुँच गया। अब मेरे नशे का खर्चा माँ देती थी। जब कभी वह देने से इनकार करती, मैं उसे और सामने आनेवाले हर शख्स के साथ गाली-गलौज करता। अपराध में मैं गहरे धँसता चला गया। पुलिस ने सावधानी बरतते हुए मुझे गिरफ्तार कर लिया। अगले ही दिन माँ ने मेरी जमानत करके मुझे रिहा करवा लिया। बहरहाल, मुझे फिर गिरफ्तार कर लिया गया और गंभीर आरोपों के चलते छह महीने के लिए जेल भेज दिया गया।

जेल से छूटने के बाद मुझे सबसे नफरत हो गई—मेरी माँ से भी, जो अब तक मेरी पक्षधर थी। मुझे बस ड्रग्स और अपने दोस्तों के साथ बैठना भाता था।

थोड़े दिनों बाद ड्रग्स रखने के जुर्म में मुझे फिर गिरफ्तार कर लिया गया और करीब तीन साल के लिए जेल भेज दिया गया। मेरी गिरफ्तारी के साथ पुलिस ने मेरे पास से 5,000 रुपए भी बरामद किए थे, लेकिन उसे वह खुद ही डकार गई। जेल में भी मेरा नशा बदस्तूर जारी रहा। पैसे लेकर एक हेड वार्डर मेरी पुड़िया मुझ तक पहुँचा देता था। आखिर वह पकड़ा गया और हमारे साथ जेल में आ गया। बहरहाल, मैं थोड़ा पहले ही रिहा हो गया। मेरी माँ मुझे इलाज के लिए एक नशा-मुक्ति केंद्र में ले गई। मैं थोड़े दिन वहाँ रहा और फिर वहाँ से भाग खड़ा हुआ। मुझे दुबारा लाया गया, मैं फिर भाग गया। ड्रग्स के बिना मेरी जिंदगी बेकार थी।

मुझमें सुधार की उम्मीद से मेरी माँ ने मेरी शादी कर दी। मेरी बीवी मुझसे प्यार करती थी और मुझे खुश देखना चाहती थी, इसलिए शुरू में उसने मुझे नशा करने से नहीं रोका। बहरहाल, धीरे-धीरे वह रोका-टोकी करने लगी और नौबत मारपीट तक पहुँच जाती। इसके बाद धीरे-धीरे मैंने उसके सारे जेवर बेच डाले। उसकी उँगली से

आखिरी अँगूठी भी निकाल ली, जब वह सोई हुई थी। इसके बाद मैंने उसके कपड़े बेचने शुरू कर दिए। मेरे ससुरालवाले भी मेरी मदद करते थे, लेकिन मेरी बीवी ने उन्हें रोक दिया। मेरी दयनीय हालत देखते हुए एक दिन मेरे पिता गुजर गए। घर में उनकी अरथी रखी थी और मैं अपने नशे की लत बुझाने निकल पड़ा। मैं जब लौटा, उनका अंतिम संस्कार किया जा चुका था।

मेरी जिंदगी वैसे ही घिसटती रही। जेबतराशी से मैं शौक पूरे करता और कभी-कभी मुझे लोगों के गुस्से का शिकार भी होना पड़ता। अब मुझे कमजोरी ने आ घेरा था। जिंदगी का बोझ ढोना मुश्किल हो गया था। मेरी माँ ने मुझे एक कमरे में अलग-थलग कर दिया। वहीं मुझे खाना दे दिया जाता। वहाँ किसी को नहीं आने दिया जाता। मेरी बीवी भी मुझसे दूरी बनाकर रहती। नातेदारों ने भी मुझे ठुकरा दिया। अब मैं छूत की एक ऐसी बीमारी से पीड़ित था कि लोग मेरे पास तक आने से डरने लगे कि कहीं उन्हें भी वह बीमारी न ग्रस ले। मैं बीमार पड़ गया और मुझे देखनेवाला कोई नहीं था। यहाँ तक कि मेरे दोस्त भी मुझसे खिंच गए।

सबने मुझसे मुँह फेर लिया। कोई संगी-साथी नहीं। माँ फिर पसीजी। मुझे इलाज के लिए ले गई। जाते-जाते बोली, "यहीं मरो, यहाँ से जिंदा मत निकलना।" उसके इन शब्दों ने मुझे हिलाकर रख दिया। वह मेरे मरने की कामना कभी नहीं कर सकती थी। मैंने इलाज कराया। इस बार मैं भागा नहीं। पिछले दो सालों से मैं उसी केंद्र में नर्स के रूप में काम कर रहा हूँ और अपनी जैसी हालतवाले लोगों की सहायता करने में लगा हुआ हूँ।

जिम्मेदारी सबकी

- माता-पिता और बड़ों को घर में एकजुट रहकर ऐसा सामंजस्यपूर्ण व्यवहार करना चाहिए कि उनके बच्चों की अच्छी परवरिश सुनिश्चित हो सके।
- माँ की बेटों के प्रति ज्यादा तरफदारी के खतरनाक परिणाम होते हैं।
- माँ-बाप और बच्चों के बीच मेल-जोल की कमी से उनके संबंधों में ऐसे बदलाव जन्म लेते हैं, जिन्हें किसी भी तरह भरा नहीं जा सकता।
- सुधारवादी पुलिस काररवाई आपराधिक घालमेल को रोक सकती है।

❑

अपराधी बना उपदेशक

किसी समय मैं भारत के पूर्वी इलाके में आतंक का पर्याय था। लोगों की जान लेना और अमीरों को लूटना मेरा रोज का काम था। आज मैं दिल्ली की तिहाड़ जेल व देश की अन्य जेलों के कैदियों के हृदय-परिवर्तन हेतु उन्हें 'बाइबल' का उपदेश देता हूँ। मूल रूप से मैं तमिलनाडु का हूँ, लेकिन पिछले 18 बरस से दिल्ली मेरा ठिकाना है। मुझे लोग एन.ए. राजन के नाम से जानते हैं। मैं जिंदगी के 50 वसंत देख चुका हूँ।

मेरा जन्म तिरुचिरापल्ली के एक मध्यवर्गीय हिंदू परिवार में हुआ। हम कुल दो भाई और दो बहनें हैं। मेरे पिता रेलवे में एक अनुशासनप्रिय अधिकारी थे। उनकी जिंदगी के अपने आदर्श थे और वे चाहते थे कि मैं भी उन आदर्शों का पालन करूँ। मेरे साथी छुट्टी के वक्त स्कूल से चीजें खरीदकर खाते थे। मुझे उनसे जलन होती थी। मेरे पिता ने कभी इसकी इजाजत नहीं दी। हमें कभी जेब- खर्च नहीं दिया गया। पिताजी कहते थे—जो खाना हो, घर बैठकर खाओ। वे हमें खेलने के लिए कभी बाहर नहीं जाने देते थे। चाहते कि हमारे दोस्त हमारे साथ खेलने के लिए हमारे घर आएँ। मैं कभी कोई गलती कर देता तो सुधारने की गरज से वे मुझे निर्दयता से धुनकर रख देते। लेकिन सुधार नहीं होता। मैं विद्रोही बन गया और 8 साल की उम्र में घर से पैसे चुराकर भाग गया। इस प्रकार मैं चौथी कक्षा तक पढ़ सका; लेकिन इस दौरान पढ़ाई में अव्वल रहा।

तिरुचिरापल्ली से भागकर मैं चेन्नई पहुँचा और वहाँ से कोलकाता की ट्रेन में बैठ गया। कोलकाता में मेरा कोई ठिकाना नहीं था। मुझे तमिल के अलावा और कोई भाषा भी नहीं आती थी। वहाँ एक आदमी ने मुझे एक तमिल-भाषी परिवार से मिलवाया। उस परिवार में पति-पत्नी थे। उनके घर कोई बच्चा नहीं था। मैंने उन्हें एक दर्द भरी कहानी बनाकर सुना दी। मैंने बताया कि मेरी माँ मर गई है और पिताजी ने दूसरी शादी कर ली है, इसलिए मुझे घर छोड़कर भागना पड़ा; क्योंकि मेरी सौतेली माँ मुझे बहुत मारती थी। उन्होंने मुझे अपने घर में रख लिया। थोड़े दिनों बाद मैं उनके घर से पैसे चुराकर खड़गपुर भाग गया और वहाँ एक कैथोलिक परिवार ने मुझे बड़े प्यार से रखा।

मैंने वहाँ भी चोरी की और मुंबई भाग गया।

मैं यह सब क्यों कर रहा था, खुद मैं भी नहीं जानता था। यहाँ-वहाँ भागने के बीच मैं यह फैसला नहीं कर पा रहा था कि आगे क्या करूँ। एकाएक मुझे अपने परिवार की याद आने लगी। मुझे उम्मीद थी कि वे मुझे अपना लेंगे और मैं घर लौट आया।

मेरे परिवार ने मेरा गर्मजोशी से स्वागत किया; लेकिन मुझे आवारा फिरने का चस्का लग गया था, इसलिए मैं बार-बार घर से भागने लगा। चोरी करना मेरी आदत हो गई थी। कुछ पैसे मैं अड़ोस-पड़ोस के गरीब बच्चों में बाँट देता। जब भी मैं किसी को दुखी देखता तो किसी भी कीमत पर उसकी मदद करने को छटपटाता। मैं गली के गरीब बच्चों को होटलों के बाहर लोगों की जूठन चाटते हुए नहीं देख सकता था। शायद इसलिए मैं चोरी करता रहा, क्योंकि मैं दूसरों की मदद करना चाहता था।

जल्दी ही मेरी चोरी की आदत का घरवालों को पता चल गया। मेरे पिता ने मुझे सुधारने की बहुत कोशिश की। जब मुझ पर कोई असर नहीं हुआ तो वे मुझे मनोचिकित्सक के पास ले गए। मैंने मनोचिकित्सक को भी बरगला दिया और उसने मुझे विक्षिप्त करार दे दिया। जब मैंने चोरी बंद नहीं की तो आखिरकार एक दिन मुझे धक्के देकर घर से निकाल दिया गया। मैंने अड़ोस-पड़ोस के घरों और दुकानों में चोरी शुरू कर दी। बहरहाल, मैं उतने ही पैसे चुराता था जितने की जरूरत होती थी, बाकी पैसे मैं वहीं छोड़ देता।

आखिर पुलिस ने मुझे धर लिया और बाल सुधार गृह भिजवा दिया। वहाँ नए महारथियों से मेरी मुलाकात हुई। सबने मुझे कोई-न-कोई गुर सिखाया। कुछ दिनों बाद मैं बाल सुधार गृह से भाग निकला। मैं मदुरै में अपने एक रिश्तेदार के घर जाकर रहने लगा। वहाँ से भी मैं चोरी करके भाग गया; लेकिन पुलिस ने मुझे एक फुटपाथ पर सोते हुए धर दबोचा। पुलिस ने मुझे अदालत में पेश किया। अदालत में मनगढ़ंत कहानी सुनाकर मैं फिर बच निकला। जज ने मुझे अपने घर पहुँचाने का हुक्म दिया। पिता की मार के डर से मैं पुलिस की गिरफ्त से भाग निकला।

पुलिस के साथ आँख-मिचौनी के इस खेल ने मेरी जिंदगी को पूरी तरह से बदलकर रख दिया। जेल में मैं कैदियों को सुधारने के लिए दिए जानेवाले धर्मोपदेश को बड़े ध्यान से सुनता था। वह मुझे आज तक याद है। परिवार से मेरा लगाव खत्म हो गया था। इन दिनों मैं मुंबई में था। वहाँ मेरे कई दोस्त बने। उनकी सोहबत में मैं सिगरेट, ड्रग्स और शराब पीना सीख गया। 12 बरस की उम्र में मैं अवैध शराब की तस्करी करने लगा।

कभी चोरी, कभी कोई काम करते हुए मैं एक से दूसरे स्थान पर घूमता रहता। बहरहाल, मुझे देश के लिए कुछ करने की हसरत हमेशा बनी रही। जवानी के दिनों

में मेरा संपर्क कुछ स्थानीय राजनेताओं से हुआ और मैं उनके लिए काम करने लगा। वैसे उनके साथ रहकर मैं यह अच्छी तरह समझ गया कि वे सब सफेदपोश थे। उनकी कथनी और करनी में बहुत अंतर था। यह सब देखकर तंत्र से मेरा भरोसा उठ गया।

18 साल की उम्र में मैं कोलकाता के पास नक्सलियों के एक दल से जा मिला। वे अपने मुद्दे को लेकर लड़ रहे थे। मुझे बहुत मुश्किल से उनके दल में शामिल होने का मौका मिला। इसके लिए मुझे जबरन जेल जाना पड़ा। मैंने योजना बनाकर एक पुलिसवाले की साइकिल चुरा ली। लोगों ने मुझे चोरी करते हुए देख लिया और मेरी धुनाई कर दी। थाने में मैंने अपना नाम 'जयबालान' बताया। वे मुझे 'जयपाल' पुकारने लगे। इस प्रकार जयपाल सिंह का जन्म हुआ, जिसे पश्चिम बंगाल के अधिकारी कभी नहीं भुला सकते।

जेल में मेरी मुलाकात नक्सलियों से हुई और मैंने उनसे संबंध बना लिये। इसके बाद मेरी जिंदगी जयपाल सिंह के रूप में शुरू हुई, जो पहले नक्सली और फिर डकैत बना। पश्चिम बंगाल के दुर्गापुर, बर्दवान, आसनसोल और पड़ोसी जिलों में मेरे आतंक का डंका बजने लगा। मेरी हालत यह हो गई थी कि जब तक मैं दिन में 2–3 वारदातें नहीं कर देता, मुझे चैन नहीं पड़ता था। लूट के माल में से मैं गरीबों को उनका हिस्सा बाँटना नहीं भूलता था।

बहरहाल स्थानीय राजनेताओं, पुलिस और उच्चाधिकारियों की मदद के बिना यह सब नहीं किया जा सकता था। बिना इनकी मदद के इलाके में अपना आतंक बनाना नामुमकिन था। ईमानदार लोगों के आने पर बेईमान अधिकारियों की मदद से उन्हें वहाँ से हटाया जा सकता था। मैं मुफ्त में राजनीतिक दलों की मदद करता था और मुझे यह भी पता था कि वे कभी भी मेरे साथ धोखा कर सकते थे। लेकिन उन्होंने ऐसा नहीं किया। मैंने उन्हें स्वयं के लोगों को मरवाते और विरोधियों पर आरोप लगाते देखा।

जेल जाना, कचहरी जाना और बरी हो जाना रोज की बात हो गई। मेरे खिलाफ गवाही देने की हिम्मत कोई नहीं जुटा पाता था। कई बार पुलिस ने मुझे पकड़ा भी, लेकिन मैंने बरी होने की व्यवस्था कर ली। दरहकीकत जेल अधिकारी मुझे जेल में रखने को तैयार नहीं थे। वे इसके लिए मुझसे गुहार लगाते थे। वे जेल में मुझे सारी सुविधाएँ देते थे और मेरी सेवा में जुटे रहते थे। हम अमीरों को अगवा करके उनके परिवार से पैसे वसूलते थे।

सन् 1976 में मुझे 'मीसा' के तहत बर्दवान जेल में बंद कर दिया गया। एक दिन मैं जेल में टहल रहा था, तभी खतरे का भोंपू बजने लगा। ऐसी स्थिति में सभी कैदियों को छुप जाना पड़ता था, वरना जेल अधिकारी देखते ही गोली मार सकते थे। मैं दौड़कर सामने लगे एक पेड़ पर चढ़ गया। बाद में पता चला कि खतरे का भोंपू भूकंप

की वजह से बजा था। मेरा दिमाग और बदन सुन्न पड़ गया। मुझे बाल सुधार गृह में दियां गया 'बाइबल' का एक उपदेश याद आ गया—जब यीशू मसीह जन्म लेते हैं तो भूकंप भी आता है।

इस घटना के बाद मेरा चैन छिन गया। तीन दिन तक जेल की कोठरी में बैठा मैं बिलखता रहा। मैंने खाना-पीना बंद कर दिया। बाल सुधार गृह में सुने सारे उपदेश मुझे याद आने लगे। मैं पादरी से बहुत सवाल करता था और वे बड़े धीरज से सारे जवाब देते। मैं यीशू से अपने सारे अपराधों के लिए क्षमा-याचना करने लगा। मैं जानता था, यीशू पापियों को अगवा करके उनके सारे दु:ख हर लेते हैं।

एक दिन भोर में 3 बजे मुझे ऊपर से तेज रोशनी घूरती दिखी। मैंने आँसुओं से भरी अपनी आँखें ऊपर उठाईं—छत से तेज रोशनी फूटकर मुझे आगोश में भर रही थी। मेरे शरीर को एक तेज झटका लगा और उससे एक काला गोला निकलकर अनंत में विलीन हो गया और तेज प्रकाश मेरे शरीर में समाहित हो गया। ईश्वर की कृपा से मेरी सारी बुराइयाँ बाहर निकल गईं और अच्छाइयों ने शरीर में घर कर लिया। मैं समझ गया कि परमेश्वर ने मुझे क्षमा कर दिया था।

अदालत में मैंने अपने सारे गुनाह कुबूल कर लिये। मुझे सजा हो गई। लेकिन अब मैं एक बदला हुआ आदमी था। मेरी जिंदगी का मकसद बदल गया था। मैं अपने साथी कैदियों को उपदेश देने लगा। यह सिलसिला आज भी जारी है।

बर्दवान जेल से छूटकर मैं दिल्ली आ गया। पिछले 11 वर्षों में मैं कई बार जेल अधिकारियों से जाकर मिला कि मुझे जेल में धर्मोपदेश देने की इजाजत दी जाए, लेकिन उन्होंने मेरी बात नहीं सुनी। सन् 1993 में नई जेल महानिरीक्षक के आने के बाद ही मुझे इजाजत मिल पाई।

बहरहाल, मुझे कड़े विरोध का सामना करना पड़ा। मेरे संगी-साथी, राजनेता सब चाहते थे कि मैं फिर से आतंक के पुराने रास्ते पर चलने लगूँ। पुलिस भी मुझसे वही सब करने को कहती रही। मुझे धमकाया गया। मेरी हत्या की कोशिश की गई। हताशा में अपना काम तमाम करने के लिए मैंने जहर खा लिया। लेकिन परमेश्वर फिर मेरे बचाव को आ गया और मेरी जिंदगी बच गई। अब मेरी जीवन-शैली बिलकुल बदल गई है। मेरी जिंदगी का एक मकसद है—गुमराह हुए लोगों को सही राह पर लाना।

जिम्मेदारी सबकी

- होशियार बच्चों की शैतानी पर ज्यादा सावधानी के साथ लगाम लगाने की जरूरत है। कई माता-पिता इससे अनजान रहते हैं।
- ऐसे बच्चे बड़े होकर कानून और प्रशासन की कमियों का भरपूर लाभ उठाते हैं।
- ऐसे बच्चों की नादानियों और हरकतों को नजरअंदाज करने की बजाय सख्ती से कुचलना चाहिए।

❑

सपना ऐसे टूटा

मैं चोरी की सजा काटकर अभी-अभी बाल सुधार गृह से छूटा हूँ। मुझ पर इलजाम था कि मैंने सदर बाजार की एक दुकान का ताला तोड़कर चोरी की है। मुझे देखिए, मैं अपनी झुग्गी तक का ताला नहीं तोड़ सकता। दिल्ली की एक झुग्गी में मैं अपने माँ-पिता और पाँच भाइयों के साथ रहता हूँ। उम्र है 9 बरस और नाम मन्नू।

हम बिहार से यहाँ आए हैं। हमारा परिवार बहुत गरीब है। मेरे दादा-परदादा भी गरीबी में जी-तोड़ मजदूरी करके अपने बच्चों का पेट पालते रहे। वे बिलकुल अनपढ़ थे और जिंदगी को चलाने का उन्हें कोई रास्ता नहीं सूझता था।

मेरी माँ घर पर रहकर गृहस्थी सँभालती है और पिता मजदूर हैं। पिता की आमदनी बहुत कम है, पर हम जैसे-तैसे गुजर कर लेते हैं। मेरा बड़ा भाई पास की चाय की एक दुकान पर काम करता है, जिससे कुछ सहारा लग जाता है। हममें से अब तक कोई स्कूल नहीं जाता था, जब तक कि हम नवज्योति के संपर्क में नहीं आए। उनके अनौपचारिक शिक्षा कार्यक्रम में मैंने नाम लिखवा लिया। मुझे पढ़ते हुए अभी एक महीना ही बीता था कि मुझ पर चोरी का आरोप लग गया। आगे की कहानी बताने से पहले मैं आपको थोड़ा और पीछे ले जाना चाहता हूँ।

मेरे माँ-बाप कई साल पहले दिल्ली आ गए थे और यहाँ जिंदगी को जैसे-तैसे धकेल रहे थे। इसलिए मैं बचपन से ही अपने नाना के पास बिहार में रहा। पिताजी सोचते थे कि मैं बहुत छोटा हूँ, जिंदगी की कड़वी सच्चाई को नहीं समझ पाऊँगा, लेकिन उनकी मुसीबतों की मुझे खबर थी।

दिल्ली में कई दिन और रात मेरे माँ-बाप ने भूखे रहकर गुजारे। सिर छिपाने को छत भी नहीं मिली। इसी वजह से उन्होंने मुझे अपने नाना के पास भिजवाने का फैसला किया। उनसे बिछुड़कर मैं रोया भी होऊँगा, मुझे याद नहीं। नाना के घर में भी मुसीबतें कम नहीं थीं। कई बार भूखे सोना पड़ता था। मेरे नाना बूढ़े हो चले थे। वे बहुत चिंता में थे कि अगर उन्हें कुछ हो गया तो मेरा क्या होगा?

एक बार जब मेरे पिताजी गाँव आए तो मेरे नाना ने अपनी चिंता जाहिर की। तब

मेरे पिताजी ने मुझे भी अपने साथ दिल्ली ले जाने का फैसला कर लिया। मैं खुशी से झूम उठा। माँ-बाप के साथ रहने की खुशी ने मुझे उत्साह से भर दिया। मैंने दिल्ली के बारे में सुना था। गाँववासियों के लिए यह एक 'सपनों की नगरी' थी। जब मैंने अपने दोस्तों को दिल्ली जाने की बात बताई तो वे जलन से भर उठे। कहने लगे, "काश, उनके माता-पिता भी दिल्ली में रहते।"

मैं पूरे रास्ते पिता से दिल्ली और वहाँ रहने के बारे में सवाल पूछता रहा और वे मेरी जिज्ञासा शांत करते रहे। मैं वहाँ की जीवन-शैली और रहन-सहन की सुखद कल्पनाएँ करने लगा। मैं सोचने लगा कि मैं किसी सुंदर जगह पर घूम रहा हूँ और अच्छे-अच्छे व्यंजन खा रहा हूँ, जो दिल्ली जैसे बड़े शहर में ही मिलते हैं। मेरे सवालों का सिलसिला तभी थमा, जब मुझे नींद आ गई। सपने में मैंने एक सुंदर शहर और एक सुंदर घर देखा, जो हमारा था।

सच्चाई से मेरा सामना नई दिल्ली रेलवे स्टेशन से बाहर आने के बाद हुआ। दूसरे लोग रिक्शों में जा रहे थे, वहीं मेरे पिता पैदल चल पड़े। इस पर मैंने ज्यादा नहीं सोचा। मुझे लगा, मैं अभी अपने बड़े से घर में पहुँचकर रोमांचित हो जाऊँगा।

पूरे रास्ते मैं बड़ी-बड़ी इमारतें और ढेर सारी कारें देखकर सम्मोहित-सा रहा। यह सब मैंने अभी तक गाँव में आनेवाले इक्के-दुक्के अखबारों में देखा था और आज उनके साथ-साथ चल रहा था। मैं कल्पना करने लगा कि मेरे पिताजी भी एक दिन कार या बाइक खरीद लेंगे और मैं भी इन कारों के आगे-पीछे चल सकूँगा।

बहरहाल, मेरे नए 'घर' पर पहुँचकर मुझे धक्का लगा। आसपास गाँव जैसा माहौल था, अलबत्ता गंदगी ज्यादा थी। जगह-जगह कूड़े के ढेर लगे थे, जिन पर बच्चे बैठे थे। बड़ा हताशा भरा माहौल था। घर के नाम पर एक कमरे की झुग्गी थी। हम आधा झुककर अंदर दाखिल हुए। पर मैं अपने भाइयों और बाकी परिवार से मिलकर बहुत खुश हुआ। माँ को देखकर मैं बहुत दुखी हुआ। वह बहुत कमजोर हो गई थी। जब उसने मुझे गले लगाया तो मैं खुशी से भर उठा। लेकिन पता नहीं क्यों, मेरा अपने भाइयों और उनके दोस्तों के साथ मेल-जोल नहीं बना।

धीरे-धीरे सच्चाई सामने आ गई। मेरा परिवार मुश्किल में था। पिताजी पता नहीं कैसे इतने बड़े परिवार का पेट पाल रहे थे। मैं बहुत दुखी था। इस पर भी पिताजी ने हमें नवज्योति के स्कूल में पढ़ने की अनुमति दे दी। मेरा मानना था कि भूखे रहकर पढ़ने से क्या फायदा? लेकिन पिताजी ने नवज्योति के कार्यकर्ताओं की बात मान ली और हम सबको स्कूल में भरती करा दिया।

अब मैं अपनी आपबीती पर आता हूँ। मेरे पड़ोस के ज्यादातर बच्चे आवारा घूमते थे। एक दिन कुछ से मैंने पूछा कि क्या वे स्कूल जाते हैं? वे मुझ पर हँसने लगे और

बोले कि पढ़ाई-वड़ाई उनके सीखने की चीज नहीं है। उनके लिए तो मौज-मस्ती, खेलना-कूदना, बाजार की अच्छी-अच्छी चीजें खाना ही उनकी जिंदगी है। मैंने पूछा कि उनके पिता तो खूब कमाते होंगे ? वे बोले कि वे अपनी कमाई उड़ाते हैं, पिता की नहीं। मैं उनकी बात का मतलब नहीं समझा, पर उनके शब्द मुझे परेशान करते रहे। मेरे पिता बड़े सवेरे काम पर चले जाते और देर रात को लौटते। माँ दिन भर चूल्हे-चौके और मेरे छोटे भाइयों की देखरेख में व्यस्त रहती। मुझ पर वह मुश्किल से ध्यान दे पाती।

हमारे पड़ोस में कल्लू नाम का 12 साल का एक लड़का रहता था। एक दिन सवेरे-सवेरे वह मुझे अपने साथ ले गया। उसने अच्छा खाना खिलाने का वादा किया। मैं झट से तैयार हो गया। दिन भर हम बाजार में घूमते रहे। शाम को कल्लू ने अच्छा खाना खिलाकर अपना वादा पूरा किया। मैंने सोचा, मैंने उसका साथ देकर अच्छा किया। वह मुझे देवदूत जैसा लगा। 12 साल का अचकुन भी हमारे साथ था। जब रात के 9 बज गए तो मुझे चिंता होने लगी कि घरवाले मुझे ढूँढ़ रहे होंगे। मैं घर लौटने की जल्दी करने लगा। कल्लू ने मुझसे थोड़ा इंतजार करने को कहा और बोला कि पहले थोड़ी कमाई तो कर लें। मैं भी कुछ कमाकर पिता को देना चाहता था—यह सोचकर मैं खुश था। हम एक तालाबंद दुकान के पास पहुँचे। कल्लू ने मुझे शटर के पास रुकने को कहा और अचकुन को यह देखने भेज दिया कि आस-पास कोई था तो नहीं। मेरी समझ में नहीं आया कि क्या होने वाला था। अचकुन का संकेत पाकर कल्लू ने पता नहीं कहाँ से एक सरिया निकाला और शटर का ताला तोड़ दिया। दोनों शटर उठाकर अंदर चले गए। मैं बुत बना खड़ा था—कि क्या करूँ, क्या न करूँ।

तभी एक चौकीदार मेरी ओर दौड़ा। मैं सन्न खड़ा था। एकाएक मैंने अपने एक और पड़ोसी लड़के 10 वर्षीय जाशिम को वहाँ से एक थैला लेकर भागते देखा। लेकिन चौकीदार के हाथों वह नहीं बचा। उसने हम दोनों को पकड़ लिया और जाशिम से थैला झटक लिया। शोर सुनकर कल्लू और अचकुन दुकान से निकल आए और चौकीदार को खड़े देख अँधेरे में छिपते-छिपाते वहाँ से भाग गए। चौकीदार ने हम दोनों को पुलिस को सौंप दिया। हमें थाने ले जाया गया। पुलिस ने हमारी खूब पिटाई की। जाशिम ने किसी और दुकान को लूटा था, इसलिए उसकी पुलिस ने अच्छी खबर ली। जाशिम और कल्लू ने इस लूट की योजना पहले ही बना ली थी, यह जानकर मुझे बहुत ताज्जुब हुआ।

मैंने दुहाई दी कि मैं निर्दोष हूँ, लेकिन पुलिस ने मेरी एक न सुनी। हमें थोड़ा खाना दिया गया और हम फर्श पर ही सो गए। अगले दिन सुबह मेरे पिताजी थाने पहुँचे। उन्हें देखकर मैं फूट-फूटकर रोने लगा। पिताजी पुलिस को खुश करने में नाकाम रहे, फलतः मुझे अदालत और वहाँ से बाल सुधार गृह भेज दिया गया। महिला न्यायाधीश ने

भी मेरी बात पर भरोसा नहीं किया। बाल सुधार गृह में पहुँचकर मुझे बहुत डर लगा। मेरे साथी कैदी जब-तब मेरी पिटाई कर देते। लेकिन मैंने किसी से शिकायत नहीं की। थोड़े दिनों बाद पिताजी ने मेरी जमानत करा ली। उन्होंने कर्ज लेकर और घर का सामान बेचकर मेरी जमानत का इंतजाम किया। अब आगे मेरा क्या होगा, मैं यह सोचकर चिंतित हूँ। कुछ शैतानों ने ताला तोड़कर मेरी जिंदगी के सब रास्ते बंद कर दिए।

जिम्मेदारी सबकी

- निर्धनता गाँववालों को शहरों की ओर ले जाती है, जो कभी-कभी उनके लिए मुसीबत का कारण बन जाती है।
- आपराधिक न्याय प्रणाली केवल गिरफ्तारी और कैद तक सिमटी हुई है। उसका सुधार से कोई लेना-देना नहीं है, खासकर बच्चों के सुधार से।
- कम आयवाले बड़े परिवारों के छोटे-छोटे बच्चे अधिक पाने की चाह में अकसर गुमराह हो जाते हैं।

❑

देर होने से पहले

हम छह भाई हैं। उनमें मैं सबसे बड़ा हूँ और मेरा नाम असलम है। हम दिल्ली में यमुना किनारे स्थित एक झुग्गी बस्ती में रहते हैं। हम ढोलकिया जन-जाति के लोग हैं और मूल रूप से राजस्थान के रहनेवाले हैं। ढोल बनाकर हम लोग अपनी आजीविका का जुगाड़ करते हैं। मेरे पिता ढोल बेचने के सिलसिले में महीनों घर से बाहर रहते हैं। हमारे अड़ोस-पड़ोस में हमारे जैसे कई परिवार रहते हैं।

थोड़े समय पहले तक मैंने स्कूल देखा तक नहीं था। हमारे माता-पिता ने भी हमें कभी स्कूल नहीं भेजा। हमारे आस-पास कोई स्कूल था भी नहीं, इसलिए इसके बारे में हमें कुछ पता नहीं था। नवज्योति के आने के बाद ही हमें स्कूल के बारे में पता चला, जहाँ मेरे जैसे कई बच्चे पढ़ते हैं। शुरू में स्कूल जाना अच्छा नहीं लगता था, लेकिन बाद में मुझे मजा आने लगा। मैं अपने दो छोटे भाइयों को भी अपने साथ चलने के लिए मना रहा हूँ।

इससे पहले पढ़ने का खयाल मेरे मन में कभी नहीं आया। खाना और कपड़े ही हमारे परिवार की सबसे बड़ी चिंता थी, जिससे हम अकसर जूझते रहते। घर में खाना एक ही बार बनता है और उसी में पूरा दिन गुजारना पड़ता है। कई बार भूखा रहना पड़ता है। मैं भूखा-प्यासा एक मंदिर में चला जाता, जहाँ हफ्ते के खास दिनों में भक्त भूखों को भोजन बाँटते हैं। इन दिनों का मुझे इंतजार रहने लगा। मैं ज्यादा-से-ज्यादा खाना इकट्ठा करके ले आता, जिससे कि घर के और लोगों का भी पेट भर सके। मैं अपने साथ अपने भाइयों को भी ले जाने लगा। पहले हम शांति से बैठे रहते हैं और जैसे ही भक्त लोग खाना बाँटना शुरू करते हैं, हम गुहार करके ज्यादा-से-ज्यादा खाद्य इकट्ठे कर लेते हैं।

वे दिन आज भी मेरे जेहन में ताजा हैं। एक दिन के जमा भोजन से हमारे पूरे परिवार के कई दिन निकल जाते थे। बाकी दिन हमें भूखे रहना पड़ता। जब मंदिर में कम श्रद्धालु आते तो हमें खाना भी कम मिलता। हमारे गुहार करने पर कई लोग तरस खाकर पैसे हमारी ओर फेंक दिया करते।

मेरे कुछ दोस्त रोजाना कचरा बीनने और भीख माँगने जाते थे। उन्होंने अपने साथ चलने के लिए मुझ पर भी जोर डाला। मैं उनके साथ जाने लगा। हम कूड़े-कचरे के ढेर से सामान बीनकर बेचने लगे। लाल बत्ती पर खड़ा होकर मैं भीख भी माँगने लगा। शुरू-शुरू में मैं शरमाता था, लेकिन दूसरों को दर्द का नाटक करते देख खुद भी आत्मविश्वास से भरने लगा। मैंने भी उनकी नकल करनी शुरू कर दी और देखा कि मेरी अच्छी-खासी कमाई होने लगी थी। लोग हम पर दया दिखाते थे, जबकि हम उन्हें मूर्ख बनाकर मन-ही-मन हँसते।

मेरे कुछ दोस्त झपटमारी के लिए पुराने यमुना पुल पर मँडराते रहते थे। जैसे ही वे किसी कमजोर आदमी को देखते, उसका सामान छीनकर नदी में छलाँग लगा जाते। कूदने से पहले ही वे लूट का माल अपने साथी के पास फेंक देते। अगर नदी में भी फेंकते तो उसे हड़पने की उनके पास पुख्ता योजना होती। मैंने भी मजा लेने के लिए झपटमारी के गुर सीखे। मुझे झपटमारी के शिकार बने लोगों के डरे हुए चेहरे देखने में मजा आता था। और अपने माल से ज्यादा उन्हें उन बच्चों की चिंता होती थी, जो नदी में छलाँग लगा जाते थे। यह देखकर हँसी आती है कि लोग नदियों में सिक्के फेंकते हैं। भला नदी को पैसे से क्या मतलब! मेरे दोस्त इन्हीं सिक्कों को निकालने के लिए नदी में छलाँग लगाते हुए झपटमारी में पारंगत हो गए। उनकी देखा-देखी मैं भी झपटमारी करने लगा।

रात के समय मेरे कुछ दोस्त दुकानों के ताले तोड़कर भी चोरी करते थे। मैं भी उनके साथ जाने लगा। कुछ पकड़े भी गए, लेकिन जल्दी ही छूट गए। छूटकर वे फिर चोरी करते, क्योंकि उन्हें पता था कि फिर से जल्दी छूट जाएँगे। मैंने जेबतराशी के गुर भी सीखे। हम रबर बैंड से अपनी तर्जनी उँगली में एक ब्लेड बाँध लेते, फिर अपने हुनर का इस्तेमाल करते।

हमारी हिम्मत इतनी बढ़ गई कि हम दिन के समय भी चोरी करने लगे। हम घरों में घुस जाते और जो हाथ लगता, वही चुरा लेते। पिता की डाँट-फटकार से बचने के लिए अपनी हरकतों को मैं चोरी-छिपे अंजाम देता। मैं उन्हें परेशान नहीं करता तो वे भी मेरी ओर से बेखबर रहते।

दोस्तों के साथ मैंने सिगरेट पीना और तंबाकूवाला गुटखा खाना शुरू कर दिया। गुटखा हर जगह आसानी से मिल जाता था और हमें मदमस्त बनाए रखता। अब तक मैंने शराब पीना शुरू नहीं किया था और अगर नवज्योति के सलाहकार नहीं समझाते तो शायद अब तक मैं शराबी भी हो गया होता। ये सलाहकार नियमित मेरे घर आते हैं और पड़ोस के लोगों को भी समझाते हैं। सब लोग उनकी बात ध्यान से सुनते हैं।

मेरे जैसे कई लड़के स्मैक बेचते हैं, क्योंकि उनके माता-पिता उनके साथ

जबरदस्ती करते हैं। जब पुलिस माँ-बाप पर दबाव बनाती है तो वे अपने बच्चों को इस धंधे में झोंक देते हैं, क्योंकि बच्चों पर आसानी से शक नहीं होता। पैसे के लालच में धीरे-धीरे वे नशे के खतरनाक व्यापारी बन जाते हैं। मुझे मालूम है, यह सब पुलिस की नाक के नीचे होता है और वह आँखें फेरे रहती है।

क्या उसे पढ़ने की सलाह नहीं दी जाती तो वह भीख माँगता और कचरा बीनता रहता? इसके जवाब में असलम ने कहा कि बड़ा होने पर उसे भीख माँगने में शर्म आती। उसने प्रश्न किया कि क्या आपने किसी हट्टे-कट्टे आदमी को सड़क पर भीख माँगते देखा है? हमने 'नहीं' में जवाब दिया और उससे पूछा कि फिर वह क्या करता, तो उसने जवाब दिया—चोरी और झपटमारी। जैसा और लोग करते हैं, जिनके पास और कोई काम नहीं होता। इतना जवाब देकर वह पढ़ने चला गया।

जिम्मेदारी सबकी

- बेकार बच्चे आसानी से अपराध की राह पर चल निकलते हैं।
- गैर-जिम्मेदार और बेलगाम बच्चे पैदा करना समाज पर बड़ा बोझ है।
- झुग्गी बस्तियों में बुराइयाँ सरकार की उपेक्षा और स्थानीय लोगों की उदासीनता की वजह से पनपती हैं।
- बच्चों की पढ़ाई की कीमत, उन्हें पढ़ाई से दूर रखकर समाज को चुकानी पड़ती है।

❑

आसमान से गिरा

नाम आकाश, उम्र 28 बरस। आकाश नाम होने के बावजूद मैं 10 साल से आसमान का एक सीमित हिस्सा देखने को मजबूर हूँ—जितना जेल के भीतर से दिखाई देता है। जेल के बाहर से अंबर कुछ अलग तरह का दिखाई देता है। आज मेरी दुनिया भी बदल गई है। सबने मेरा बहिष्कार कर दिया है। और यह सब अनजाने में हुई मेरी एक गलती की वजह से हुआ। मेरी जिंदगी बहुत दुश्वार थी; लेकिन बावजूद उसके सभी मुसीबतों का सामना करते हुए मैं सही मार्ग पर आगे बढ़ने की कोशिश कर रहा था।

मैं एक किसान परिवार में पैदा हुआ। हम दो भाई हैं। मैं छोटा हूँ। गढ़वाल की पहाड़ियों में हमारा पैतृक गाँव है। वहीं मेरा बचपन बीता। स्कूली पढ़ाई के दिनों में मैं एक होशियार छात्र था।

मैं 16 बरस का हुआ, तभी मेरे पिता बुरी तरह बीमार हो गए। जिंदगी दुश्वार हो गई। घर की सारी बचत उनकी बीमारी पर खर्च हो गई। उनके खेती न करने की वजह से घर में आनेवाली नियमित आमदनी भी रुक गई। आखिरकार उनकी बीमारी उनकी मौत के साथ ही खत्म हुई। और इसी के साथ हमारी दुनिया जहाँ-की-तहाँ रुक गई।

अभी हम इस सदमे से ठीक से उबरे भी नहीं थे कि हमारी माँ भी हमें छोड़कर चली गई।

मैं पढ़ाई चालू रखना चाहता था; लेकिन अब तो भूखे मरने की नौबत आ गई थी, इसलिए कमाना ज्यादा जरूरी था। मैंने कमाई के साथ-साथ पढ़ाई भी जारी रखने की सोची। लेकिन यह सब किसी बड़े शहर में ही संभव हो सकता था, इसलिए मैं दिल्ली में मनोज नाम के अपने एक संबंधी के साथ रहने लगा।

दिल्ली आते ही सबसे पहले मैंने पत्राचार कॉलेज में बी.ए. में दाखिला ले लिया। मनोज ने मुझे एक फैक्टरी में नौकरी दिलवा दी। इसी के साथ मेरी कमाई और पढ़ाई आरंभ हो गई।

रविवार की वजह से उस दिन मेरी छुट्टी थी। दिन के काम निबटाकर मैं आराम

करने की सोच रहा था, तभी ब्रजभूषण आ गया। हमारे पड़ोस में कैलाश रहता था, ब्रजभूषण उसी का दोस्त था और काम के सिलसिले में गोरखपुर से अकसर दिल्ली आता रहता था। मैंने चाय के लिए पूछा तो उसने इनकार कर दिया। अलबत्ता उसने पूछा कि क्या मैं खाली हूँ? मैंने 'हाँ' में गरदन हिला दी। वह अपने एक रिश्तेदार के लिए कुछ सामान लेकर आया था और अपने साथ मुझे उसके घर ले जाना चाहता था। चूँकि मुझे बाहर घूमने का ऐसा मौका कम ही मिलता था, इसलिए मैं राजी हो गया। वैसे भी पढ़ाई, अपने लिए खाना बनाना, कपड़े धोना आदि कामों से मुझे फुरसत नहीं मिलती थी। वह दोपहर ब्रज के साथ बिताने में मुझे कोई हानि नजर नहीं आई। शायद बाहर खाना भी हो जाए—इससे बेहतर और क्या होता।

हम घर से चल पड़े और जब ब्रज ने ऑटोरिक्शा लिया तो मैं बाग-बाग हो गया। ऐसी शानदार सवारी की तो मैं कल्पना भी नहीं कर सकता था। 18 साल की उम्र में मैं खुद को राजा जैसा भाग्यशाली समझने लगा।

ब्रज हाथ में एक छोटा थैला पकड़े था। कुछ देर बाद जब हम ऑटोरिक्शा से उतरने लगे, कुछ पुलिसवाले हमारी ओर झपटे। एकाएक पता नहीं वे कहाँ से प्रकट हुए। उन्हें देखकर मैं धक से रह गया। मेरी हिम्मत नहीं हुई कि उनसे पूछूँ कि उन्होंने हमें क्यों रोका था। ब्रज ने थोड़ा विरोध किया; लेकिन जब पुलिसवालों ने उसका थैला खोला तो उसने आत्मसमर्पण कर दिया। थैले में छोटी-छोटी पुड़ियाँ रखी थीं। पुलिसवालों ने बताया, वह चरस थी। बैग में वह क्या लेकर जा रहा था, मुझे इसकी बिलकुल भी जानकारी नहीं थी। मैं तो अपना दिन अच्छा बिताने की चाह में उसके साथ आया था।

मैं हकलाते हुए गिड़गिड़ाया कि मैं निर्दोष हूँ; लेकिन पुलिसवालों ने मेरी एक नहीं सुनी। जब मैं रोने लगा तो एक ने मुझे थप्पड़ जड़ दिए। मैं डर के मारे सफेद पड़ गया। उस समय तो मुझे गुमान नहीं हुआ कि मैं किसी मुसीबत में पड़ गया था। मैं परमेश्वर और अपने स्वर्गवासी माँ-पिता से बचाने की विनती करने लगा।

पुलिसवाले हमें थाने ले गए। हमसे कड़ी पूछताछ हुई। ब्रज ने उन्हें बताया भी कि इस मामले में मेरा कोई लेना-देना नहीं था, लेकिन पुलिसवालों ने उसे हड़काकर चुप करा दिया। बहरे कानों ने मेरी फरियाद नहीं सुनी और हमें हवालात में बंद कर दिया गया। मैं ब्रज से दरख्वास्त करता रहा कि मुझे बाहर निकलवाए। आगे क्या होने वाला था, इसकी मुझे कोई जानकारी नहीं थी। अगले दिन हमें अदालत में पेश किया गया। मैंने एक टेलीफोन करने की गुजारिश की तो इंस्पेक्टर ने मुझे झिड़क दिया और कठोरता से घूरकर देखा। मेरी सिट्टी-पिट्टी गुम हो गई।

हम अदालत में पुलिस की कठपुतली बने खड़े थे। उन्होंने कठोर शब्दों में कहा

कि हम मैजिस्ट्रेट के सामने मुँह न खोलें। हमने वैसा ही किया। वैसे भी मैजिस्ट्रेट के पथरीले चेहरे पर दया नाम की कोई चीज मौजूद नहीं दिखी। अगर मैं गुहार लगाता तो उसकी क्या प्रतिक्रिया होती? उसने मुझे पुलिस हिरासत में सौंप दिया।

जेल में कई महीने हो गए, पर मेरी मदद को कोई नहीं आया। मैंने मनोज को खत लिखकर बताया कि मैं तिहाड़ जेल में बंद था और मुझे उसकी मदद की जरूरत थी। मनोज भागा-भागा आया, लेकिन बात नहीं बनी।

मनोज ने मेरे भाई को चिट्ठी लिखी। जेल में वह भी मुझसे आकर मिला, पर मेरी कोई मदद नहीं कर पाया।

थोड़े दिनों बाद अदालती मुकदमा शुरू हो गया। मैं यह देखकर हैरान था कि ब्रज और मुझ पर अलग तरह से मुकदमा चलाया जा रहा था। उसकी और मेरी तारीखें अलग थीं, मैजिस्ट्रेट अलग थे और हम अलग-अलग जेलों में बंद थे। 4 साल की लंबी लड़ाई के बाद ब्रज तो किसी तरह खुद को बरी कराने में कामयाब हो गया और मुझे 10 साल के कठोर कारावास और 1 लाख रुपए के जुरमाने की सजा हुई। जुरमाना न देने की स्थिति में सजा एक साल के लिए और बढ़ जानी थी। बाद में मुझे पता चला कि ब्रज के पास पैसा था, इसलिए उसने अपने लिए काबिल वकील किया था; जबकि मुझे सरकार की तरफ से एक वकील मिला था, जिसे कोई सरोकार नहीं था कि मैं जिऊँ या मरूँ। मुझे जज के सामने अपनी बात रखने का सही मौका भी नहीं दिया गया। उसने ऐसे गवाह की गवाही के आधार पर मुझे सजा सुना दी, जिसे मैंने कभी देखा तक नहीं था। उसने अपना मुँह बंद रखने के एवज में मेरे भाई से 10,000 रुपए माँगे थे; लेकिन बेचारे के पास कुछ होता तो देता। पुलिस ने अदालत में दिए अपने बयान में कहा था कि हमारी गिरफ्तारी के समय राजपत्रित अधिकारी के सामने हमारी तलाशी ली गई थी, जबकि उनका यह बयान सरासर गलत था। पुलिस की पूरी कहानी झूठ का पुलिंदा थी, लेकिन मैंने चुप रहकर अपनी किस्मत से समझौता कर लिया।

सींखचों के पीछे बिताए 11 साल में मैंने एक अलग ही दुनिया के दर्शन किए।

शुरू-शुरू में यहाँ नरक जैसी भयानकता व्याप्त थी। कैदियों और कुछ जेल कर्मचारियों का गिरोह मुझे गिद्धों की तरह घेरे रहता था। माहौल ऐसा था कि सीधा-सादा आदमी भी अपराधी बन जाए। मैंने कई निर्दोष नौजवानों को अपनी आँखों के सामने जघन्य अपराधी बनते देखा। पैसे खर्च करने पर बीड़ी, सिगरेट, चरस, स्मैक—सब नशे मिल जाते थे। नशे से जुड़ी बीमारियाँ तेजी से पनप रही थीं। मैंने बड़ी मुश्किल से स्वयं को उन सब बुराइयों से बचाए रखा। मुझे भरोसा था कि बदलाव आएगा, और वह आया भी।

जेल में नई जेल महानिरीक्षक ने कार्यभार सँभाला। और इसी के साथ जेल की

सफाई आरंभ हो गई। पहलेवालों ने कभी इस ओर ध्यान ही नहीं दिया था। अब हमारे पास फालतू गँवाने के लिए वक्त नहीं था। 400 कैदियों को अनपढ़ कैदियों को पढ़ाने का जिम्मा सौंपा गया। उनमें से एक मैं भी था। जल्दी ही जेल अधिकारियों के सुधार कार्यों में लगे लोगों को आदर-सम्मान मिलने लगा—मुझे भी। स्मैक व चरस का धुआँ अतीत की बात हो गए और जेल कर्मी दल भी सहयोग करने लगा था। जेल में शिक्षा, सलाह और आध्यात्मिक ज्ञान का माहौल बन गया। विपश्यना ध्यान विधि ने तो मेरे जैसे अनेक की जिंदगी बदलकर रख दी। मैंने दो बार यह कोर्स किया, जिसने मुझे बुराई से दूर रहने और विपरीत स्थिति में भी शांत रहने के योग्य बनाया। मैं जेल में लकड़ी की फैक्टरी में काम करने लगा और बढ़ई के काम में पारंगत हो गया।

हाल ही में मैं जेल से रिहा हुआ हूँ और अपनी जिंदगी को नए सिरे से बनाने की कोशिश कर रहा हूँ। 'इंडिया विजन फाउंडेशन' मेरी मदद कर रहा है, जो मेरे जैसे लोगों को पुनर्वास में मदद देता है। मैं खुले आकाश के नीचे फिर से अपनी जिंदगी को ढर्रे पर लाने की कोशिश में लगा हुआ हूँ।

जिम्मेदारी सबकी

- ठीक ही कहा गया है कि कानून अंधा होता है। कई बार तो यह अंधे के साथ-साथ बेजान भी होता है।
- पुलिस का मुख्य कर्तव्य मामले की अच्छी तरह जाँच करके साक्ष्य को अदालत के सामने रखना है। वकालत या न्याय करना उसका काम नहीं है।
- सुधार के लिए जेल सबसे अच्छी जगह है; पर तभी, जब वहाँ सुधार की भावना हो।

❑

एक गलत फैसला

नाम श्रीकांत, उम्र 52 वर्ष। दो बेटियों और एक बेटे का पिता। 9 साल जेल में बिताकर मैं हाल ही में रिहा हुआ हूँ। उम्र के इस पड़ाव पर जिंदगी फिर से शुरू करनी है, ताकि मेरा परिवार एक उम्मीद भरी जिंदगी बिता सके।

हमारा परिवार एक गरीब किसान परिवार था। हम मूल रूप से बिहार के रहनेवाले हैं। मेरे दस भाई-बहन हैं, जिनमें मैं सबसे छोटा हूँ। पिता घर में अकेले कमानेवाले थे, इसलिए मेरी छह बहनों की शादी तक हमें अपनी सारी जमीन बेच देनी पड़ी और परिवार भुखमरी के कगार पर आ गया। बिहार और भारत के कई इलाकों में लड़कियों की शादी बड़ी खर्चीली होती है। हम इस अनुभव के बुरे दौर से गुजरे हैं।

मैं परिवार का सबसे छोटा बच्चा था, इसलिए सबका प्यारा था; लेकिन मुझे पढ़ना रास नहीं आया और मैंने खुद ही पढ़ाई से तौबा कर ली।

बचपन और किशोरावस्था मैंने खेतों में मस्ती करते हुए बिताई, फिर खेत हमसे छिन गए। जवान हुआ तो मुझे दिल्ली जाने का मौका मिला। उम्मीद बँधी कि वहाँ जिंदगी नई करवट लेगी। मुझे एक दुकान में नौकरी मिल गई। रहने का इंतजाम एक पुनर्वास कॉलोनी में एक कमरे में कर लिया। मैं अपने पाँच और साथियों के साथ वहाँ रहने लगा। बहरहाल, आमदनी ज्यादा नहीं थी; पर थोड़ी बचत हो जाती थी, जिसे मैं गाँव में अपने बूढ़े माँ-बाप को नियमित भेज देता था। थोड़े दिनों बाद सुखद भविष्य की उम्मीद में मैंने नौकरी बदल ली। यहाँ तनख्वाह ज्यादा थी। नौकरी यहाँ भी एक दुकान पर थी, पर वेतन पिछली नौकरी से ज्यादा था। अब मैं अपने माँ-पिता के साथ-साथ कभी-कभार जिंदगी के लिए जद्दो- जहद करते अपने बड़े भाइयों की भी मदद कर देता।

कुछ साल बाद मुझे दिल्ली की एक बड़ी और मशहूर कंपनी से नौकरी का प्रस्ताव मिला। लेकिन वहाँ एक लोचा था। वहाँ सारी नौकरियाँ एक ठेकेदार के जरिए मिलती थीं, क्योंकि कंपनी ने उससे अनुबंध कर रखा था। इस प्रकार हम काम तो कंपनी के लिए करते थे, लेकिन कर्मचारी ठेकेदार के थे—वही हमारा वेतन देता था। चूँकि तनख्वाह अच्छी थी, इसलिए यह मुझे कोई बड़ी समस्या नजर नहीं आई। मैं मेहनत से काम करने लगा।

कंपनी के सभी कामगारों का एक ही सपना था कि किसी तरह वहाँ के स्थायी कर्मचारी बन जाएँ और उन्हें सभी भत्ते व सुविधाएँ मिलने लगें। मालिकों को खुश करने और अपनी योग्यता साबित करने के लिए कामगारों ने दिन-रात कड़ी मेहनत की, लेकिन नौकरी पक्की होने की कोई उम्मीद नजर नहीं आई।

इसी बीच गाँव में माँ-बाप ने मेरे लिए एक लड़की पसंद की। मैंने शादी के लिए 'हाँ' कर दी और थोड़े दिनों बाद शादी के लिए गाँव चला गया।

दिल्ली लौटने पर मैंने अपनी इकाई में एक नई चर्चा होते सुनी। वहाँ एक कर्मचारी यूनियन बनाने की बात चल रही थी। जिन कर्मचारियों को साँस तक लेने की फुरसत नहीं थी, अब दोपहर में बैठक कर अपनी माँगों पर चर्चा करते थे। वे बैठकें छुट्टी के बाद भी होतीं। बैठक में कुछ अनजाने चेहरे भी शामिल होते। जब मैंने उनके बारे में जानना चाहा तो मुझे कहा गया कि वे हमारे दोस्त हैं और हमारे काम में हमारी मदद करना चाहते थे।

ज्यादा पूछताछ करने पर पता चला कि वे अनजान बाहरी लोग दूसरी कंपनियों के ट्रेड यूनियन नेता थे। जल्दी ही उन्होंने सदस्य बनाने का अपना अभियान शुरू कर दिया। शुरू में मैंने अनिच्छा जाहिर की, पर साथी कामगारों के दबाव के आगे हथियार डाल दिए और सदस्यता ले ली। जल्दी ही अंजाम से बेखबर मैं अभियान में सक्रिय दिलचस्पी लेने लगा। मैं छुट्टी के बाद साथी कामगारों के साथ बैठक करके सामूहिक हित के मुद्दों पर चर्चा करने लगा। हमने प्रबंधकों से माँग की कि जो कर्मचारी एक तय अवधि तक कंपनी में काम कर चुके हों, उन्हें पक्का किया जाए तथा वेतन के साथ-साथ अन्य भत्तों का लाभ भी दिया जाए। प्रबंधकों ने हमारी माँग पूरी तरह ठुकरा दी। हम निराश हो गए, पर अगला कदम उठाने की हमें जानकारी नहीं थी।

हमारे वे शुभचिंतक दोस्त फिर नामूदार हुए। उन्होंने हमें सख्त बने रहने के लिए प्रेरित किया। उन्होंने सलाह दी कि हम कंपनी में हड़ताल कर दें; लेकिन यह कदम मुझे ठीक नहीं लगा। आखिर दबाव में हमने हड़ताल कर दी। कंपनी के अधिकारियों ने गंभीर परिणाम की चेतावनी दी। लेकिन हम अड़े रहे। उन्होंने कहा कि हमारी माँगें कभी नहीं मानी जा सकतीं, लेकिन हमने दबाव बनाए रखा।

हड़ताल का नतीजा बुरा रहा। जो इकाई कभी मशीनों की आवाज और कामगारों की आवाजाही से आबाद रहती थी, वह वीरान हो गई। इससे मैं बहुत तकलीफ में था। लेकिन अब मैं एक नेता भी था। अपनी इस उपलब्धि पर मुझे थोड़ा गुरूर भी था। इसके बाद कई बार प्रबंधकों और हमारे बीच बातचीत हुई; लेकिन हम अपनी माँगों से टस से मस नहीं हुए। मैं मानता हूँ, हम गलती पर थे।

प्रबंधन ने हमारा करार रद्द कर दिया और हमें कंपनी से बाहर का रास्ता दिखा दिया गया। इकाई में नए कामगार रख लिये गए और मशीनें फिर चालू हो गईं। इस

घटनाचक्र ने हमें तोड़कर रख दिया। गेट पर अदालती आदेश चिपका दिया गया था, जिस पर हमने लिखा था कि 'हम फैक्टरी से उचित दूरी बनाए रखें।' हम फैक्टरी से थोड़ी दूर डेरा डाले रहे कि शायद प्रबंधन पसीज जाए, पर वैसा नहीं हुआ।

हमारी नए कामगारों और कंपनी के अधिकारियों से कभी-कभी कहा-सुनी और कभी तीखी नोक-झोंक हो जाती।

एक दिन जब हम संस्थान के बाहर नारेबाजी कर रहे थे, स्थानीय पुलिस आई और हमें धकियाती हुई थाने ले गई। उस दिन हमारे शुभचिंतक दोस्त कहीं नहीं दिखाई दिए।

हमें यह बताया गया कि फैक्टरी के पास दिन-दहाड़े एक कामगार का कत्ल कर दिया गया था। मेरे साथ यूनियन के सात बड़े नेताओं को आरोपी बनाया गया। हमारे साथ लाए गए बाकी लोगों को सख्त चेतावनी देकर छोड़ दिया गया। हमने लाख निर्दोष होने की गुहार लगाई, लेकिन बहरे कानों पर असर नहीं हुआ। पुलिस ने खाली कागज पर हमारे दस्तखत करा लिये। इसके बाद कत्ल के आरोप में हमें जेल भेज दिया गया। मैं अपनी पत्नी और तीन बच्चों के लिए बहुत चिंतित था।

अदालती लड़ाई और 9 साल बाद मैं जेल से रिहा हुआ। जेल के एकाकी माहौल में मुझे अपनी गलती को समझने का मौका मिला। मैंने जेल अधिकारियों के साथ सहयोग किया और उनके कामों में हाथ बँटाया। मेरे परिवार को वापस गाँव (बिहार) लौट जाना पड़ा। इतना समय उन्हें निपट गरीबी में बिताना पड़ा। जब मेरे माँ-पिता को पता चला कि मुझे कत्ल के इल्जाम में जेल भेज दिया गया है तो सदमे से उनकी मौत हो गई।

जेल में महानिरीक्षक ने मुलाकात के बाद मेरी कड़ी मेहनत की तारीफ की। जेल से रिहा होने के बाद मिलने के लिए कहा। रिहाई के बाद 'इंडिया विजन फाउंडेशन' ने मेरे पुनर्वास और मेरे बच्चों की स्कूली शिक्षा में भी मेरी मदद की। अब मैं चैन की साँस ले सकता हूँ। अगर मुझे सहयोग नहीं मिलता तो मेरी जिंदगी पता नहीं कैसे कटती।

जिम्मेदारी सबकी

- महानगरों में कामगारों की जिंदगी सबसे ज्यादा असुरक्षित होती है। ये प्रबंधन और ट्रेड यूनियन दोनों के निशाने पर होते हैं। लोग अकेले पड़ जाने के डर से यूनियन की सदस्यता लेते हैं।
- समाज के कमजोर तबकों के मामले में पुलिस अकसर पक्षपातपूर्ण और बेईमानी भरी भूमिका निभाती है।
- अदालती कारवाइयाँ इतनी लंबी और उबाऊ होती हैं कि जिंदगी की जद्दोजहद करते परिवारों के खून की आखिरी बूँद तक खींच लेती हैं।

❑

अपने दम पर

मैं पश्चिम बंगाल की रहनेवाली हूँ। कई साल पहले मैं दिल्ली आ गई थी और तब से यहाँ एक बड़ी झुग्गी बस्ती में रहती हूँ। मेरी दो बार शादी हो चुकी है। उम्र है 29 बरस। मेरे दो बेटियाँ और एक बेटा है। मेरा नाम सुनीता है।

मेरा जन्म एक अत्यंत गरीब परिवार में हुआ। परिवार में माँ-बाप के अलावा हम तीन बहनें थीं, जिनमें मैं सबसे छोटी थी। मेरी छोटी उम्र में ही माँ चल बसी और पिताजी ने दूसरी शादी कर ली। नई माँ के आते ही हमारे जीवन में दुश्वारियाँ बढ़ गईं। पिता को शराब की लत लग गई। मेरे छुटपन में ही मेरी दोनों बहनों की शादी हो गई थी। नई माँ मुझे दूसरों के खेतों में मजदूरी कराने अपने साथ ले जाने लगी। मैंने पिता और सौतेली माँ से स्कूल भिजवाने की मिन्नतें कीं, लेकिन उन्होंने मुझे नहीं पढ़वाया। उन्हें मेरी पढ़ाई-लिखाई की परवाह नहीं थी। उन्हें लगता था कि लड़कियों को पढ़ाई की जरूरत नहीं होती।

मैं उम्र के 16 साल पूरे कर चुकी थी। इन वर्षों में एक भी लमहा ऐसा नहीं आया कि मेरे पिता ने मेरे लिए फुरसत निकाली हो, मुझसे बात की हो। सौतेली माँ से तो मैं इस बात की उम्मीद भी नहीं कर सकती थी। उनकी इस उपेक्षा ने मेरे अंदर गहरा खालीपन भर दिया। मैं उनसे जितने प्रेम और देखरेख की उम्मीद करती उतनी ही नाउम्मीदी हाथ लगती। जिंदगी कुछ यूँ ही घिसट रही थी। मैं अकेली सिमटी-सिकुड़ी रहती और जब कभी सखी-सहेलियों के बीच रहती तो मुझे बड़ा सुकून मिलता। सीमा मेरी एक अच्छी सहेली थी। वह अपने पति के साथ दिल्ली में रहती थी। हाल ही में गाँव लौटी थी। दोनों कुछ महीने पहले शादी के बंधन में बँधे थे। वह मुझसे बोलती-बतियाती और कभी-कभी हम दोनों साथ-साथ पास के बाजार में भी जातीं। वह चीजें खरीदती और मैं जलन से देखती। एक-दो बार उसने मुझे भी चीजें दीं। वे उपहार थे या उसका प्यार जताने का तरीका, यह ये मुझे नहीं मालूम। जो भी हो, इन बातों से मैं उसके और करीब हो गई और उसके साथ ज्यादा वक्त गुजारने के बहाने खोजने लगी।

एक बार गाँव में लगे मेले में हम ऑटोरिक्शा में गए। उसका पति भी हमारे साथ

था। उन्होंने कहा कि वे मुझे खुश देखना चाहते हैं। मैंने भी मेले में खूब आनंद किया। इसके बाद जब वे मुझे रेलवे स्टेशन ले गए तो मैं डर गई। मैंने सीमा से पूछा, मुझे यहाँ क्यों लाए हो, तो वह बहाने बनाने लगी। जब उसने मुझे ट्रेन में बैठने के लिए कहा तो मैं घबरा गई। मैं पहले कभी ट्रेन में नहीं बैठी थी। उन्होंने जबरदस्ती मुझे एक भरे हुए डिब्बे में बैठा दिया। मैं धीरे-धीरे सुबकने लगी। मैंने कभी इतने लोगों को अपने आस-पास नहीं देखा था। पहले सीमा और उसके पति ने मुझे प्यार से समझाया, लेकिन जब मैंने घर लौटने की जिद पकड़ ली तो मुझे गुस्से से धमकाने लगे। दूसरे मुसाफिर अपनी ही मुसीबतों में उलझे थे, इसलिए किसी ने मेरी ओर ध्यान नहीं दिया। मैं रोने लगी और ट्रेन चल पड़ी तथा आखिर में अपनी मंजिल पर पहुँच गई।

इस तरह मैं सपनों की नगरी दिल्ली पहुँच गई। एक तरह से मैं दुखी नहीं थी। सौतेली माँ और लापरवाह पिता ने अब तक मुझे दिया ही क्या था। सीमा और उसके पति ने कुछ दिन मुझे अपने साथ अपनी झुग्गी में रखा। बाद में मुझे पता चला कि उन्होंने अपने पड़ोस में रहनेवाले सलीम नाम के युवक से पेशगी रकम ले रखी थी। वह किसी ग्रामीण लड़की से शादी करना चाहता था। शादी का यह सौदा कुल 2,000 रुपए में तय किया गया था। लेकिन मेरे शादी से इनकार कर देने पर सलीम पेशगी वापस लेने के लिए सीमा और उसके पति से झगड़ने लगा। सीमा और उसका पति मुझे सलीम से शादी करने के लिए जोर देने लगे। उन्होंने धमकी दी कि उनकी बात नहीं मानी तो वे मुझे इतने बड़े शहर में अकेली छोड़ देंगे। मेरे पास उनकी बात मान लेने के अलावा और कोई चारा नहीं था, इसलिए मुझे शादी की रजामंदी देनी पड़ी। बाद में मुझे उनकी असलियत पता चली—वे यही धंधा करते थे।

सब किस्मत के भरोसे छोड़कर मैं शांत बैठ गई। मुझमें विद्रोह की हिम्मत नहीं थी। सलीम नशे का आदी था और नशे का कारोबारी भी। वह मेरे साथ मार-पीट करता था और उसका बरताव भी बहुत बुरा था। घर-खर्च चलाने के लिए वह कुछ नहीं देता था, इसलिए मैंने महरी का काम शुरू कर दिया। इसी बीच मेरे एक बेटी हुई, लेकिन बीमार रहने की वजह से छह महीने की होकर मर गई। उसके पिता ने न तो उसकी दवा-दारू कराई, न उस पर ज्यादा ध्यान दिया। उसकी इस रुखाई से मुझे बहुत गुस्सा आया और मैंने उसे छोड़ दिया। मैं उसके साथ दो साल रही। मैंने कर्ज लेकर उसी बस्ती में अपनी झुग्गी ले ली और महरी का काम करके जिंदगी के दिन काटने लगी।

इसी बीच एक बार सीमा फिर मेरे गाँव गई तो उसका सामना मेरे पिता से हो गया। उन्होंने मेरे बारे में पूछताछ की। सीमा ने उन्हें ढाढ़स बँधाया और मुझसे मिलवाने उन्हें दिल्ली भी लेकर आई। लेकिन अब तक मैं खुद को नए माहौल में खपा चुकी थी, इसलिए मैंने उनके साथ जाने से इनकार कर दिया।

करीब एक बरस बाद मैंने पप्पू नाम के एक स्कूटर मेकैनिक के साथ दूसरी शादी कर ली। उसने मेरा महरी का काम छुड़वा दिया। उसके साथ मुझे पहली बार जिंदगी के सारे सुख हासिल हुए। बहरहाल, सुख का यह दौर जल्दी ही चुक गया। पहली संतान के तौर पर हमारी एक बेटी हुई। दूसरी बार जब मेरे पैर भारी हुए तो पप्पू की इच्छा थी कि हमारा बेटा हो; लेकिन उसकी इच्छा पूरी नहीं हुई। दूसरी भी बेटी हुई। पप्पू को सदमा लगा। उसने दारू पीनी शुरू कर दी। धीरे-धीरे उसे शराब की लत लग गई। काम-धंधा छोड़कर उसने घर में डेरा जमा लिया और मेरे साथ मार-पीट भी करने लगा। एक दिन नशे में अंधे होकर उसने शराब की एक टूटी बोतल मेरे मुँह पर खींच मारी। वह चोट मेरे मुँह पर स्थायी निशान छोड़ गई। अब वह चाहता था कि मैं कमाऊँ और उसकी रोजाना की शराब का इंतजाम करूँ। उसने मुझे अवैध शराब के तस्करों से मिलवाया और जोर डालकर उनके गिरोह में शामिल करा दिया। मेरे बच्चे भूख से बिलबिला रहे थे, इसलिए मैं शराब का अवैध कारोबार करने लगी। पप्पू की शराब की लत दिन-पर-दिन बढ़ती गई और उसका लिवर खराब होता गया। डॉक्टर ने उसे शराब को हाथ तक लगाने से मना करते हुए कहा कि शराब की एक बूँद भी जान ले सकती थी। मैंने आस-पड़ोस में सबसे उसे शराब देने से मना कर दिया। एक दिन मैं काम से घर लौटी तो देखा कि पप्पू छटपटा रहा था। मुँह से शराब की बदबू आ रही थी। मैंने पूछा तो पता चला, हमारी छह साल की बेटी लक्ष्मी से उसने शराब माँगकर पी थी। मैं चीखी-चिल्लाई, लेकिन सब बेकार गया। छटपटाते हुए पप्पू ने दम तोड़ दिया। मैं तब पेट से थी। सातवाँ महीना चल रहा था।

पप्पू को गुजरे हुए थोड़े ही दिन हुए थे कि मैं शराब की खेप के साथ पकड़ ली गई। लेकिन जैसे-तैसे मेरी जमानत हो गई। मैंने वह काम छोड़ दिया, लेकिन भूखे मरने की नौबत आ गई। पैर भारी थे, इसलिए मैं ज्यादा मेहनतवाला काम नहीं कर सकती थी। मेरे साथ के लोगों ने स्मैक का धंधा करने की सलाह दी। मेरे पास पूँजी नहीं थी। उन्होंने 20 प्रतिशत मासिक ब्याज पर मुझे 4,000 रुपए का कर्ज दिलवा दिया, जिसे मैं आज तक चुका रही हूँ।

जिस दिन मैंने कर्ज लिया, उसी दिन धंधा शुरू कर दिया और उसी दिन पुलिस ने मुझे गिरफ्तार कर लिया। अदालत ने मुझे जेल भेज दिया। मुझे दो साल बाद जमानत पर छोड़ा गया। अदालत की ओर से नियुक्त वकील ने मेरा मुकदमा लड़ा। लक्ष्मी पड़ोसियों के पास रही। मेरी झुग्गी के किराए से उसका गुजारा चल जाता था। मेरी दूसरी बेटी सरस्वती जेल में मेरे साथ रही। इसी बीच मेरे एक बेटा हुआ, जिसका नाम 'प्रकाश' रखा गया। जेल में मैंने पढ़ने-लिखने के साथ-साथ बुनाई और क्रेच मैनेजमेंट जैसे वोकेशनल कोर्स किए। जेल में मैंने कई अन्य गतिविधियों में भाग लिया, जिससे मुझे

व्यक्तित्व विकास में मदद मिली। मैं जब जेल से रिहा हुई तो मुझे नवज्योति में नौकरी मिल गई। नवज्योति संगठन ही जेल में क्रेच ट्रेनिंग प्रोग्राम चला रहा था। मैं क्रेच में काम करती हूँ—छोटे बच्चों की देखभाल के साथ उन्हें पढ़ाती भी हूँ। इंडिया विजन फाउंडेशन ने मेरी बेटियों को एक कॉन्वेंट स्कूल में भरती करा दिया है। अब मैं अपनी जिंदगी की खुद खेवनहार हूँ।

जिम्मेदारी सबकी

- माँ-बाप की दूसरी शादी कई बार बच्चों के लिए बहुत महँगी साबित होती है।
- जालिम सौतेली माँ बच्चों को घर से भाग जाने के लिए मजबूर कर देती है।
- शिक्षा की कमी और जागरूकता का अभाव लड़कियों के शोषण को बढ़ावा देते हैं।
- गंदी बस्तियाँ सभी तरह के अपराध पनपने की माकूल जगहें हैं। वहाँ अधिक ध्यान देने की जरूरत है, जबकि उनकी अनदेखी की जाती है।

❑

दर-बदर का दंश

मैं दो बेटों और दो बेटियों की माँ सीमा हूँ। मेरी उम्र 37 बरस है। सालों पहले हमारी जिंदगी खुशहाल थी। घर में नौकर-चाकर थे। लेकिन 1980 के दशक में आतंकवादी गतिविधियों की वजह से हमें पंजाब में अपना गाँव छोड़कर भागना पड़ा। उग्रवादियों का अगला निशाना मेरा पति था। उसके दो भाइयों को वे पहले ही मार चुके थे। रातोरात थोड़ा-बहुत सामान लेकर हमें वहाँ से भागना पड़ा। हमने 25 अन्य परिवारों के साथ आकर दिल्ली के एक सरकारी शरणार्थी शिविर में शरण ली। हमारे दादा-परदादा बचपन में हमें अगस्त 1947 के बँटवारे और लोगों के शरणार्थी बनने की कहानियाँ सुनाया करते थे, अब हम स्वयं शरणार्थी बन गए थे—वह भी अपने खुद के देश में! हमारी केवल यह गलती थी कि हम हिंदू थे और सिखों के गाँव में रहते थे।

पंजाब में हमारी बहुत सारी कृषि योग्य भूमि थी। घर में किसी चीज की कमी नहीं थी। 16 बरस की उम्र में मेरी शादी हो गई। मेरा पति एक अमीर तहसीलदार का बेटा था। हम दोनों पति-पत्नी हालाँकि कम पढ़े-लिखे थे, लेकिन खुश थे और सुनहरे भविष्य के सपने बुनने में मग्न थे। मेरे पति का अमृतसर में ट्रांसपोर्ट का धंधा था और काफी खेती-बाड़ी भी थी। उसे दो चीजों का सबसे ज्यादा शौक था—ड्राइविंग और शराबखोरी का। कभी-कभी वह खुद भी गाड़ी लेकर जाया करता था। वह रोज शाम को शराब पीता था। आस-पास भी ऐसा ही माहौल था; लेकिन सब सीमा में रहते थे और उनकी शराबखोरी से किसी को परेशानी नहीं होती थी। हकीकत में हमारा गाँव एक बड़े परिवार की तरह था और खुशी व गम में सब साथ-साथ रहते थे। सिख और हिंदू के अलावा वहाँ मुसलमान भी थे और सब प्रेम से हिल-मिलकर रहते थे; लेकिन किस्मत करवट बदल रही थी।

सन् 1982-83 के दौरान पंजाब में आतंकवाद अपने चरम पर था। कुछ गुमराह लोग मासूमों को अपना निशाना बना रहे थे। सन् 1984 में चरमपंथ अपने उफान पर था, वहीं पुलिस और सशस्त्र बलों का दमन चक्र भी जारी था। पुलिस जैसे ही किसी को मार गिराती, चरमपंथी फौरन उसे शहीद करार दे देते। चाहे मरनेवाला रास्ते से

गुजरता राही ही क्यों न हो। उग्रवादी उसे भी अपना साथी बताकर बदला लेने की कसम खाने लगते। जब वे पुलिस का सामना नहीं कर पाते तो निर्दोष लोगों को अपना निशाना बनाने लगते। जिन्हें निशाना बनाते, उन्हें पुलिस का मुखबिर बता देते। इस दमन चक्र में सत्ताधारी लोग तो सुरक्षित रहे और कमजोर व निर्दोष लोग बुरी तरह प्रभावित हुए। मैं भी उनमें शामिल हूँ। मेरी फौरी चिंता मेरे परिवार की सुरक्षा को लेकर थी, जो आज भी जस-की-तस है। पंजाब की सुखद जिंदगी छोड़कर हम सुकून पाने के लिए दिल्ली चले आए; लेकिन हमारी मुश्किलें कम नहीं हुईं, दिन-पर-दिन बढ़ती चली गईं, जिनका हम आज भी सामना करने को मजबूर हैं।

दिल्ली में हमें जहाँगीरपुरी की गलियों में लगाए गए अस्थायी तंबुओं में शरण मिली। हम थोड़ा-बहुत जो भी लेकर आए थे, जल्दी ही खत्म हो गया। पंजाब की अपनी जमीन-जायदाद हमें खड़े-खड़े औने-पौने दामों में बेच देनी पड़ी थी। चार सदस्योंवाले एक परिवार को सरकार 1,000 रुपए माहवार देती थी, जो किसी तरह हमें जिंदा रखने के लिए काफी थे। मेरे पैर भारी थे और कमजोरी भी थी। अमीरी की बू ने मेरे पति को किसी के मातहत काम करने से रोके रखा। कम पढ़े-लिखे होने की वजह से हम खुलकर सोच भी नहीं सकते थे। चमत्कार की उम्मीद में हम पड़े सड़ते रहे और वह नहीं हुआ।

मेरे बच्चा जनने का वक्त नजदीक था। मुझे प्रसव-पीड़ा में देख शिशिर प्रधान ने अधिकारियों से चिरौरी करके पास के सरकारी आवास में हमें एक कमरा दिला दिया। हम वहाँ रहने लगे। अब हम कम-से-कम आँधी और बारिश से तो सुरक्षित थे। लेकिन भूख और तंगहाली वहाँ भी हमारे साथी बने रहे; आज भी साथ हैं।

आखिर हालात से तंग आकर मेरा पति सब्जी मंडी में ड्राइवर की नौकरी करने लगा। तनख्वाह अलबत्ता कम थी, फिर भी दो वक्त की रोटी चल जाती थी। यहाँ मेरे पति के कई दोस्त बने—कुछ अच्छे थे और कुछ मौकापरस्त। ज्यादातर निठल्ले थे। आवारागर्दी, ताश खेलना और रात को इकट्ठे होकर दारू पीना उनका काम था। मेरा पति बड़ा तंदुरुस्त और हट्टा-कट्टा था—उसकी सोहबत में सब खुद को बड़ा सुरक्षित महसूस करते थे, इसलिए उसका खर्चा भी उठाते थे। मेरा पति अपनी सारी तनख्वाह मेरे हाथ में दे देता था, एक भी पैसा फालतू खर्च नहीं करता था। शायद मेरा मानना सही न भी हो।

मेरे चारों बच्चे बड़े हो रहे थे। इसी के साथ उनकी जरूरतें भी बढ़ रही थीं। लेकिन हमारी आमदनी वहीं-की-वहीं ठहरी थी। हम पति-पत्नी को उन्हें पढ़ाने-लिखाने की चिंता थी, लेकिन उससे भी पहली चिंता पेट भरने की थी। मुझे नौकरी करने में संकोच था। हमें सम्मान की नजरों से भी नहीं देखा जाता था—चाहे पति की

नौकरी में हो या बच्चों के स्कूल में। वैसे मेरे बच्चे स्कूल गए, लेकिन किसी ने पढ़ाई में दिलचस्पी नहीं ली। उनके अध्यापकों ने भी उनकी ओर ध्यान नहीं दिया।

गुजरते वक्त के साथ एक दिन मेरे पति को अपनी सोहबत का खामियाजा भुगतना पड़ा। घर लौटते समय वह किसी से लड़ बैठा। जब पुलिस ने बीच-बचाव किया तो वह उससे भी उलझ गया। मैं जानती हूँ, उसने किसी और के लिए झगड़ा मोल लिया होगा। उसे खुद जल्दी गुस्सा नहीं आता। सही घटना तो मुझे पता नहीं थी, लेकिन अगले ही दिन पुलिस हमारे घर आई और डकैती के आरोप में मेरे पति को गिरफ्तार करके ले गई। मैं स्तब्ध रह गई।

पति की रिहाई के लिए मैं मारी-मारी फिरी, लेकिन सब बेकार गया। पुलिस ने उसके खिलाफ बड़ा सख्त केस बनाया। उसने अधिकारियों से लाख मिन्नतें कीं कि उसने कोई डकैती नहीं की, उसे झूठा फँसाया गया है; लेकिन किसी ने उसकी एक न सुनी। उसे तिहाड़ जेल भेज दिया गया। इस घटनाक्रम ने उसका मन खट्टा कर दिया। हमारे सामने फिर रोजी-रोटी का संकट आ खड़ा हुआ।

झूठा अभिमान परे छोड़कर नौकरी की तलाश में मैं घर से बाहर निकल पड़ी। एक तरफ अदालत में मुझे अपने पति को बचाना था और दूसरी तरफ भूखे मुँहों के लिए निवाला कमाना था। काम करने का मुझे कोई तजरबा नहीं था; लेकिन भूख और मुसीबतों ने सब सिखा दिया। कुछ स्थानीय महिलाओं की मदद और सहयोग से मैं घर-घर जाकर छोटा-मोटा सामान बेचने लगी। आमदनी न के बराबर थी, लेकिन जिंदा रहा जा सकता था। अदालत में मुकदमा एक साल खिंचा। इसके बाद मेरे पति को निर्दोष मानते हुए रिहा कर दिया गया। लेकिन इसके बाद जिंदगी बद-से-बदतर होती चली गई।

अब शरणार्थी के साथ-साथ हम अपराधी भी हो गए थे। मेरा पति जहाँ भी नौकरी माँगने जाता, उसे बैरंग लौटा दिया जाता। उसके लापता दोस्त फिर सामने आए और उसके साथ उठने-बैठने लगे।

किस्मत से 'इंडिया विजन फाउंडेशन' हमारी मदद को आगे आया। उसने मेरे बेटों को एक आवासीय स्कूल और बेटियों को नियमित स्कूल में भरती करा दिया। मैंने एक स्कूल में आया की नौकरी कर ली। अतिरिक्त आमदनी के लिए मैं लोगों के घरों में छुटपुट काम करने लगी। इस प्रकार महीने भर में घर चलाने लायक आमदनी हो जाती है। खाली समय में मेरे बच्चे घर-घर साबुन और फिनायल बेचने में मेरी मदद भी करते हैं। उनका इस तरह काम करना मुझे अच्छा नहीं लगता; लेकिन दूसरा कोई रास्ता भी तो नहीं है।

मेरा पति अभी भी निठल्ला है। जेल से रिहा हुए करीब दो साल हो गए हैं। वह

रोज नौकरी की तलाश में जाता है और कभी-कभी शराब पीकर लौटता है। वह चुप-चुप रहता है, इसलिए पता नहीं चलता कि दिन भर क्या करता रहता है। मुझे भरोसा है, वह वैसे खराब नहीं, क्योंकि वह घर में बच्चों को पैसे समझदारी से खर्च करने के लिए समझाता रहता है। इंडिया विजन फाउंडेशन ने मेरे पति के पुनर्वास का भरोसा दिया है। हमें उसी का सहारा है।

मुझे अपनी सबसे बड़ी बेटी की बहुत चिंता है। वह 18 साल की हो गई है। मेरे बाकी बच्चे, मेरा पति और स्वयं मैं—मैं सबके भविष्य के लिए चिंतित हूँ। इन चिंताओं का क्या कभी कोई अंत होगा? पंजाब जैसी खुशहाल जिंदगी क्या हमें फिर नसीब होगी?

जिम्मेदारी सबकी

- उग्रवाद लोगों को दर-बदर करके उनकी जिंदगी को नरक बना देता है।
- अपर्याप्त सामाजिक सुरक्षा तंत्र बहुत से परिवारों को कंगाली के कगार पर धकेल देता है।
- असंवेदनशील पुलिस की शैतानी चालें लोगों को तोड़कर रख देती हैं।

❑

हमारा क्या कुसूर

सड़कों व गलियों में आपने कूड़ा बीनते, मैले-कुचैले कपड़े पहने, कमजोर, नंगे पैर लड़के-लड़कियों को जरूर देखा होगा। कभी आपने सोचा, वे क्या काम करते हैं, कहाँ रहते हैं? वे अपना वक्त कैसे बिताते हैं? उनके संगी-साथी कौन हैं? वे क्या खाते-पीते हैं? उनके माँ-बाप कौन और कैसे हैं? उन बच्चों का भविष्य कैसा होना चाहिए? और वे क्या बनते हैं? मैंने 12 साल के कुछ बच्चों से कुछ प्रश्न पूछे और मुझे उनके रोचक जवाब मिले।

प्रश्न : आपके नाम और उम्र क्या हैं?

उत्तर : अजहर 8, अली 12, सलमान 12, इकबाल 11, बिहारी 11, मुन्ना-भाई 12, मुश्ताक 11, फारूख 10, अख्तर 11 और असद 11।

प्रश्न : आप पढ़ने स्कूल जाते हैं?

उत्तर : मैं कुरान शरीफ पढ़ने मदरसा गया, लेकिन पढ़ाई बीच में ही छोड़ दी (मुश्ताक)।

मैं स्कूल जाता था, लेकिन मास्टरजी की पिटाई की वजह से जाना छोड़ दिया (अजहर)।

नहीं, मैं स्कूल नहीं जाता। माँ कहती है, कमाकर लाओ (अख्तर)।

प्रश्न : आपके माँ-बाप क्या काम करते हैं?

उत्तर : मेरा बाप रिक्शा चलाता है, लेकिन घर में नहीं रहता (अख्तर)।

मेरा बाप कूड़ा-कचरा बीनता है (सलमान)।

मेरी माँ भीख माँगती है (इकबाल)।

मेरा बाप पटरी पर सब्जियाँ बेचता है, लेकिन घर नहीं आता (अजहर)।

प्रश्न : आपके माँ-बाप आपसे क्या कहते हैं?

उत्तर : कुछ भी नहीं (मुन्ना भाई)।

मुझसे कहते हैं, पैसा लेकर आओ। रहने के लिए 4,000 रुपए की झुग्गी खरीदनी है (बिहारी)।

प्रश्न : आप दिन भर क्या करते हैं?

उत्तर : भीख माँगते हैं (सब बच्चे)।
कूड़ा बीनते हैं (सब बच्चे)।
मैं घरों में चोरियाँ करता हूँ (असद)।
हम यमुना (दिल्ली में) और गंगा (हरिद्वार में) नदियों में डुबकी लगाकर चढ़ावे के तौर पर फेंके गए सिक्के और दूसरी कीमती चीजें ढूँढ़ते हैं (फारूख एवं मुश्ताक)।

प्रश्न : क्या आप में से कभी किसी को पुलिस या किसी और ने पकड़ा है? यदि हाँ, तो फिर क्या हुआ?

उत्तर : हाँ (अजहर एवं बिहारी)।
हाँ, मेरी पिटाई हुई और मुर्गा बनाया गया (असद)।
हाँ, मैं सजा के तौर पर कुछ दिन बाल सुधार गृह में रहा। कई बाल-सुधार गृह और थानों में मेरी फोटो लगाई गई। मुझे बाहर निकालने के लिए मेरी माँ को 2000 रुपए खर्च करने पड़े (बिहारी)।

प्रश्न : तुम लोग चोरी कैसे करते हो?

उत्तर : रात के वक्त हम रिक्शे में सदर बाजार जाते हैं। हमारे गिरोह का सबसे बड़ा बच्चा (15 साल) रिक्शा चलाता है। हम शटर के ताले तोड़कर सामान रिक्शे में रख लेते हैं। रास्ते में जब कोई पुलिसवाला हमें रोकता है तो हम कह देते हैं कि माल को ग्राहक के पास पहुँचाने जा रहे हैं (बिहारी)।

प्रश्न : तुम क्या-क्या सामान चुराते हो?

उत्तर : ताँबे की टोंटियाँ, लोहे का सामान और घरों का सामान। हम गलियों, पार्क और रेलवे स्टेशन से कूड़ा-कचरा भी बीनते हैं और कबाड़ी को बेच देते हैं (सब बच्चे)।

प्रश्न : अपनी कमाई का तुम लोग क्या करते हो?

उत्तर : सलमान अली की ओर इशारा करके कहता है कि वह शराब पीता है। अली हामी भरता है।
मैं 10 रुपए गुटखे के लिए रखकर सारे पैसे माँ को दे देता हूँ। (इकबाल कुछ गुटखे दिखाता है, जिन्हें उसके सारे साथी झपटकर खा जाते हैं।)
मैं जुआ खेलता हूँ। थोड़े पैसे मैं अपनी माँ को दे देता हूँ और बाकी से चॉकलेट व कोकाकोला खरीदकर अपने दोस्तों के साथ मौज करता हूँ (अजहर)।

प्रश्न : इसके अलावा और क्या-क्या करते हो?

उत्तर : हम सफेद घोल सूँघते हैं। हम लोग एक थैली घोल और थिनर खरीदकर दो

लोग घंटे भर तक उसे सूँघते हैं। सूँघने से हमारा सिर चकराने लगता है। अब तो हमें इसकी लत लग गई है (असद)।

प्रश्न : तुम्हारे माँ-बाप ऐसा करने से तुम्हें रोकते नहीं?

उत्तर : मेरा अब्बा शराबी है (इकबाल)।

मेरा बाप स्मैकिया है (अली)।

मेरा बापू कभी घर नहीं आता (मुन्ना भाई)।

मेरा बाप नहीं है (फारूख)।

मेरी माँ दूसरे आदमी के साथ रहती है (असद)।

प्रश्न : आपके माँ-बाप आपको पढ़ने के लिए नहीं कहते?

उत्तर : नहीं। वे कहते हैं, 10वीं पास करके मुझे क्या मिलेगा, जब इससे भी कम पढ़े-लिखे आदमी मुख्यमंत्री बन सकते हैं। इसलिए अगर पैसा मिलता है तो जाकर नेता या डाकू बनो।

जिम्मेदारी सबकी

- हर जनमे बच्चे को सामाजिक उत्तरदायित्व मानते हुए समाज और देश की संपदा के रूप में ढालना चाहिए। लेकिन जैसा कि इस बातचीत से पता चलता है—गरीबी, उपेक्षा, अकर्मण्यता और प्रशासनिक नाकामी के चलते हम समाज के प्रति गैर-जवाबदेह लोगों का एक वर्ग तैयार कर रहे हैं। इस वर्ग-भेद की व्यवस्था को भारी क्षति उठानी पड़ती है।

❑

परिशिष्ट-1

इंडिया विजन फाउंडेशन

(www.indiavisionfoundation.org)

सन् 1994 में मैं तिहाड़ जेल, दिल्ली की महानिरीक्षक थी। उसी दौरान मुझे रमन मैग्सेसे पुरस्कार मिला, जिससे मैंने 'इंडिया विजन फाउंडेशन' की स्थापना की। यह एक गैर-लाभकारी, गैर-सरकारी स्वैच्छिक संगठन है। यह संगठन जेल सुधार, कैदियों और अपराध-ग्रस्त इलाके के बच्चों की शिक्षा व पुनर्वास के क्षेत्र में काम करता है। साथ ही झुग्गी बस्तियों एवं ग्रामीण विकास, महिला विकास, बेसहारा व कामगार बच्चों की शिक्षा तथा स्वास्थ्य के क्षेत्र में भी काम करता है।

माँ-बाप के जेल में जाने पर उनके बच्चे ही अपराध से सबसे ज्यादा प्रभावित होते हैं। पढ़ाई और सहारे के साथ-साथ उनका सबकुछ छिन जाता है। फाउंडेशन ऐसे बच्चों को पहचानकर उनकी पढ़ाई की व्यवस्था करता है तथा आवश्यकता पड़ने पर अपने 'क्राइम होम चिल्ड्रेन प्रोजेक्ट' के तहत उनकी आर्थिक सहायता भी करता है। वर्तमान में ऐसे सैकड़ों बच्चे दिल्ली के अलग-अलग स्कूलों में पढ़ रहे हैं। फाउंडेशन द्वारा तैनात एक स्थानीय अभिभावक समय-समय पर उनके घर जाकर उनकी सुख-सुविधाओं का जायजा लेता रहता है। एक सलाहकार स्कूल अध्यापकों और बच्चों के घरवालों के संपर्क में रहता है। जिन बच्चों के घर-बार नहीं होते हैं, उन्हें आवासीय स्कूलों में दाखिल कराया जाता है।

दिल्ली की सबसे बड़ी झुग्गी बस्ती में बच्चों के लिए उनकी झुग्गियों के पास ही गली स्कूल चलाए जाते हैं। खाली रहने पर ये बच्चे भीख माँगने, कूड़ा बीनने और नशीले पदार्थ बेचने जैसे काम करने लगते हैं। इन स्कूलों के अध्यापक स्थानीय निवासी, ज्यादातर शिक्षार्थी होते हैं। उनके सहयोग के लिए उन्हें मानदेय दिया जाता है कि उससे वे अपनी भावी शिक्षा जारी रख सकें। पिछले कई सालों से इसके गली स्कूल चलाए जा रहे हैं, जिससे यहाँ का बाल श्रम 80 प्रतिशत तक घट गया है, साथ ही यहाँ के विद्यार्थियों की समाज की मुख्य धारा में भागीदारी बढ़ी है। वर्तमान में बहुत सी झुग्गी बस्तियों में ऐसे सैकड़ों गली स्कूल चल रहे हैं, जिनमें इलाके के हजारों बच्चे पढ़ने आते हैं।

फाउंडेशन अपने 'फैमिली हेल्पलाइन प्रोजेक्ट' के जरिए दक्षिणी दिल्ली स्थित एक झुग्गी बस्ती में पारिवारिक परामर्श और व्यावसायिक प्रशिक्षण के साथ-साथ कप्यूटर कोर्स भी चला रहा है। जल्दी ही आपदा प्रबंधन प्रशिक्षण भी दिया जाने लगेगा।

तिहाड़ जेल की महिला जेल में फाउंडेशन की दो परियोजनाएँ चल रही हैं। पहली 'क्रेच परियोजना', जो कैदी महिलाओं के बच्चों के समुचित पोषण, शिक्षा और स्वास्थ्य के लिए चलाई जा रही है। दूसरी 'वीविंग बिहाइंड बार्स परियोजना', जिसमें कैदी महिलाओं को परदे बुनने की कला सिखाई जाती है, ताकि जेल से छूटने के बाद महिलाओं का पुनर्वास किया जा सके। बुनाई परियोजना का विस्तार पुरुष जेल तक कर दिया गया है।

दिल्ली के बाहरी इलाकाई गाँव में अपनी ग्रामीण विकास परियोजना के माध्यम से फाउंडेशन परिवार सलाह सेवा केंद्र चिकित्सा सुविधाएँ तथा शारीरिक एवं मानसिक विकलांगता से संबद्ध विशिष्ट सेवाएँ उपलब्ध कराने के साथ-साथ महिलाओं एवं बच्चों को कंप्यूटर कोर्स सहित शिक्षा एवं वोकेशनल ट्रेनिंग उपलब्ध कराता है। इस परियोजना के तहत एक बहूउद्देश्यीय ग्रामीण विकास परिसर का निर्माण जारी है, जिसमें उपयुक्त सारी सुविधाएँ एक ही छत के नीचे मुहैया कराई जाएँ।

हमने तिहाड़ जेल से अपनी गतिविधियों की शुरुआत की और वहाँ कैदियों के कल्याणार्थ बेकरी की स्थापना में जेल प्रशासन की मदद की। तिहाड़ जेल में एक नर्सरी की स्थापना भी की गई, जहाँ दुर्लभ प्रजातियों के पौधे उगाए जा रहे हैं। पौधों और उनके उत्पाद से होनेवाली बिक्री के लाभ को कैदी कल्याण कोष में जमा करा दिया जाता है।

'इंडिया विजन फाउंडेशन' ने तिहाड़ जेल में सुधार और जिंदगी भर एक वृत्तचित्र का भी निर्माण किया, ताकि समाज की संवेदना को जगाया जा सके। तिहाड़ जेल दुनिया की सबसे बड़ी जेलों में से एक है—12 मिनट के इस वृत्तचित्र में वहाँ के सुधार कार्यों, महत्त्वपूर्ण गतिविधियों और बदलावों को बड़ी गहराई के साथ दरशाया गया है।

फाउंडेशन द्वारा प्रकाशित मेरी पुस्तक 'इट्स ऑलवेज पॉसिबल' के साथ इस वृत्तचित्र की सी.डी. भी दी गई है। इसके द्वारा तिहाड़ जेल में हुए सुधार कार्यों को विश्व तक पहुँचाने का प्रयास है। पुस्तक और सी.डी. से प्राप्त होनेवाली रॉयल्टी फाउंडेशन को समर्पित की जाती है, ताकि कल्याण कार्य सतत जारी रहें।

फाउंडेशन उपर्युक्त सारे कार्यक्रम मेरे दूसरे गैर-सरकारी संगठन 'नवज्योति दिल्ली पुलिस फाउंडेशन' के सहयोग से चलाता है। सरकार से हम कोई मदद नहीं लेते—सारे संसाधन स्वयं चंदे से जुटाए जाते हैं। प्राप्त सहायता से नवज्योति की परियोजनाएँ चलाने में भी मदद मिलती है।

❑

परिशिष्ट-2

नवज्योति

सुधार, नशा-मुक्ति एवं पुनर्वास के लिए दिल्ली पुलिस फाउंडेशन

(www.drughelpline.org)

सन् 1987-88 में मैं बतौर पुलिस उपायुक्त दिल्ली के उत्तरी जिले में तैनात थी। वहाँ मैंने देखा कि नशा करनेवाले लोग जटिल रूप से नशे के कारोबार में लिप्त थे। उनकी गिरफ्तारी एक समाधान तो थी, लेकिन स्थायी नहीं। मुझे उससे आगे बढ़कर सोचना था, जिससे कि उनका स्वयं का एवं उनके परिवारों का पुनर्वास हो सके। इस विचार के मद्देनजर कुछ पुलिस अधिकारियों के साथ मैंने 'नवज्योति' की स्थापना की। नवज्योति का अर्थ है—'नया उजाला' और यह अपराध के रोक-थाम की दिशा में निश्चित ही अगला कदम है। नवज्योति का विश्वास सुधारवाद, अपराध रोकथाम और पुनर्वास में है, जिसमें करुणा और आपसी समझ का मिश्रण भी है।

नवज्योति एक गैर-सरकारी, अलाभकारी, स्वयंसेवी संगठन है। यह नशाखोरी, शिक्षा, बेसहारा और कामकाजी बच्चों के लिए खास कार्यक्रम, महिला सशक्तीकरण तथा ग्रामीण विकास के क्षेत्र में गतिविधियाँ चलाता है। नवज्योति को यूनेस्को का विशेष परामर्शी होने का गौरव प्राप्त है। इसे अब तक बहुत से राष्ट्रीय व अंतरराष्ट्रीय पुरस्कार मिले हैं।

दिल्ली के एक थाने में चलाए जा रहे नशा-मुक्ति केंद्र एवं पुनर्वास केंद्र ने अब तक हजारों नशेड़ियों का इलाज किया है। नवज्योति का यह कार्यक्रम अपने आप में अद्वितीय है। इसे सन् 1999 में सर्वोत्तम उपचार मॉडल की अंतरराष्ट्रीय प्रविष्टियों का प्रख्यात यूनाइटेड नेशंस सर्ज सॉट्रॉफ पुरस्कार प्रदान किया गया। इलाज में होम्योपैथी, योग, प्राकृतिक चिकित्सा आदि जैसी वैकल्पिक चिकित्सा पद्धतियों का इस्तेमाल किया जाता है। इलाज में किसी रसायन का इस्तेमाल नहीं होता।

दरहकीकत, इस मॉडल में डॉक्टरों और आध्यात्मिकता पर निर्भरता अधिक होती है। सघन परियोजनाएँ दिल्ली की सबसे बड़ी झुग्गी बस्ती यमुना पुश्ता और एशिया की सबसे बड़ी पुनर्वास बस्ती जहाँगीरपुरी में चलाई जा रही हैं। ये इलाके अपराध-संवेदी हैं और यहाँ के लोग सुधार कार्यों या बदलावों का कड़ा विरोध करते हैं। नवज्योति ने अपने

अनुभव से गौर किया है कि यहाँ, खासतौर पर ऐसे इलाकों में, शिक्षा के माध्यम से ही बदलाव लाया जा सकता है। इन बुराइयों को दूर करने के लिए नवज्योति इन इलाकों में औपचारिक और अनौपचारिक दोनों तरह की शिक्षा मुहैया कराती है। ये परियोजनाएँ हजारों बच्चों तक रोजाना पहुँचती हैं, वरना ये बच्चे अपना समय आवारागर्दी करते हुए बिताते हैं या मजदूरी और अपराध में लिप्त होकर।

सन् 1987 में आरंभ नवज्योति प्राइमरी स्कूल आज पाँचवीं कक्षा तक के हजारों विद्यार्थियों को औपचारिक शिक्षा प्रदान करता है। इसके बाद विद्यार्थियों को नजदीकी सेकंडरी स्कूलों में अपनी शिक्षा जारी रखने के लिए प्रोत्साहित किया जाता है। स्कूल न जानेवाले बच्चों को अनौपचारिक शिक्षा केंद्र आवश्यक सस्ती शिक्षा उपलब्ध कराते हैं। उन्हें उनके घर के नजदीक ही पढ़ाया जाता है। इन स्कूलों के शिक्षार्थी अपने घरों में परिवर्तन के दूत की तरह काम कर रहे हैं।

पढ़ाई पूरी कर चुके कुछ विद्यार्थी वर्तमान में नवज्योति में अध्यापक के रूप में काम करते हुए अन्य बच्चों को प्रेरित कर रहे हैं। स्वास्थ्य सुविधाएँ विद्यार्थियों के साथ-साथ इलाके के अन्य लोगों को भी प्रदान की जाती हैं। व्यावसायिक प्रशिक्षण, विशेष तौर पर महिलाओं और बच्चों को, विभिन्न व्यवसायों में प्रदान किया जा रहा है। शक्तिशाली और स्वस्थ समाज के निर्माण के लिए नवज्योति कार्यकर्ताओं का एक दल घर-घर जाता है, जिससे कि सामुदायिक सहभागिता सुनिश्चित की जा सके।

जहाँगीरपुरी केंद्र में परिवार सलाह सेवाएँ प्रदान की जाती हैं। यहाँ शराबखोरी, वैवाहिक दुराव, घरेलू हिंसा और संपत्ति विवाद जैसी सैकड़ों शिकायतें आती हैं। नवज्योति के सलाहकार सावधानी से इन मामलों की छँटाई करते हैं। जरूरतमंदों को उचित कानूनी मदद भी उपलब्ध कराई जाती है। इस केंद्र की स्थापना का मुख्य उद्देश्य महिला सशक्तीकरण है। इसके अलावा ये केंद्र शोषित महिलाओं के पुनर्वास के लिए उन्हें शिक्षा और व्यावसायिक प्रशिक्षण देने का कार्य भी करता है।

ग्रामीण परियोजनाओं के अंतर्गत 'इंडिया विजन फाउंडेशन' के सहयोग से नवज्योति परिवार सलाह सेवाएँ भी उपलब्ध कराता है। यमुना पुश्ता के विपरीत जहाँगीरपुरी केंद्र में अलग तरह की समस्याएँ आती हैं; लेकिन महिलाओं के खिलाफ होनेवाली घटनाओं में आश्चर्यजनक रूप से समानताएँ होती हैं।

गत 24 वर्षों में नवज्योति ने उपयुक्त क्षेत्रों में व्यापक कार्य करके सहायता प्राप्त करनेवाले लोगों के सघन आँकड़े जुटाए हैं। नवज्योति से सहायता पाकर बसे लोग आज भी इससे जुड़े हैं और जहाँ भी जरूरत होती है, इसकी विस्तार शाखा के रूप में कार्य करते हैं। ये लोग नवज्योति के सुधारवादी कार्यों की जीती-जागती मिसाल हैं।

300 समर्पित कार्यकर्ताओं से लैस नवज्योति आज खुद एक आंदोलन है। नवज्योति की कुछ परियोजनाओं को सरकारी अनुदान मिलता है, बाकी संसाधन चंदे से इसे स्वयं जुटाने पड़ते हैं।

❑❑❑